청소년의
고민과 성공전략 솔루션!

미래
살아가기

이 도서의 국립중앙도서관 출판예정도서목록(CIP)은 서지정보유통지원시스템 홈페이지(http://seoji.nl.go.kr)와 국가자료종합목록 구축시스템(http://kolis-net.nl.go.kr)에서 이용하실 수 있습니다.
(CIP제어번호 : CIP2020045010)

청소년의
고민과 성공전략 솔루션!

미래
살아가기

제 1 권

이운묵 지음

인문의 숲

청소년의 고민과 성공전략 솔루션!

『미래 살아가기』의 문을
활짝 열고 들어갈 것인가, 말 것인가?

꽃은 절로 피어나지 않는다. 그렇듯 우리의 청소년들도 절로 어른이 되지 않는다. 따라서 그 어떤 결과도 실천 없이는 이루지 못한다. 우리 청소년들이 미래를 제대로 살아가기 위해서는 이제 또 다른 '선택과 시작(始作)' 뿐이다.

시작한다는 것은 목표와 결과를 위해 실천에 옮기는 첫걸음이다. 따라서 누구에게나 또 다른 선택과 시작은 새로운 꿈과 희망이다. 하지만 한편 두려움이기도 하다. 또 앞으로 수많은 선택과 어떤 시작을 언제, 어떻게, 무엇을, 왜, 어떻게 해야 할지도 잘 모르겠다. 히지만 인긴의 싦에서 시작은 늘 새롭게 내일을 위해 문을 열고 준비하는 일상의 과정이다. 그리고 어떤 목표가 되었든, 어떤 꿈이 되었든 그것을 위해서는 반드시 행동으로 옮겨지는 것이 시작이다.

곧게 높이 자라는 대나무를 보자. 대나무가 처음 시작부터 끝까지 매듭 없이 크는 것을 보았는가? 대나무가 마디마디 매듭을 지우는 것은 늘 새로운 시작을 위해서다. 매듭을 지우는 것은 스스로 웃자람을 경계하고 튼실하게 더 높이 자라기 위함이다. 만일 매듭을 짓지 않고 높이 웃자라기만 한다면 대나무는 중간에 꺾이거나 부러지고 만다. 그러면 높이 오르려는 꿈과 희망은 모두 수포로 되돌아간다. 그러면 다시는 꿈을 꿀 수 없는 절망이 된다.

이제 조금은 시간이 더 걸리더라도 매듭을 짓고 안전하게 새로운 '선택과 시작'을 할 때이다. 그리고 매우 지혜롭고 현명한 방법으로 해보자.

이처럼 인간의 삶에 모든 일은 그것이 마음의 준비가 되었든, 이미 실행이 되었든 간에 모든 일은 시작을 하지 않고서는 상념에 머물 뿐이다. 비로소 한 발짝이라도 발을 옮기는 동사의 실천적 행동이 선행될 때에 비로소 목표는 가까워지고, 꿈의 실현은 그 가능성이 커진다. 그러기 위해서는 스스로 웃자람을 경계하고 더 높이 큰 꿈을 이루기 위해서는 단계마다 매듭을 짓고 멋진 마무리가 필요하다. 그 매듭은 더 높이 오르기 위한 '미래를 살아가기'에 토대와 발판이 된다.

그렇다면 만족하지 못한 매듭을 못내 아쉬워하고 불만스럽게 생각할 일이 아니다. 잘했으면 잘 한대로, 못했으면 못 한

대로, 부족하면 부족한 대로, 만족하면 만족한 대로, 기쁘면 기쁜 대로, 즐거우면 즐거운 데로 이제 매듭을 짓고 새로운 시작에 임하는 마음의 자세와 준비가 더 중요하다.

기쁨으로 임하는 '시작'은 두려움이 없다. 두려움이 없으니 또 다른 시작의 준비도 잘 된다. 꿈과 희망이 있으니 마음도 즐겁고 행복하다. 새로운 시작은 늘 이렇게 해야 한다. 그렇게 하기 위해선 청소년들은 이제 『미래 살아가기』로 들어가는 지혜와 성공의 문을 두드리고 용기 있게 입성해야 한다.

지금 청소년 여러분은 그대들의 삶에서 아주 중요한 '선택과 시작'을 위해 이제 멋진 마무리와 좀 아쉽지만 단단한 매듭을 지어야 하는 순간이다. 직업, 공부, 외모가 인생의 전부가 아니다. 아쉽지만 그 매듭의 시간과 삶 속에서 이루어진 많은 배움과 소중한 경험들이 곧 '미래 살아가기'의 큰 자산이 될 것이다. 그런 것들이 여러분들의 미래에 주어질 또 다른 새로운 삶의 튼실한 토대를 이루고 또 다른 시작의 안전한 발판으로 작용하여 한 단계 한 단계 더 높이 오를 힘을 갖게 할 것이기 때문이다.

그것은 새로운 시작이자 새로운 도전이다. 시작은 적극적이고 열정적인 도전에서 감행되는 용기와 실천적 태도이다.

그런 뜨거운 열정의 '도전과 시작'만이 자신을 높이 키워내는 커다란 한 그루의 나무가 되고, 성공하는 삶의 에너지가 될 것이다. 그러기 위해서는 주저 없이 『미래 살아가기』 시작의 문을 활짝 열고 뛰어 들어가 뜨거운 기질과 열정으로 마주치는 미래의 세상과 고민에 당당히 맞서보자. 그것만이 21세기 미래 사회의 주역인 그대들에게 확실하고 유일한 희망의 대안이 될 것이란 생각이다.

이운묵 (시인/문화평론가)

꽃이

절로 피지 않듯

절로 어른이 되지 않는다

시작과 실천을 하지 않으면

그 어떤 결과도

끝내 만들지 못한다

『미래 살아가기』의 구성과 이해

인간의 삶은 '명사'가 아닌 '동사'에서 구현되는 구체적 결과이다.

어떤 결과이든 그것은 선택과 시작에서 비롯된 동사적 결과이다.

따라서 선택과 시작은 성패를 가르는 첩경이다.

이 책 『미래 살아가기』는 21세기 미래를 살아갈 청소년들이 우리 사회의 구성원으로 편입될 때에 반드시 갖추어야 할 덕목과 조건이 될 수 있는 실천적 8가지 필수 항목에 대해 '명사'가 아닌 '동사'의 실천적 의미를 담아 집중적으로 분석하고 탐구된 내용이다. 이에 담론의 화자(미래 살아가기)는 현대사회의 정서와 시대성에 맞게 주제별로 기술하여 꾸며졌다.

【제1권】
1부-희망을 「찾자 편」, 2부-미래를 「보자 편」, 3부-열정을 「먹자 편」, 4부-사랑을 「하자 편」으로 구성되어 있다.

【제2권】
1부-용기를 「잡자 편」, 2부-인성을 「쓰자 편」, 3부-지혜를

「알자 편」, 4부-진실로「살자 편」으로 구성되어 있다.

　구성하고 있는 각각의 주제에 대해 현실을 올바르게 인식하고, 무엇이 문제이고, 원인은 무엇인지 청소년들이 알기 쉽게 심층 분석하고 21세기 미래 사회의 대안을 제시했다. 또 그런 문제들에 대해 함께 고민하고 답을 스스로 찾아갈 수 있도록 탐구하고 유도하는 목적으로 서술되었다.

　따라서 자신의 꿈과 이상을 통해서 21세기 미래의 문명사회를 향해 도전할 수 있는 용기와 인문정신의 중요성을 학문적 이론과 체계로 이해시키고 자신의 장래에 대해 성숙한 준비를 할 수 있도록 상상력과 창조적 정신으로 재미있고 흥미롭게 기술하였다.

　『미래 살아가기』를 통해서 밀레니얼 Z세대인 청소년들은 이제 또 다른 '선택과 시작(始作)'을 위해 고민해야 한다. 그것은 누구에게나 포기할 수 없는 또 다른 새로운 도전이며 꿈과 희망이 되기 때문이다. 그러한 과성을 통해서 그 속에서 우리들의 삶이 만들어지기 때문이다. 하지만 우리 청소년들은 모든 것이 두렵다.

또 어떤 시작을 언제, 어떻게, 무엇을 위해서, 왜 어떻게 해야 하는지도 명확한 결론이나 결심을 쉽게 내릴 수가 없는 미지의 시대적 환경에 직면해 있기 때문이다. 인간의 삶에서 시작은 늘 이렇게 새롭게 내일을 위해 준비해야 하는 일상의 과정이다. 하지만 어떤 목표가 되었든, 어떤 꿈이 되었든 그것을 위해서 시작과 선택을 매 순간 하지 않으면 안 되는 현실이기도 하다.

그 때문에 장차 미래 사회의 주역이 될 청소년들에게 『미래 살아가기』를 통해서 제시하는 새로운 '선택과 시작'의 담론들은 그 어떤 것보다도 값진 의미와 가치가 있다. 곧게 높이 자라는 대나무를 보자. 대나무가 처음 시작부터 끝까지 매듭 없이 크는 것을 보았는가? 대나무가 마디마디 매듭을 지우는 것은 늘 새로운 시작을 위해서다. 매듭을 지우는 것은 스스로 윗사람을 경계하고 튼실하게 더 높이 자라기 위함이다.

이처럼 인간의 삶도 마음의 준비가 되었든, 이미 실행이 되었든 모든 일은 동사의 구체적 실천을 통해서만 이루어진다. 그것이 바로 '시작(행동 개시)'이다. 시작이 없이는 그 어떤 훌륭한 이념이나 학문의 이론도 상념에 머물 뿐이다. 비로소 한 발짝이라도 발을 옮기는 실천이 선행될 때에 목표는 가까워지고, 꿈의 실현은 조금씩 그 가능성이 커진다. 새로운 시작은 늘 이런 실천의 과정을 거쳐 결과를 만들어 간다.

그런데 지금 미래를 살아갈 우리 청소년들은 그런 고민과 문제들 앞에서 정확한 답이 없다. 그 때문에 방황하고 있지는 않은가? 정말 '노잼', '노답'일까? 아니다. 답은 새로운 시작과 새로운 도전에서만 획득할 수 있는 미래의 보상적 결과물이다.

그것은 『미래 살아가기』를 통해서 21세기 미래 사회의 주역이 될 밀레니얼 Z세대들은 강한 인문의 도전정신을 바탕으로 문명사회의 튼실하고 건전한 구성원으로 성장해 나갈 수 있게 하기 위함이다. 그러한 인문적 무장과 힘이 미래의 안정과 국가번영에 초석이 되고 개인의 삶을 성공적이고, 안정적으로 이끌고 개척해가는 원동력이 될 것이란 확신이다. 이것이 이 책에서 기획하고 의도한 목적임을 밝힌다.

끝으로 앞에 열거한 이 8가지 주제와 탐구의 내용이 21세기 미래를 살아갈 우리의 청소년들에게 사람다움의 길로 안내하는 소중한 인문정신의 토대와 참가치가 될 것이라고 믿는다. 그런 올바른 가치들을 통해서 새로운 시대의 새로운 '선택과 시작'은 도전을 준비하는 청소년들에게 고민을 덜어줄 이정표가 되고, 마음의 양식이 되고, 희망이 되고, 삶의 진정한 행복을 싹틔우게 하는 사유의 옥토가 되었으면 좋겠는 바람이다.

제1부 희망(hope)

찾자–희망과 삶의 참가치를 찾자

청소년이 희망이고 미래이다

현대 문명사회는 인류가 이룩한 '문명의 빛'이 눈부시다. 하지만 그 찬란한 빛의 가려 우리의 소중한 가치들을 너무 많이 잃고 있다. 그러한 가치들을 다시 찾아 바로 세우지 못하면 그 문명의 찬란한 빛은 한낱 빛의 불과할 뿐이고 인류를 위한 미래는 없다. 그 암담함에서 희망을 찾는 일은 잠시도 잊을 수 없는 일이고 그것이 곧 우리의 삶 자체이다.

희망(希望)은 우리 청소년들이 바라는 어떠한 꿈이 이루어질 것이라는 기대나 예측을 의미한다. 이러한 희망들이 지금 우리의 현실에서 어디로 다 숨어버렸는지 행방이 묘연하다. 이렇게 자취를 감춰버린 희망은 현실에서 조기에 실현될 가능성과 시간이 불명확하다.

희망은 인류 역사상 가장 큰 관심 사항이고 바람이다. 문학과 예술의 소재가 되어왔으며 영화 등의 주요 주제(theme)이기도 했다. 그렇듯 희망은 일반적으로 어떤 가치 있는 일을 이루고자 하는, 또는 무엇을 얻고자 바라는 그런 마음을 뜻한다. 마틴 루터는 이런 희망에 대해 이렇게 말했다. "이 세상을 움직이는 것은 희망이다. 수확할 희망이 없다면 농부는 씨를 뿌리지 않으며, 이익을 거둘 희망이 없다면 상인은 장사를 시작하지 않는다. 좋은 희망을 품는 것이 바로 그것을 이룰 수 있는 지름길이다."라고 했다.

  그렇듯이 미래사회의 주역이 될 오늘의 청소년들에게는 그 희망이 있어야 한다. 그런데 과연 그대들에게 그런 희망을 찾을 수 있는가? 그렇다. 지금은 힘들고 어렵더라도 '희망'이라는 꿈이 있기에 공부도 열심히 해야 하고 지금의 고통을 참고 견디는 인내와 지혜도 필요하다. 그것을 『미래 살아가기』에서 '찾자'라는 이 주제를 통해 함께 고민하고, 탐구하며 사유할 때에 미래의 희망과 삶의 참가치를 찾을 수 있고 장차 목표를 이룰 수 있기 때문이다.

  전대미문의 '코로나19'가 무섭게 지구촌을 강타하고 인류의 생명과 안전을 위협하고 있다. '코로나19'는 2019년 12월 중국 우한시에서 발생한 바이리스성 호흡기 질환이다. 이것은 유행성 질환으로 호흡기를 통해 감염되며, 증상이 거의 없는 감염 초기에 전염성이 강한 특징을 갖고 있다. 감염 후에는 인후통, 고열, 기침, 호흡곤란 등의 증상을 거쳐 폐렴으로 발전한다. 따라서 2020년 3월 세계보건기구가 팬데믹(pandemic)을 선언했다.

이로 인해 2020년 도쿄 올림픽이 연기되는 등 많은 국제 행사가 취소되거나 연기되었다. 10월 15일 전 세계 누적 사망자가 100만 명을 넘었고 누적 확진자는 4,000만 명을 뛰어넘는 기록을 경신하고 있다. 하지만 우리 청소년들은 겁먹고 두려워할 일은 아니다. 인류는 백신과 치료제개발 등 의료과학 문명으로 이에 맞서 결연히 대응하고 있다. 이렇게 현대인들은 많은 어려움과 고통에 직면하고 있지만 언젠가는 '이 코로나 19' 사태를 잘 극복할 것이란 희망찬 열망이다.

이러한 현상 역시 과거 인류사에서 인간이 겪으면서 극복해 왔던 것처럼 우리가 지혜롭게 이겨내야 할 '소용돌이'의 한 현상이다. 이 '소용돌이'에서 살아남으려면 각자의 삶에서 중심을 잃지 않고 삶의 균형을 똑바로 잡는 노력과 자세가 절실히 필요하다. 해야 할 것과 하지 말아야 할 것을 분별하고 소용돌이에 휘말리지 않도록 자신을 관리하고 처신하면서 중심을 잘 지키면 살아남는 데 아무런 문제가 될 게 없지 않을까?

시작과 도전이 아니면 희망도 없다

미래 사회의 주역이 될 '청소년들'이 바로 희망이다
그러기 위해서는 시작과 도전이 필수다

현대를 살아가는 사람들의 가장 큰 고민은 배움을 이루기도 어렵고, 직업을 이루기도 어렵다. 또 부자를 이루기도 어렵고 행복도 이루기가 쉽지 않은 현실이다. 우리 주변에 배움은 이루었지만, 직업을 이루지 못한 청춘들이 너무 많다. 또는 부자는 이루었지만, 행복을 이루지 못한 사람들도 많다. 직업을 이루지 못했으니 부자를 이루기도 어렵고 행복도 이루기가 여간 어렵다. 여러 가지 중요한 것이 많으나 그중 배움만큼 중요한 것은 없다. 그리고 여전히 고민도 많다.

중고등학교를 마친 청소년들이 진학하거나 취업을 하면서 비로소 청년이 되기 시작된다. 청년이 되면서 직장을 갖게 되거나, 더 많은 학문을 쌓기 위해 대학에 간다. 그런데 진학을 하거나 취업을 했다고 해서 우리 청년 또는 청소년들의 고민이 끝난 것은 아니다. 어쩜 고민의 끝이 아니라 이때부터 더 많은 고민을 본격적으로 시작해야 할지도 모르는 게 현실이다.

그럼 과연 우리 청소년들의 관심사와 고민은 무엇일까?

공부, 친구 관계, 이성 관계, 누군가의 진심 어린 조언, 알차고 보람된 학교생활, 운동, 취미활동, 동아리 활동, 건강, 장래 진로, 미래의 직업, 종교, 여행 등 다양할 것 같다. 그러나 그런 고민과 문제들에 구체적 내용을 보면 누구나 쉽게 답을 내릴 수 있는 것들이 아님을 알게 된다. 그런 문제들은 바로 자신의 미래에 대한 삶의 문제이기 때문이다.

그 때문에 끊임없이 고민하고, 질문하고, 정답을 찾으려고 노력하고 있다. 또 그래야 하는 처지다. 하지만 그 어디에도 정답을 쉽게 찾을 수는 없다. 혹여 선생님이나, 부모님 그리고 가족들 또는 주변에 선배들이나 친구들에게조차 그 답을 기대할 수도 있다. 하지만 그것은 진짜 내가 원하는 정확한 답인지 몰라 소용없다. 그래서 우리의 청소년들은 학업의 현실에서 '노잼(재미가 없다)', '노답(답이 없다)'이란 신조어와 유행어를 만들었는지도 모른다.

또 청년들의 고민과 문제도 별반 다르지 않다. 학업 문제와 취업문제, 이성 문제와 결혼, 주거문제, 인간관계와 사회 문제

등등 다양한 문제들에 직면하게 된다. 여기에도 한마디로 말하면 기분 좋은 '예스답'을 기대하긴 어렵고 우울한 '노답'뿐이다. 현재의 사회 구조와 시스템 속에서는 대안다운 대안은 쉽게 찾기가 어렵다. 하지만 희망이 보이지 않는다고 해서 절망만 하고 있을 수는 없는 것이 현실의 문제이기도 하다.

우리 인류의 삶은 끊임없이 생겨나는 사건과 문제들에 연속성이다. 즉 사건과 문제가 없으면 인류의 삶도 궁극의 목표와 가치도 무의미하다. 문제가 있으므로 인해서 답을 구하려고 노력하면서 하나하나 방법을 찾아 나가는 것이다. 이렇게 끊임없이 생겨나는 문제들에 대해서 고민하지 않고 살아간다는 것은 누구나 불가능하다. 이럴 때 우리를 향해 끊임없이 생겨나는 사건과 문제들에 대해 우린 회의한다. 그리고 "왜"라고 우리 사회와 자신을 향해 끊임없이 질문을 던지게 된다. 하지만 그럴 때마다 우린 만족한 답을 얻지 못한다. 만일 만족한 답을 찾아낸다면 우린 더 없는 행복감을 가질 수 있다.

문제의식이란?

그럼 문제의식이란 뭘까? 그것은 어떤 사건에 대해 주체적으로 바라보는 사유체계이다. '왜'라고 의문을 품고 그에 대한 답을 구하는 과정의 깨어있는 의식이다. 우린 그러한 문제의식을 통해 행동하고 실천하는 자세를 갖게 된다. '인생이란 무엇인가?'라는 대명제 속에 자신의 삶에 본질적 문제에도 질문을 던진다. 하지만 객관적이고 명쾌한 답은 쉽지가 않다. 어쩜 답이 없는 것이 정답일지 모른다. 그래서 "인생은 노답"이라고 하지만 우린 이 말에 순순히 긍정할 수 있을까? 긍정도, 부정도 쉽게 할 수 없다. 하지만 강하게 "NO"라고 부정하고 싶다. 그렇게 해야 암담한 현실과 조금이라도 멀리 있는 깨알같이 작은 희망이라도 보일 것 같기 때문이다.

하지만 이에 필자의 생각은 좀 다르다. 이 세상 모든 문제에 답이 없는 문제가 있을까 반문한다. 답이 없다면 문제도 성립되지 않는다. 다시 말해서 답이 없는 문제는 하나도 없다는 말이다. 지금 우리가 당면한 모든 문제에 대해서 답이 없는 것처럼 보이기도 한다. 하지만 이 모든 문제엔 반드시 답이 있다. 그 답을 알게 하고 알아내는 학문이 바로 인문학이고 인문정신이라고 필자는 생각한다.

우리 청소년들이 직면하고 있는 각종 회의와 문제들이 어디 수학 공식 같은가? 수학 공식처럼 풀어서 해결할 수 있는 문제라면 몇 날 며칠 밤새워 풀면 해결할 수 있다. 하지만 우리의 삶인 "인생이 무엇이냐"라고 묻는 물음엔 정답이 따로 없다. 바로 자기가 원하는 대로 진실하게 사는 것이 정답이 아닐까?

우리의 인생에서 삶에 대한 문제와 답은
각자가 다 다르다

"우리의 인생에서 삶에 대한 문제와 답은 각자가 다 다르다."라고 말할 수 있다. 그런데 우린 하나의 공통된 사건에 공통된 문제와 공통된 답으로 자신의 문제에 답을 구하려고 한다. "내가 이 세상을 살아가는 것은 어디까지나 나의 사건이요, 나의 문제다."라고 말하고 싶다. 따라서 그에 대한 답도 나 자신만이 산출해낼 수 있다. 그런데 많은 사람은 타인의 사건에, 타인의 문제에 나의 사건과 나의 문제를 대입시켜 답을 구하려 한다. 또는 나의 사건과 나의 문제에 타인의 답을 갖고 와서 나의 답이라고 생각하기도 한다. 바로 그것이 오답을 만들어내는 가장 큰 원인이다. 그것은 자신의 고민과 문제를 해결하는데 전혀 도움이 되지 못하는 매우 잘못된 산출방식이다.

각자의 삶에 답이 다 다른데 타인의 답으로 자신의 답을 대신하려고 한다. 또 나의 답을 찾는데 필요한 열쇠는 내 생각과 나의 의식에 있음에도 불구하고 획일화된 교육이나 지식에서 답을 찾으려고 한다. 한 마디로 문제를 푸는 '시작과 방법'이 본질에서 틀린 것이다. 그러니 답을 구하기 어렵다. 그러다 끝내는 답이 없다고 선언하고 포기하기에 이른다. 과연 그럴까? 답은 "그렇지 않다"이다. 이제부터 "나의 답은 나의 의식에 있다."라고 새롭게 인식해야 한다. 다만 다른 것은 '어려운 문제와 쉬운 문제가 있고, 좀 쉬운 답과 어려운 답'이 있을 뿐이다.

그 때문에 필자는 우리 청소년 사이에 "노답"이란 말엔 긍정할 수 없다. 그래서 필자는 이에 "노답, NO"라고 선언한다. 이 세상은 잘났다고 혼자 살아가는 세상이 아니다. 함께 더불어 살아가는 것이 세상이다. 세상은 나만 살아가는 게 아니다. 무수히 많은 사람과, 무수히 많은 생명체와 함께 더불어 공존하는 삶이 세상이다. 이러한 자연의 메커니즘 속에서 나도 그 구성원의 일원일 뿐이다. 따라서 우린 그것들과 함께 '균형과 조화'를 이룸이 우리의 삶에 본질이 아닐까?

이제 미래 사회의 주역으로 살아갈 우리의 청소년들이 어떻게 자신들의 삶에 본질과 문제에 밀도 있게 접근해서 답을 구하고 개척해 갈 수 있을까? 이에 함께 고민해야 한다. 특히 미래 사회의 주역이 될 우리 꿈 많은 청소년도 자기 미래의 삶에 수많은 질문을 해야 한다. 하지만 그러한 질문들에 답을 구해내는 주체는 나를 낳아준 부모님도 아니고, 나를 가르친 선생님도 아니다. 바로 나 '자신'임을 알아야 한다.

그러기 위해서 우리의 청소년들은 중학교를 졸업하고, 고등학교를 졸업하고 또 다른 도전을 위해 새롭게 '시작(begin)과 도전(challenge)'으로 희망을 찾고 있다. 이 시작은 새로운 것에 대한 열정과 열망이다. 그럼 이 시작이 왜! 중요한가? 시작은 반복적으로 끊임없이 내딛는 발걸음과 같다. 이 발걸음이 자신의 삶을 개척하고 목적지에 이르게 한다. 끊임없이 행동하는 시작은 반드시 어떤 일에 목적과 성공을 이루게 한다. 이것을 가리켜 옛 성인들은 '행자상지 위자상성(行者常至 爲者常成)'이라 했다. 시작할 때는 반드시 타이밍(時中)이 중요하다. 새로운 시작은 새로운 변화로 이끄는 창조적 실천의 첨병이기 때문이다.

성공적인 시작을 위해서는 첫 단추를 잘 끼우자

새로운 도전으로 새로운 변화를 추구하는 창의적 실천은 인류를 위한 문명 창달의 과정이다. 작은 나무가 거목으로 성장하기 위해서는 반복적 시작과 반복적 도전을 통해서만 가능하다. 성공적인 시작을 위해서는 첫 단추를 잘 끼워야 한다. 만일 첫 단추가 잘 못 끼워진 것을 알았으면 즉시 풀어서 다시 끼워야 한다. 그렇지 않으면 시간이 낭비된다. 플라톤은 "일의 최초가 가장 중요하다. 잘 시작한 일은, 반은 벌써 이루어진 것이나 다름없다."라고 했고, 레오나르도 다 빈치는 "무슨 일이든지 시작을 조심하라. 처음 한 걸음이 장차의 일을 결정한다."라고 했다.

시작과 관련한 박목월 시인의 조언이다. "무슨 일에나 시작은 신선하고, 정결하고, 긴장감을 느끼게 하는 것이다. 시작이 곧 앞으로의 방향을 결정짓게 하는 것이며, 바르게 출발하지 않으면 정확하게 목적지에 도달하기는 어려운 일이다. 그러므로 시작이 반이라는 속담이 있다. 이것은 곧, 시작 안에 결과가 내포되어 있으며, 올바른 시작을 통해서만 그 일의 보람찬 성취가 가능하다는 뜻일 수도 있다."라고 했다.

이처럼 어떤 일에 '시작'은 단순히 일을 진행하는 과정의 의미가 아니다. 시작은 목표 지향성과 그 목표의 성과를 전제하고 있다. 좋은 성과를 위해서는 좋은 시작이 좋은 성과를 기대할 수 있다. 좋은 시작의 조건에 최적화된 타이밍(時中)은 절대적이라고 할 수 있겠다. 다른 조건이 충족되었음에도 타이밍이 적절치 않으면 성과가 반감되기도 하다. 이제 새로운 시작과 도전을 준비하는 청소년들이 곧 국가와 민족에게 미래의 큰 희망임을 알자.

나의 희망과 존재적 확신

내게 물었다

"나에게 과연 희망은 있는가?"라고 내가 나에게 물었다. 그런데 질문을 받은 나는 선뜻 답을 못했다. 왜 그럴까? 그것은 나 자신의 존재적 확신이 있지 못했기 때문이다. 그렇다면 나의 존재적 확신은 뭘까? 그것은 바로 나의 정체성이다. 즉 '나는 누구이고, 나는 무엇을 위해 존재한다.'라는 구체성을 아직 갖지 못했기 때문이다. 청소년기에 자기 자신의 정체성을 구체화한다는 것은 간단치 않은 문제이다. 나 자신의 질문임에도 불구하고 선뜻 답을 하지 못한 것은 당연하다. 그러나 아직 희망은 존재한다. 그것은 지금이 바로 시작의 단계이기 때문이다.

만일 나는 누구이고, 나는 무엇을 위해 존재한다는 것을 알고 있었다면 그것은 희망이 아니라 이미 정해진 목표를 향한 전진의 과정이다. 목표는 희망의 구체성이다. 희망은 아직 실현되지 않은 꿈과 이상 같은 것들에 대해 갖는 개인의 소망 같은 기원이다. 청소년기에 희망은 마치 무지개의 빛깔처럼 곱고 아름답다. 그것은 그만큼 순수함을 내포하고 있기 때문이다. 순수의 영혼으로 순수의 세계를 바라보는 시선과 의식이다. 순수의 의식으로 순수의 꿈을 꾸기 때문이다. 청소년기에 꿈과 희망을 품고 있지 못하면 그것은 가장 큰 슬픔과 절망이다.

그렇다면 우리 청소년들의 꿈과 현실은 어떤가? 우리 청소년의 현실은 과연 무지갯빛처럼 곱고 아름답기만 한가? 그렇지 않다. 무지개의 빛깔처럼 곱고 아름다운 꿈을 꾸기엔 잠도 부족하고, 시간도 없고, 그런 장소도 없다. 지식을 쌓기에 여념이 없이 바쁜 나머지 순수의 영혼으로 순수의 세계를 바라볼 시간이 없는 것이다. 순수의 의식으로 순수의 꿈나무를 자신의 꿈동산에 심고 그 나무 아래서 깊은 사색을 할 공간이 없다. 오로지 학업 경쟁의 치열한 전쟁터에서 우등과 열등의 사이를 오가며 빨리 달리고 빨리 목적지에 도달하는 것만 열중하고 몰입하는 처지이다. 그렇다 보니 자신도 모르게 자신의 꿈을 까맣게 잃어버렸다.

독일 고전주의 극작가이자 시인이면서 철학자인 프리드리히 폰 실러는 꿈에 대하여 이렇게 말했다. "산다는 것은 꿈꾸는

것을 말한다. 현명하다는 것은 즐겁게 꿈꾼다는 뜻이다."라고
했다. 그렇다면 우리 청소년들에게 꿈이 없다는 것은 즉 미래
에 대한 불확실성이다. 우리 청소년들이 꿈을 꾸지 않는다는
것은 현실에서의 무의미한 슬픔이다. 즉 목표가 없어 삶의 본
질을 잃어가고 있다는 의미이다. 실러의 말처럼 산다는 것은
꿈을 꾸는 것이다. 따라서 즐겁게 꿈을 꾸어야 한다. 그것이
제대로 된 오늘과 미래에 내가 사는 모습이 될 것이다.

그러한 희망에 대하여 영화 《아메리칸 뷰티(American
Beauty)》에 나오는 대사 중 "오늘이 무슨 날인지 아십니까?
오늘은 바로 당신이 앞으로 살아갈 인생의 첫째 날입니다."라
는 명대사가 있다. 그렇다 이 명대사처럼 "오늘은 청소년 여
러분들이 앞으로 살아갈 날들에 첫 번째 희망을 품은 날입니
다."라고 해도 될 것이다. 그 첫 번째 희망을 실현하기 위해서
는 오늘 지금 당장 희망을 실현하기 위한 '시작'이 필요하다.
그동안 희망이 뭔지 모르고 있었다면 이제 '그대들의 뜨거운
가슴에 희망을 품자' 그리고 목표를 향해 인내를 갖고 정진해
야 한다.

인간은 크게 네 가지 감정, 즉 희로애락을 느끼면서 살고 있
다. 그것은 기쁨과 노여움과 슬픔과 즐거움이다. 사람에 따라
서 기쁨이나 즐거움이 많은 사람이 있고, 노여움이나 슬픔이
많은 사람이 있다. 기쁨이나 즐거움은 불만스러움이 없는 만
족감이고 그것이 충만하면 행복하다고 한다. 그러나 노여움이

나 슬픔은 불만과 괴로움 감정이다. 이것이 커지면 불행하다고 한다. 하지만 행복과 불행의 감정은 타인에게서 오는 것이 아니다. 바로 나의 마음속 깊은 곳에서 발현되어 나타나는 나의 감정이다.

뉴질랜드 태생의 영국 소설가 캐서린 맨스필드는 "인생은 평화와 행복만으로는 지속할 수 없다. 고통과 노력이 필요하다. 고통을 두려워하지 말고 슬퍼하지 마라. 참고 인내하면서 노력해 가는 것이 인생이다. 희망은 언제나 고통의 언덕 너머에서 기다린다."라고 했다. 그렇다. 누구나 많이 행복해하고 싶다. 하지만 뜻대로 되는 건 아니다. 괴로움과 고통을 멀리하고 싶다. 하지만 이 또한 뜻대로 되는 것이 아니다. 그 괴로움과 고통을 딛고 일어서는 사람만이 자신의 기쁨과 즐거움이 충만한 행복을 소유할 자격을 갖게 된다.

이 세상에 노력하지 않고 얻어지는 것은 아무것도 없다. 청소년 여러분들이 힘들게 공부하고 지식을 쌓기 위해 노력하는 것도 자기의 삶에 평화와 행복을 위해서다. 하지만 고통 없이 이루어지는 것은 아무것도 없다. 그것을 극복하려는 노력과 인내가 희망을 성취하도록 한다. 그러한 성취의 과정이 우리의 삶이다. 희망은 그렇게 나에게로 온다. 그리고 삶의 보람과 행복을 갖게 한다. 이제 우리 청소년들은 "나에게 과연 그런 희망은 있는 것인가?"라고 자신에게 물어야 한다. 그리고 이젠 "그렇다"라고 답할 수 있어야 하지 않을까?

배움의 목적은 무엇일까?

배움의 목적은 삶의 목적에 부합해야!

우리 청소년들에게 배움의 목적이 있다면 그것은 무엇일까? 부자가 되기 위해서일까, 성공하기 위해서일까, 유명한 사람이나 높은 사람이 되기 위해서일까? 아니면 사람답게 살기 위해서일까?

우리 인간은 태어나면서부터 배우게 된다. 숟가락 젓가락 드는 것, 밥 먹는 것, 말하는 것, 쓰는 것, 걷는 것, 공부하는 것, 사회생활 하는 것, 일하는 것. 등등 모든 과정이 다 배우는 과정이다. 그럼 배우는 까닭은 무엇인가? 그것은 자기가 갖추고 있지 않은 것을 갖추기 위해서다. 그것은 바로 생존을 위한 준비이다. 이것저것 많이 배우고 갖춘 사람은 생존의 질이 높다.

하지만 생존의 질이 높은 것만이 배움의 목적은 아니다.

　공자께서는《논어》안연(顔淵)편에서 배움의 목적에 대해서 이렇게 말씀하셨다. "진정한 배움은 인격 수양이 잘 되어 그 바탕 아래서 무슨 일이든지 잘 해낼 수 있어야 한다."라고 하셨다. 이것은 사회적으로 명성을 쌓고, 돈을 잘 벌어 크게 부자가 되는 것을 의미하는 것은 아니다. 학문을 통해 자신의 내적 성장을 이루어가야 함을 강조한 것이다.

　배움의 목적을 바로 세우지 못하면 그 어떤 명성과 성공을 이루었다고 해도 큰 의미는 없다. 그리고 사람답게 사는 것은 불가능하다. 우리 주변엔 그런 사람들이 많다. 자본주의에 편승해서 돈은 많이 벌었는데 개념이 없고, 돈으로 모든 것을 해결하려고 한다. 그런 영향은 우리 사회의 정의와 질서를 혼탁하게 하고 도덕성을 파괴해 버린다. 또 우수한 실력과 재능은 있지만 이러한 인성의 부재는 사회적 문제를 심각하게 일으키는 결과를 초래할 수 있다.

　배움의 목적은 삶의 목적과 같아야 한다. 즉 삶의 목적에 맞게 배워야 한다. 또 잘 배웠으면 그 배움의 목적에 맞게 잘 살아야 한다. 그런데 현대사회는 인간으로서 삶의 목적에 맞게 가르치지도 않고, 그 목적에 맞는 배움도 별로 부합하지 않는다. 현대사회의 사람들은 오로지 모든 목적이 온통 성공뿐이다. 성공해야만 사람답게 살 수 있다고 생각하고 판단한다. 즉 성공하지 못하면 사람으로 살 자격도 없고, 실패한 인생으로 취급한다.

그래서 우리의 부모님들은 자식들을 모두 성공시키기 위해 허리 휘도록 일해서 공부를 시켰다. 그 덕분에 너도나도 모두 학벌이라는 간판을 따기 위해 대학을 다니고 공부했다. 그런데 이상하다. 많은 사람이 그렇게 많은 공부를 했으면서도 모두 성공하지 못했다. 또 그런 배움에 걸맞게 살지도 못하고 있다. 그것은 그런 사람다운 삶의 목적에 맞게 배우지 않았기 때문이다. 또 애당초 삶의 목적과 가치관이 올바르게 정립되지 못한 원인 때문이기도 하다.

인격의 성장이 삶의 질과 행복감을 높인다

청소년에게 바람직한 배움의 목적은 공자께서 말씀하신 대로 '인격의 성장'을 목표로 해야 한다. 배움이란 지식을 얻기 위한 것일 뿐만 아니라 인격의 도야까지도 포함한 정의이다. 그렇게 내면의 성장이 이루어져야 '사람답게' 세상을 살아가고, 그것을 통해서 삶의 가치와 행복한 삶을 살 수 있다.

스위스에 소설가이며 의사였던 엘리자베스 퀴블러 로스는 "인생에서 만나는 모든 고난과 모든 악몽, 신이 내린 벌처럼 보이는 모든 시련은 사실 성장의 기회이며, 삶의 유일한 복적이 바로 성장이다."라고 했다. 미국의 정신과 의사 M. 스캇 펙은 사랑에 대해 이렇게 정의했다. "사랑은 자기 자신이나 다른 사람의 정신적 성장을 도와줄 목적으로 자신을 확장해 나가려는 의지이며, 행위로 표현되는 만큼만이 사랑이다."라고 했다.

이처럼 사랑이나 삶의 목적도 자신의 성장을 목적으로 하고 있다. 그렇다면 배움의 목적 또한 '자기 자신을 위한 것' 즉, 배움의 목적은 자기 발전과 자기실현이라고 해야 한다. 그렇다. 그것은 자기 자신의 내면적 성장을 의미하는 것이며 그것을 통해서 자신의 성숙 된 삶을 의미한다. 그리고 이렇게 성숙된 삶의 가치는 나뿐만이 아니라 타인과 함께 더불어 살아가는 삶의 진지한 태도라고 할 수 있다.

배움과 지식은 교육에서 얻어지는 결과이다

교육은 학교 교육이건 가정교육이건 사람답게 살게 하기 위한 가르침이고, 배움이다. 아리스토텔레스는 "국가의 운명은 청년의 교육에 있다."라고 했다. 로마의 시인 호라티우스는 "교육은 사람의 타고난 가치에 윤기를 더해 준다."라고 했고, I. 칸트는 "사람은 사람에 의해서만 사람이 될 수 있을 것이다. 사람으로부터 교육의 결과를 배제한다면 아무것도 남지 않을 것이다."라고 했다. 그렇다. 교육은 꼭 필요하다. 하지만 교육답지 못한 교육은 무의미할 뿐만 아니라 괜한 시간 낭비에 불과하다.

M. E. 몽테뉴는 그의 수상록에서 "제대로 교육받은 머리가 지식만 들어차 있는 머리보다 낫다."라고 했다. 이는 즉 지식교육보다는 인성교육이 더 중요하다는 의미를 품고 있다. J. J. 루소는 "교육의 목적은 기계를 만드는 데 있지 않고, 사람을 만드는 데 있다."라고 했다. 이것 또한 모두 '사람다움의 가치와 인성교육'을 중시한 말이다.

조선 후기의 실학자 다산 정약용 선생은 배움에 대해 이렇게 말했다. "배움이란 무엇인가? 배움이란 것은 깨닫는 것이다. 깨달음이란 무엇인가? 깨달음이라는 것은 그 그릇된 것을 깨닫는 것이다. 그 그릇된 것은 어떻게 깨달을 것인가? 평소 사용하는 말에서부터 그릇됨을 깨달아야 한다."라고 했다. 그렇다. 평소 사용하는 사소한 언어와 행동에서부터 '사람다움'에 의식과 행동을 깨닫고 고쳐가야 한다. 그런 것들이 우리 청소년들에게 필요한 인문정신과 인성교육이다.

이처럼 배움(學習=Learning)이란? 하나의 유기체가 자신의 행동을 지각하고 변화시킬 수 있을 때 그것을 학습 또는 배움이라고 일컫는다. 배움은 본능적인 변화의 성숙과는 달리, 직간접적 경험이나 훈련으로 지각하고, 인지하며, 변화시키는 행동 변화의 과정이다. 학습과 공부가 대비되는 점은 학습이 외부적인 교육이나 현상에 대해 영향을 받는 데 비해 공부는 자발적 학습으로 이루어지는 실천과정이다.

우리가 배워야 할 것은 무엇인가?

우린 옛 고전에서 삶의 지혜를 배운다. 중국 2,500년 역사를 일관되게 지배해온 이념이 유학(儒學)의 사상이다. 진시황제 때와 1949년 중화인민공화국 수립 이후 얼마간을 제외하면 모든 중국인의 정치, 교육, 사상을 지배한 이념이 바로 유교 사상이다.

이처럼 한 사람의 사상이 2,500여 년간 수많은 군주와 정치가, 사상가와 교육가, 일반 민중들에 이르기까지 폭넓은 영향을 미쳤다는 것은 실로 매우 놀라운 일이 아닐 수 없다. 그 때문에 공자를 석가모니나 예수와 함께 인류의 4대 성인으로 칭송하는 이유이다.

공자의 철학은 이렇게 동아시아 전 문명권에 걸쳐 심대한 영향을 끼쳤다. 그러나 유교의 역사는 공자에서 시작된 것은 아니다. 부처는 불교의 창시자이고 예수는 그리스도교의 창시자이지만 공자는 엄밀히 말해 유교의 창시자가 아니다. 따라서 유교는 종교가 아니다.

공자는 자기 자신을 '옛것을 살려 새로운 것을 알게 하는 온고이지신(溫故而知新)의 전수자로 여겼다. 공자는 제사·천제(天祭)·장례 등의 의식들이 수 세기 동안 존속해온 이유를 알아내고자 하다가 옛것에 대한 애착을 느끼게 되면서 학문적 이론과 사상을 체계적으로 새롭게 정립하여 후대의 교육적 토대로 삼고 확립했다. 그러니까 공자의 사상은 기원전 BC1500 여 년 전 요순시대를 거쳐 내려온 사상을 전수해 그것을 토대로 학문적 이론과 교육을 체계화했다는 추론이다.

공자의 사상과 그 근원은 소속감과 일체감에 대한 인간의 절실한 필요에 바탕을 두었다. 그는 문화의 축적된 힘을 믿었고, 전통적 방식이 활력을 잃었다고 해서 장래에 되살아날 수 있는 잠재력마저 없어졌다고 보지는 않았다. 그의 역사관은 너무나 투철해서 자기 자신을 주(周) 나라 때 꽃 피웠던 문화적 가치와 사회적 규범이 존속되도록 전수해야 할 의무가 있다고 주장했다.

공자 생애의 평범함과 현실성은 그의 영감이나 신의 계시 때문에 주어진 것이 아니라 철저한 자기 수양과 자기 운명을 장악하려는 노력의 결과이다. 이처럼 현대의 평범한 사람들도 노력하면 위대한 인물이 될 수 있다는 믿음은 유교적 전통에 뿌리이다. 인간은 교화(敎化)를 통해 발전하고 개인적·사회적 노력을 통해 발전할 수 있다는 주장이다.

현대사회의 교육은 공자로부터 시작된 것

공자의 조상은 귀족계급이 아니었다. 그의 기문은 권력도 없고 아무 보잘것없는 평민에 지나지 않았다. 공자는 3세 때 아버지를 여의고 처음에는 어머니 안징재(顔徵在)에게 가르침을 받았다. 10대에 일찍이 지칠 줄 모르는 향학열로 이름이 높았다. 공자는 말년에 "나이 15세에 학문에 뜻을 두었었다"라고 회상했다. 그것이 바로 십유오이지우학(十有五而志于學)이다.

공자의 스승이 누구였는지는 분명치 않다. 하지만 공자는 6예(六藝: 예(禮)·악(樂)·사(射)·어(御)·서(書)·수(數))에 능통하고 특히 역사와 시(詩)에 밝았다. 그래서 30대에 훌륭한 스승으로 이름을 날리기 시작했다.

공자는 모든 사람에게 교육을 개방하기를 원했고 그 교직을 직업으로 삼아 하나의 생활수단으로 확립시킨 최초의 교육자이며 첫 번째 교사로 알려져 있다. 또 사회를 개조시키고 향상할 목적으로 일평생 배우고 가르치는 일에 전념한 사람은 공자가 처음이었다.

그는 모든 인간이 자기 수양으로부터 덕을 볼 수 있다고 믿었다. 장래의 지도자들을 위한 인문과목 교육과정을 처음 실행했고, 모든 사람에게 교육의 문호를 개방했으며, 배움이란 지식을 얻기 위한 것일 뿐만 아니라 인격의 도야까지도 포함한다고 정의했다. 공자에게 있어서 교육의 일차적 기능은 군자(君子=사람다움, 인간다움)를 훈련하는 적절한 방법이고, 끊임없는 자기 향상과 지속적인 사회적 상호작용을 포함하는 하나의 과정이었다.

공자는 배움이 '자기 지신을 위한 것' 즉, 배움의 목적은 자기 발전과 자기실현이라고 역설했다. 속세에서 벗어나 '금수(禽獸)와 벗하며 살자'라는 유혹을 뿌리쳤고, 세상에 속해 살면서 세상을 변모시키려고 노력했다. 정치라는 통로를 통해 인본주의 이상을 실현하려고 애썼다.

공자는 비교적 늦은 나이인 40대 말과 50대 초에 이르러 중도(中都)의 장관으로 발탁되었고, 이어 노나라의 재판관이었으며, 최고위직인 대사구(大司寇)가 되었다. 노나라의 군주 정공(定公)을 수행하여 참가한 노나라와 제나라 사이에 벌어진 평화회의에서 외교적 수완을 발휘하기도 했다. 이처럼 공자는 고결한 이상과 소명 의식을 가진 위인으로 명성이 크게 널리 퍼져 나갔다.

〈사기〉에 따르면 그의 제자 중 72명이 '6 예'를 통달했고 제자로 자처하는 사람의 수가 3,000명을 넘었다고 했다. 교육의 목적과 개념은 인간 형성의 과정이며 사회개조의 수단이다. 배움은 바람직한 인간을 형성하여 개인생활 · 가정생활 · 사회생활에서 보다 행복하고 가치 있는 나날을 보내게 하는 데 그 목적이 있다. 나아가 사회발전을 꾀하고 상호작용하는 목적도 있다.

교육은 인간이 내면적으로 지닌 천성, 곧 타고난 소질과 성품을 보호, 육성하는 과정을 뜻한다. 그리고 나아가 교육을 받는 자리에 있는 사람이 가지고 있는 '성장하는 힘', '발육하는 힘'을 전제로 하여, 그 자발성과 창조성을 충분히 조장시켜 자립을 키워주는 것을 의미했다.

　21세기 미래를 살아갈 청소년들이여!
　그대들이 배워야 할 것은 무엇일까?

　현대사회에서 아무것도 배우지 않고 살아갈 수는 없다. 문제는 불필요한 지식과 쓸데없이 배워야 할 게 너무 많다. 마치 남들을 따라서 이것을 배우지 않으면 큰일이 날 것 같은 두려움 때문에 정작 중요한 것을 놓치게 된다. 그것이 바로 자기의 적성과 소질이다. 이것을 잘 살려 배우고 익혀야 한다. 그러나 적성도 중요하고 소질도 중요하지만 먼저 우리의 내면을 성찰하는 삶의 지혜와 인간다움의 인성을 스스로 찾아내야 한다.

　자신 속에 인성이 없는 지식이나 앎은 '꽃이 꽃이되 향기가 없는 조화(造花)와 같다.' 21세기 미래를 살아갈 청소년에게는 지식도 중요하다. 하지만 사람다운 삶의 향기를 피워낼 수 있는 '인문정신'과 '인문의 향기'를 가슴속에 품어야 한다. 그런 가슴이어야 사랑도 아름답게 꽃피울 수 있다.

　"우리가 이 세상에 태어난 것은 지식을 머릿속에 가득 채워 넣기 위한 목적으로 태어난 것이 아니다. 또한, 성공을 위해 이 세상에 태어난 것도 아니다. 그리고 지식만이 인생의 성공을 담보하는 것도 아니다. 우린 그냥 태어났고, 단지 사람답게 살아가는 방법을 배우고 익혀나갈 뿐이다. 그것이 인도(人道)

이고, 그런 사람의 길로 우리가 뚜벅뚜벅 걸어갈 때 비로소 삶의 가치와 존재의 행복을 느끼게 될 것이다."라고 믿는다.

우리가 하루 밥 세 끼를 먹는 것은 육신을 위한 것이다. 육신을 위해 밥을 먹었다면, 영혼을 위해서는 '인문정신의 밥'을 먹어야 한다. 인문정신의 밥을 먹었을 때 진정한 '인성의 향기'를 품어낼 수가 있기 때문이다. 배운 사람은 누군가의 삶에 영혼의 양식이 되어 주어야 한다. 그 양식은 그들과 내가 함께 성장하는 삶을 의미한다. 그 성장의 밥이 바로 '인문정신의 밥'이다.

이제 청소년 여러분들이 무엇 때문에 힘들게 배워야 하는지? 그 배움에 목적이 어디에 있는지에 대해 잘 살펴보았다. 청소년 여러분들이 불철주야 학업의 현장에서 고군분투하고 있는 배움의 목적이 삶의 멋진 향기로 피어날 수 있기를 희망한다. 그리고 꼭 성공과 명성이 아니면 어떤가, 부자가 아니면 어떻고, 권력자가 아니면 어떤가? 내가 나의 직분에 최선을 다했으면 된다. 초조할 필요도 없다. 성공과 명성을 가졌다 해도 사람의 길로 가지 않으면 진정한 행복의 꽃은 피지 않는다. 인간의 삶은 인문정신의 성장이 있을 때만 아름답게 '행복의 꽃이 핀다.'라는 것을 가슴에 새겨두자.

앞만 보지 말고 상하좌우를 함께 보라

되도록 멀리 봐라

청소년은 학업을 마치고 사회의 구성원으로 참여한다 해도 우리 사회의 햇병아리 신분이다. 그 때문에 위험요소도 많다. 하지만 위험하다고 해서 열정 없이 소극적이어서는 안 된다. 그때를 위해서 학교생활에서나, 사회참여의 구성원으로나 적극적인 자세로 인간관계의 교류를 배우고 익혀야 한다.

사회생활에서 인간관계의 교류는 제일 먼저 눈을 통해서 시작된다. 그리고 말로 행동으로 이어진다. 미국의 시인이면서 수필가인 에머슨은 '말도 행동이고 행동도 말의 하나다'라고 했다. 이 말과 같은 맥락으로는 중용 제13장 끝부분의 말씀을 보면 알 수 있다. '언고행, 행고언. 군자호불조조이!(言顧行, 行顧言. 君子胡不慥慥爾!)'라 하였다. 이 말씀은 '말을 할 때는 그 말을 실천할 수 있는가를 되돌아보고, 행동할 때는 그것이 나의 말과 일치하는가를 되돌아봐야 한다. 군자라면 어찌 이를 독실하게 행하지 않겠는가.'라고 했다.

그 때문에 대인 관계와 교류에서는 말과 행동이 이처럼 매우 중요하다. 그 사람의 말과 행동에 따라서 신뢰성의 유·무가 결정되기 때문이다. 또한 말(言)은 성(誠)과 같은 의미이다. 말에는 진심과 성심이 들어있어야 말다운 말이 되기 때문이다. 말에 진정성과 성심이 담겨 있지 않으면 대화가 겉돌게 되거나 부담스러워 피하게 된다.

중용에서 "말은 행위를 돌아보고 행위는 말을 돌아본다."라는 구절은 언행일치를 강조한 것이다. 중용에서의 성실은 하늘의 도리이고 성실해지려고 노력하는 것은 사람의 도리라고 하였다. 특히 언행일치를 정치의 덕목으로 삼는 것은 정치가 우리 사회의 지도층이고, 버팀목이기 때문이다.

또한, 말과 행동은 상대가 아닌 나 자신과의 관계에서도 매우 중요하다. 거울을 보면서 하루를 시작하고, 하루를 마감한다. 그것은 얼굴에 생김새뿐만이 아니라 내 눈을 통해서 자신의 마음을 관찰하고 자신과의 대화를 나누는 심리적 장치(mental equipment)이기 때문이다. 그래서 사람들은 일상에서 수시 또는 무의식적으로 거울을 본다. 그것은 자신의 모습과 감정의 상태를 확인하려는 것이다.

그러나 내 마음이 편치 않을 때는 거울도 보기 싫다. 인간의 삶에서 모든 문제는 내 마음에 있고, 그 문제의 본질적 해결도 내 마음의 한가운데 있다. 따라서 자신의 마음(中心=가운데 마음)을 정확히 보고 알고 있으면 문제의 답을 빨리 정확하게 구할 수 있다는 말이다. 이는 필자가 중용을 통해서 강조하는 '중심 보기' 또는 '중심 찾기'의 핵심적 이론과도 같다.

사물의 위치뿐만이 아니라 인간관계의 작용과 의식에서도 공통의 공감적 합의를 이룰 좌표를 설정하고 그에 함수를 돌출해내야 한다. 현대인들은 일상적 삶에서 공적이거나 사적으로 이루 말할 수 없는 문제들에 직면해 있다. 그런 문제들에 답을 구하는 것은 남의 말이나 생각들이 아니다. 그것은 오직 자신의 눈과 마음으로 보고 만들어진 생각과 말에 의해서 정답을 내는 것이다. 자신의 마음속에 숨겨져 있는 문제들을 자신 생각과 뜻에 따라 찾아낼 때 더욱 합리적인 문제의 해결책이 쉽고 정확하게 나온다.

그런데도 우린 습관적으로 정확하지 못한 주변의 현상들에 휘둘리고 부화뇌동하여 그 중심을 찾기는커녕 점점 더 그 중심에서 멀어지는 결과를 빚는다. 그것은 문제의 중심을 똑바로 보지 못하고, 그 원인을 찾지 못하고, 이해하지 못했기 때문이다. 따라서 지식인다운 언행일치와 실천을 이루지 못한 결과가 되고 만다.

청소년들이 사물을 바라보는 시각은 매우 맑고 투명하다. 그것은 그대들의 마음에 세계가 맑고 깨끗하기 때문이다. 또 맑고 깨끗함으로 근시안적인 것이 아니라 멀리멀리 내다볼 수 있는 무한한 상상력이 있다. 그것은 매우 큰 장점이다. 그 무한한 상상력이 미래를 창조하는 희망의 에너지원이 되기 때문이다.

'청소년들이여! 이처럼 그대들의 눈동자 속이 아니면 미래의 답은 그 어디에도 없다'라고 말하고 싶다. 그만큼 청소년들의 뛰어난 사고와 상상력은 살맛 나는 미래사회의 문명 창달을 이루는데 어마어마한 가치와 창조의 자산이다. 이것은 미래사회의 주역이 될 청소년들의 행복한 삶을 위해 고민하는 저자의 통찰력과 함축된 메시지이다.

목표를 향해 정진하는 자세도 중요하다
하지만 잠시'여유를 가지고 주위를 돌아보라'

걸음은 행동의 시작과 마음의 움직임이다. 걸음을 멈추는 것은 경쟁자의 추월을 제공하는 원인이 될 수도 있다. 또 걸음을 멈추지 않고 쉬지 않고 가는 전진은 목적지에는 빨리 도달할 수 있다. 하지만 우리의 삶에 목적은 단순히 목적지에 빨리 도달하기 위한 것이 아님을 알아야 한다.

목직지는 목표의 정점이요 도착시이다. 목표에 다다르면 더는 전진의 목표와 의미는 없어진다. 그렇다면 우리의 삶에 목표는 목적지에 빨리 도달하는 것에 목표가 되어서는 곤란하다. 목적지에 도달하여 목표를 완수하는 것도 중요하지만 그 목표를 이루기 위해 가는 과정에서 발견하고 보고 만들어지는 삶의 무수한 가치와 의미에 대한 재발견이다. 그 과정에서 우리의 삶은 희로애락을 맛보고, 느끼고, 즐기는 기쁨이 있기 때문이다.

그러한 삶의 맛을 제대로 보기 위해서는 쉬지 않고 전진만 하는 것은 절대 능사가 아니다. 또 쉬지 않고 가기도 쉽지는 않다. 많은 인내와 열정이 필요하다. 그래야만 비로소 남보다 빨리 목적지에 도달하고 목표를 완수하는 성공을 이룰 수 있다. 그러기 위해서는 빨리 가야 하고 빨리 가는 것만큼 또 많은 것을 포기하거나 놔버리지 않으면 안 된다. 그것은 왜? 목표만이 자신의 삶에 최우선이라고 믿기 때문이다.

그렇게 해서 목표를 남보다 더 빨리 이루었다면 우리의 삶은 어떨까? 더 많은 성공과 부를 이루었을까, 더 아주 즐겁고 행복할까, 불행은 없었을까, 더 많은 삶의 의미를 과연 깨달았을까? 아니다. 목표를 빨리 이루기 위해 많은 것을 보지 못했다, 많은 것을 보지 못한 것 가운데는 꼭 봤어야 할 것도 있었다. 그런데 그 소중한 것을 못 본 것이다. 그중에는 각자의 삶에 아주 귀중한 것을 놓쳐버린 것이 있을 수 있다.

예컨대 바쁘다는 이유로 감동을 주는 명화 한 편을 보지 못했다든지, 우연히 길을 가다가 나의 도움이 필요한 일에 작은 선행을 외면했다든지, 술이나 차 한 잔 나누면서 친구의 고민을 외면하지는 않았는지. 가족들과 함께 모여 화기애애한 시간을 무심히 지나쳐버리지는 않았는지. 이런 일들은 아주 사소한 것일 수도 있다. 하지만 사소했던 이런 일도 제대로 해본 적이 없었다면 빠르게 목적지에 도달하고 목표를 이루었다 한들 무슨 의미가 있을까? 오히려 많은 것을 잃어버리고 큰 보람도 없을 것이란 생각이다.

사소한 것조차도 제대로 보고 누리지 못했다면, 중차대한 일인들 제대로 보고 누릴 리가 만무하다. 우리의 삶에서 커다란 행복이나 행운들은 쉽게 자주 만들어지지 않는다. 그 때문에 일반 보통사람들은 일상의 소소한 생활에서 만들어지는 소소한 감동이나 행복에서 눈물을 흘린다. 그러한 감동과 눈물을 위해 일상의 고난을 극복하면서 각자의 삶에서 최선을 다했다.

이처럼 관심 두지 않으면 그냥 스치고 말 소소한 일들에서 즐거움과 기쁨이 만들어지고, 가슴 뭉클한 감동과 행복이 만들어진다. 이러한 감정을 가질 수 있는 것이 유일하게 사람만이 가능하다. 그래서 사람은 각자의 삶에서 삶의 의미와 보람을 갖게 된다. 그런데 만일 커다랗고 대단한 일에서만 기쁨이 있고, 감동이 있고, 행복할 수 있다면 우리는 언제 어떻게 대단한 일을 성취하고 목적지에 도달할 것인가? 그럴 수 있는 사람은 아주 특별한 사람만이 가능한 일이고 드문 일이다.

이렇게 보잘것없고 소소한 일상 속에서 발견하는 감동이나 행복감은 비로소 내가 여유를 갖고, 걸음을 멈추고 잠시 주위를 살필 때 발견될 수 있는 삶의 작은 이야기들이다. 이런 삶의 작은 이야기를 보고, 듣지 못하는 것은 자기의 앞만 보고 전진하려는 우리의 목표 지향적 태도와 습관에 기인한다고 볼 수 있다. 그 때문에 많은 것을 놓치고 잃게 되는 것이다.

또 '걸음을 멈추고 잠시 주위를 돌아보라'라는 것은 다른 사람들과 함께 보조를 맞추며 가기 위한 노력이다. 경쟁자인 그들에게 추월당하는 것이 아니라 그들과 너무 벌어진 삶의 거리를 좁혀 보려는 노력이기도 하다. "빨리 가려면 혼자 가라. 멀리 가려면 함께 가라."라는 이 말은 아프리카 속담이다. 이 말이 아프리카의 속담으로만 명언이 아니라 전 세계 인류에게 해당하는 보편적 지혜가 아닐까?

무분별한 스펙 쌓기는 시간의 낭비

발걸음은 행동의 시작과 동시에 마음의 움직임이다. 우리의 삶에 목적은 단순히 목적지에 빨리 도달하기 위한 것이 아니다. 함께 가면서, 웃고, 울고, 격려하고, 위로하고, 나누는 삶이어야 한다. 그것이 삶의 목표일 때 우리는 함께 행복할 수 있다. 잠깐의 뒤처짐에 열등감으로 가슴 아파하지 않아야 한다. 나만의 아름다운 색깔과 열정을 찾아야 한다. 우리가 어떤 생각을 하는가에 따라서 말이 만들어지고, 어떤 말인가에 따라서 행동이 된다. 이런 행동을 스스로 만들어가면 그것이 바로 삶이고, 인생이 된다.

그런 인생을 위해서 우린 정말 나를 열심히 해야 한다. 그러나 열심히만 할 뿐이지 일에 대한 성과에 대해서는 만족하지 못한다. 그렇듯이 무조건 열심히만 한다고 해서 좋은 결과가 만들어지는 것 또한 아니다.

흔히 "아는 것이 힘이다." 하여 무조건 열심히 배우는 것만을 지상 최대의 보람과 성공 비결로 생각하는 사람들도 많다. 그리고 졸업을 앞둔 청소년들이나 사회초년생 중에는 스펙 쌓기나 어학연수, 각종 자격증 취득, 다양한 경험 쌓기 등 많은 자기 능력개발 배양에 지나칠 정도로 몰입하고 목매는 경향도 있다.

물론 자기의 전공이나 직업과 관련하여 꼭 필요한 지식을 확대하고 발전시키는 것은 당연히 좋은 일이다. 그러나 개중에는 막연한 미래의 불안감에서 또는 우리 사회에서 만연되고 있는 1등 주의가 남보다 먼저 성공해야 한다는 강박관념과 조급함에 사로잡혀서 무조건 그렇게 해야 한다는 귀착에 매몰되어서 하는 행위라면 그것은 매우 곤란하다.

요즘은 한두 가지 자격증도 제대로 활용하기 힘든 세상이다. 기회조차 오지 않는 요행수에 마치 그것이 아니면 안 될 것 같은 두려움과 불안감에 사로잡혀 나를 포함한 공급과잉의 대열에 목숨 걸고 합류한다. 그것은 수요와 공급의 불균형을 가중

하고 시간의 낭비를 만드는 결과이다. 그런 현상은 우리에게 막연한 기대일 뿐이지 절대 기회조차 오기 힘든 일이다.

혹시나 하여 미리 따둔 네다섯 가지의 자격증들은 언제, 어디서 다 활용할 것인지를 생각해보면 그것은 귀중한 시간과 인생의 낭비적 요소가 다분하다는 생각이다. 그러나 그러한 현상은 우리의 현대사회가 그만큼 불안정하고 우리의 미래가 불투명한 데서 비롯된 일종의 사회적 포퓰리즘의 사고와 의식으로 또 하나의 병폐이다.

그러나 한편 때에 따라서는 불확실한 미래에 대해서 일부 철저한 대비가 될 수도 있다. 또 철저한 대비를 해둔다고 해서 나쁠 것 또한 없다. 그러나 과도한 준비성과 대비는 자칫 써먹지도 못할 일에 과도한 시간성의 낭비와 에너지 과잉만 축적하고 말 수도 있다.

이러한 것들이 결국은 나와 우리의 현실에서 귀중한 시간적 낭비와 부조화인 불균형만 초래하는 것은 아닌지 냉철히 생각해 볼 일이다.

사회적 안정이 확대되면 국민의 행복이 커지고, 사회적 불안이 확대되면 국민적 불행이 커진다. 이것은 우리가 직면한 문명사회의 시대성에 나의 가치관과 시간성을 적합하게 극대화하지 못하는 결과이다.

이러한 낭비는 범국가적으로도 매우 큰 손실이다. 즉 합리적 변화를 이루지 못하는 결과로써 우리의 삶에 궁극적 목표인

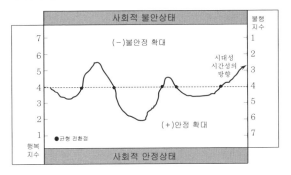

사회적 안정이 확대되면 국민의 행복지수가 높아지고, 사회적 불안이 확대되면 국민적 불행지수가 높아진다. 따라서 국가는 반드시 정치, 경제, 사회, 문화에 있어서 안정은 물론 균형발전을 꾀하여야 한다.

▲ 균형을 잃은 시대성과 시간성의 변화

행복의 결과를 불투명하게 만들 수도 있다. 이렇게 무분별한 실천적 '성실성'만을 고집부리고 강요하는 현대사회의 인식과 태도 또한 문제이기도 하다. 이러한 것들은 진정한 자기성찰이 없는 맹목적 목표 지향성이다.

곰곰이 생각하는 것만이 성찰이 아니다

스스로 체험을 통해 얻은 시행착오의 결과에 대한 자기반성과 지향하는 목표의 궤도 수정이 반드시 뒤따라야 한다. '목표, 방법론, 실천'은 인생에서 그대들이 미래에 무엇인가를 이루기 위한 절대적 요소이다. 목표가 없으면 무의미하고, 방법론이 옳지 않으면 비효율적이고, 실천이 따르지 않으면 그 어떤 것도 이룰 수가 없다.

이 세 가지 요소 중 어느 하나라도 없거나 요건을 충족하지 못하면 이 삼각형의 성공 구도는 '균형과 중심'을 잃고 무너지고 만다. 중심을 이루고 있는 이 삼각형의 균형이 '중심 보기'나 '중심 잡기'에 의한 자기성찰이다.

이제라도 앞만 보고 가던 걸음을 잠시 멈추고 마음의 여유를 갖고 좌우 상하를 잘 살피고 현재 자신의 위치가 어딘지를 돌아보는 삶의 여유가 필요하지 않을까? 그랬을 때 중심을 잃어버린 현대사회의 격랑 속에서 그대들의 "중심 찾기와 중심 잡기"가 가능해질 수 있다. 때문에 '걸음을 멈추고 잠시 주위를 돌아보라'라고 필자는 경종의 신호를 보내는 것이다.

'0의 행복'은 붓다께서 선에 들었다가 한순간 깨달음으로 얻어진 진귀한 진리의 보배로서 영혼의 행복을 이루신 세계이다. 그것은 몸과 마음의 합의 일체를 이룬 균형점(balance point)이다. 이제부터라도 우리의 삶에 균형점이 어디에 존재하는지 찾아서 실행해보자.

삶은 내가 어디에서 무엇을 하고 있어도
내가 행복할 수 있어야 한다

꽃은 멋진 화원이나 정원에서 피는 꽃만 꽃이 아니다. 민들레, 개나리는 척박한 환경에서 피어나도 여전히 곱고 아름답다. 인간의 삶도 환경과 관계없이 살아 있으면 인생이고 삶이다.

그렇듯이 행복이나 불행도 살아 있는 사람에겐 늘 함께하는 나의 영혼에 식구와 같은 존재이다. 식구라 해서 다 편안하고 다 좋기만 한 것은 아니다. 식구는 다소 불편해도 한 집에 살면 다 식구이다. 즉 식구는 생사고락을 함께하는 공동체적 구성 요소의 일원이다. 행복이나 불행은 '나(我己)'라고 하는 집에서 동고동락하는 형제와 같은 공동체적 존재이다.

삶은 일상의 생활에서 매일매일 피어나는 꽃이다. 그리고 그런 삶에서 끝없이 만들어지는 삶의 이야기와 애환들이 삶의 향기이다. 나에게 향기가 있느냐, 없느냐는 나의 삶이 어떠했느냐의 문제이다. 척박한 환경에서 피어나도 내가 즐겁고 기쁘면 행복의 꽃이고 향기로 피어난다.

나의 향기란? 내가 아닌 누군가를 위한, 누군가를 위해 나누고 함께할 수 있는 마음이다. 상대의 어려움을 헤아릴 수 있는 자애롭고 고결한 배려의 정신이다. 누군가를 위해 다가가고, 다가오게 하는 소통의 기술이 필요하다.

꽃이 곱고 아름다워도 꽃에 아름다운 향기가 없다면 그것은 아무런 감흥이 없다. 마치 생화 같은 조화(造花)가 아닐까. 그대들은 곧 닥칠 미래의 삶에 싱싱하게 살아 있는 생화로 꽃을 피울 것인가? 아니면 생명이 없는 조화로 꽃을 피울 것인가? 조화는 아무리 곱고 아름다워도 조화일 뿐이다. 그 꽃에는 향기가 없다. 결코, 향기를 가질 수 없는 허상의 존재이다. 이제 미래세대의 주역이 될 오늘의 청소년들. 이 모두가 미래의 행복으로 피어나는 꽃, 살아 있는 꽃, 아름다운 꽃이었으면 더욱 더 좋겠다.

청소년의 오늘과 미래 그리고 과거

오늘이란?

어제와 내일 사이에 있는 중간 기착지이다

오늘은 어제와 내일 사이에 있는 중간 기착지이다. 또 다른 말로는 과거와 미래를 연결 짓는 오늘 또는 현재라는 관문이기도 하다. 이 중간 기착지는 매일매일 바뀐다. 괴테는 이 오늘에 대하여 '오늘이란 너무 평범한 날인 동시에 과거와 미래를 잇는 가장 소중한 시간이다'라고 했다. 아직 오지 않은 미래를 플러스(+)라 하고, 지난 과거를 마이너스(-)라 한다면 미래와 과거 사이에 지금(현재)은 이퀄(equal=)이란 관문이 된다. 미래는 반드시 현재(지금)라는 관문을 통해 들어와서 인류역사의 문명을 창달하고 과거라는 세상으로 입성한다.

시간의 "0"은 '지금 또는 현재'이고, 장소의 "0"은 '여기'이다. 따라서 시간의 중심과 장소의 중심은 '지금과 여기'이다. 지금과 여기는 행복의 기준점(순간)이다. 또한 시간의 흐름 속에서 중요한 결정의 순간을 의미하는 적시적합의 시중이 바로 이 "0"의 순간이다.

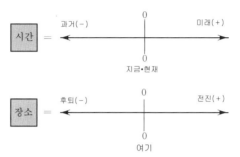

▲ '0'이 갖는 시간과 장소의 의미

숫자의 개념으로 미래와 과거 그리고 현재와 지금을 말하면 음수(-)와 양수(+) 그리고 영(零=0)이다. 영(零=0)의 영역은 음수와 양수의 사이에 독립적으로 존재하는 영역이다. 사람의 감정에서도 희로애락(喜怒哀樂)은 괴로움이나 고통을 의미하는 음수(陰數)의 영역이고, 기쁨이나 쾌락은 양수(陽數)의 영역이라고 할 수 있다. 이 음수의 영역과 양수의 영역을 관장하는 것은 오로지 중심(中心=가운데 마음)인 영(零=0)이라는 고유의 영역으로서 그 어떤 수(數)도 감히 침범할 수가 없는 고유의 영역이다. 또 이 '영(0)의 영역'이 아니고서는 좌와 우, 상과 하, 음과 양, 양수(+)와 음수(-), 과거와 미래 그 어떤 영역도 존재의 의미가 있을 수 없다.

따라서 미래의 희망을 찾고 가슴에 품기 위해서는 과거를 부정할 수 없고 매 순간순간의 현재(지금)를 긍정적으로 인정하고 그 순간순간에 최선의 노력으로 충실해야 한다. 그것이 우리의 삶이다. 인간의 삶에서 희로애락은 떼어낼 수 없는 감정의 현상이다. 이 감정의 현상도 이 중심의 영역인 '0'의 영역에서 발현되어 나타나고 작용하는 현상이다. 아래 도표에서 채권자와 채무자 간 감정 변화의 상관관계를 살펴보자.

감정의 변화와 상관관계- 채권자와 채무자 사이에 변화하는 마음의 상관관계(-와 +의 경계선은 괴로움과 즐거움의 임계점).

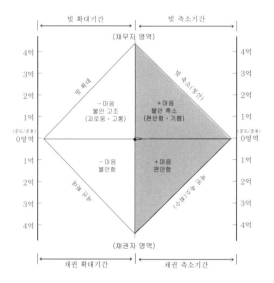

▲ 채권자와 채무자 간 감정 변화의 상관관계

  채무자는 빚이 확대될수록 '괴로움과 고통'이 고조되면서 불안한 '-마음'이 높아진다. 그러나 빚이 축소되면서 채무자의 마음은 다시 편안한 안정된 '+마음'인 '0의 영역'으로 돌아옴을 알 수 있다. 이때 채권자의 마음도 채무자의 마음과 같이 따라 움직인다. 채무자의 빚이 확대되면 같이 불안한 '-마음'의 상태이고, 빚이 축소되면 다시 편안한 '+마음'으로 돌아옴을 알 수 있다. 이것은 채무자의 마음이나 채권자의 마음이나 그 중심의 영역인 '0의 영역'으로 회귀하기 때문이다.

이처럼 '작고 미미한 기쁨'이란? 영(0)의 영역 한가운데(中心=0)로 가까이 근접한 기쁨(+)이다. 굳이 숫자로 표기한다면 '+0.001'이나 '-0.001' 정도로 이해하면 될 듯하다. 즉 아주 적은 기쁨이거나 아주 적은 괴로움으로 어찌 보면 괴로움이 아닌 것 같기도 하고, 기쁨이 아닌 것 같기도 한 것으로 '0'의 감정이 가장 가깝게 근접한 위치가 되기 때문이다. 이렇게 미미한 기쁨이나, 미미한 괴로움은 비교적 순식간에 느껴지는 것은 아니다. '커다란 기쁨(쾌락)'이나 '커다란 괴로움(고통)같이 느껴지는 강도 보다는 약하지만 느껴지는 시간은 길다. 이런 긴 시간이 합쳐지면 점차 행복감이 부풀고 커지게 된다.

위의 그림(도표)에서 보았듯이 이렇게 미래와 과거 사이에서 오늘(현재, 지금)은 매우 중요하다. 현재에 충실하지 않고는 희망찬 미래를 맞이할 수도 없고, 기쁨이 충만한 과거도 만들수가 없다. 그 때문에 지금의 이 순간이 고통스럽고 괴롭더라도 우린 늘 지금의 이 순간순간에 당당히 맞서서 내가 마주하고 있는 지금 또는 현재의 이 시간에 최선을 다하고 충실해야한다.

법정 스님께서는 이런 말씀을 하셨다. "과거나 미래 쪽에 한눈을 팔면 현재의 삶이 소멸해 버린다. 다시 말해 과거의 삶도 없고, 미래의 삶도 없다. 과거도 없고 미래도 없으니 현재도 없다. 지금 이 자리에서 최선을 다해 최대한으로 살 수 있다면 여기에는 삶과 죽음의 두려움도 발붙일 수 없다"[1]라고 하셨다.

이것은 앞으로 청소년 그대들이 맞이해야 할 미래와 보내야 할 과거에 대해 깊고 깊은 내면의 정신세계에 대한 사유와 통찰을 일깨움이시다. 따라서 이 과거와 미래를 지혜롭게 맞이하고 보내기 위해서는 무엇보다 중요한 것이 현재의 위치를 정확히 알고 현재의 삶에서 최선을 다할 때만이 가능한 일이다.

내가 있는 곳이 안전한 곳인가, 위험한 곳인가?

그렇다면 그대들이 있는 현재의 위치는 어디인가? 그곳을 청소년 여러분들은 아는가? 머지않아 미래 사회의 주역이 될 그대들은 지금 말없이 그대들의 앞을 스쳐 지나가는 '지금, 이 순간(At this moment)'을 한시도 놓치지 말고 자각해야 한다. '지금, 이 순간'은 한번 놓치면 다시 영영 되돌릴 수 없는 고집불통 시간성의 존재와 정면으로 맞닥트리게 될 것이다.

인간은 그것을 알면서도 무의식적으로 시간을 되돌리려고

한다. 그 의식 속에는 많은 아쉬움과 그리움 그리고 뼈아픈 후회들이 들어있다. 그러나 그런 후회를 한다고 해도 되돌리는 일은 절대 불가능하다. 따라서 그대들의 현명하고 냉철한 자각을 촉구하는 것은 그 불능의 오류와 불행을 범하지 않기 위해서다.

지금 우린 시대성이라는 오대양 육대주에 드넓은 바다와 대지 위에서 거대 신자본주의(new capitalism)의 비이성적 조류에 떠밀려 한 치 앞을 내다볼 수 없는 미지의 세계를 향해 '희망과 행복'이라는 명제를 가슴에 품고 아주 작은 돛단배에 올라서서 '지금, 이 순간'이라는 시간성의 돛을 달고 거친 세파와 사투를 벌이면서 항해를 하고 있다.

자각(自覺)은 이런 '사투의 시간 속에서 깨어있음에 의식'이다. 깨어있어야 이미 지난 과거의 시간성과 다가오는 미래의 시간성 사이에서 '희망과 행복'의 중심과 균형을 잡을 수 있기 때문이다. 어설픈 꿈결에 사로잡혀 있다간 거센 비이성적 조류와 풍랑의 소용돌이에 휘말리게 된다. 따라서 정신을 똑바로 차리고 깨어있어야 한다.

법정 스님은 '지금, 이 순간'을 어떻게 보고 계셨을까?

"지금, 이 순간을 놓치지 말라. '나는 지금 이렇게 살고 있다'라고 순간순간 자각하라. 한눈팔지 말고 스스로 살피라. 이처럼 하는 내 말에도 얽매이지 말고 그대의 길을 가라. 이 순간을 헛되이 보내지 말라. 이런 순간들이 쌓여 한 생애를 이룬다. 너무 긴장하지 말라. 너무 긴장하면 탄력을 잃게 되고 한결같이 꾸준히 나가기도 어렵다. 사는 일이 즐거워야 한다. 날마다 새롭게 시작하라. 묵은 수렁에서 거듭거듭 털고 일어서라"[2]라고 하셨다.

'지금, 이 순간을 놓치지 말라'에 대하여 필자가 덧붙여서 풀어 본다면 "순간순간을 자각하여 삶의 중심(中心=가운데 마음)을 잃지 말고 균형을 잘 잡아 변화하는 세상에 희망을 품도록 하자"라고 졸역(拙譯)하고 싶다. 그것은 '지금, 이 순간'들을 잘 보내면 그 속에 우리의 삶에 '행복'이 희망에 꽃을 피우고 온 누리에 그 향기가 가득할 수도 있다는 말씀이다. 이 말씀은 우리 부모들인 기성세대들에게도 경종을 울리는 말씀이지만 자라나는 미래세대 청소년 여러분들에겐 더더욱 값진 지혜의 말씀이다.

법정 스님의 행복론은 인간 내면 깊숙이 흐르는 강물같이 청량함이 느껴진다. '인간의 삶에서 향기는 사랑'이다. 향기를 품고 있는 사람은 얼어붙은 인간관계의 마음을 따뜻하게 녹여준다. 정이 많고 감정이 풍부한 사람이다. 향기가 없는 사람에게서는 사랑이 느껴지지 않는다. 감정이 메마르고, 건조하여 마찰이 일기 쉽고 심성에 윤기가 없어 까칠하다. 이런 사람에게서는 인간 대 인간의 중화(中和)[3]의 수수작용(收受作用)의

하모니를 기대하기 어렵다.

중화(中和)란? 항상 변화, 변동하는 현상 속에서 가장 안정된 위치를 찾아 움직이는 마음의 작용과 현상이다. 이것은 사람이 인간관계에서 자연스럽게 작용하는 마음의 상태이다. 수수작용은 인간관계에서 상호 돕는 관계나 작용을 의미한다.

사람의 향기를 가득 품고 있는 사람은 자연의 꽃향기처럼 곱고 아름답다. 이렇게 사람에게서 자연의 향기를 맡을 수 있다면 '지금, 이 순간'은 물론 살아 숨 쉬는 매 순간순간이 새롭고 행복하다. 대지 어느 곳에 머물러 있어도 기쁨이요, 무엇을 먹어도 행복하다. 바로 이런 것이 "밥맛 나는 세상과 살맛 나는 세상"이 아닐까? 이렇게 행복은 외재적 사물의 현상과 내 안에 중심(中心=가운데 마음)이 균형과 조화를 이룰 때 형형색색의 고운 빛깔로 피어나는 꽃이다.

법정 스님의 행복론을 보면 "행복이란 무엇인가. 밖에서 오는 행복도 있겠지만 안에서 향기처럼, 꽃향기처럼 피어나는 것이 진정한 행복이다. 그것은 많고 큰 데서 오는 것도 아니고, 지극히 사소하고 아주 작은 데서 찾아온다. 조그마한 것에서 잔잔한 기쁨이나 고마움 같은 것을 누릴 수 때 그것이 행복이다."[4] 라고 우리의 일상적 삶에서 소소하게 생겨나는 삶과 행복의 의미를 정의하고 계시다.

사람은 '행복의 감정'을 느낄 수 있는 비결에서도 여러 가지 다양한 가치 기준에 의해서 결정될 수도 있다. 하지만 제일 중요한 것이 외재 사물에 의한 것보다도 내 안에 나인 자신과 타협할 줄 아는 일이다. 외재 사물에 의한 것은 내가 포기하면 쉽게 정리가 되지만 내 안에 나와 타협되지 않는 부분(아집/사고)은 가장 큰 골칫거리다. 또 내 안에 나와 지속해서 대립하여 갈등을 빚는다는 것은 바로 나의 괴로움이요, 나의 불행이다. 그렇다고 나를 포기하거나 내다 버릴 수 있는 문제는 더더욱 아니기 때문이다.

또 인간이 행복할 수 있는 비결엔 '필요한 것을 많이 가짐으로써 행복할 수도 있다. 하지만 그보다 더 중요한 것은 불필요한 것에서 얼마나 자유로워질 수 있는가에 있다고 봐야 한다. 전자에 견주면 모자라고 후자에 견주면 남는다.'[5]

이처럼 행복을 찾는 방법은 모두가 자기 안에 존재하는 오묘한 마음(心)의 작용과 태도에 달려있다고 볼 수 있다. 이것은 '내 마음의 확실한 주인'이 되는 방법이다. 내 마음의 확실한 주인으로 자리매김하기 위해선 나 자신의 흔들리지 않는 중심을 잡고 좌·우·상·하의 균형과 조화로움 속에서 자신이 원하는 좌표를 찾아내야 한다. 그러기 위해서는 내 중심(中心)이 어디에 어떻게 존재하는지를 반드시 알아야 한다.

이런 것을 법정 스님은 『중심에서 사는 사람』이란 글에서 "거죽은 언젠가 늙고 허물어진다. 그러나 중심은 늘 새롭다. 영혼에는 나이가 없다. 영혼은 시작도 없고, 끝도 없는 그런 빛이다. 어떻게 늙는가가 중요하다. 자기 인생을 어떻게 보내는가가 중요하다. 거죽은 신경 쓸 필요가 없다.

중심은 늘 새롭다. 거죽에서 살지 않고 중심에서 사는 사람은 어떤 세월 속에서도 시들거나 허물어지지 않는다."[6]라고 21세기 현대를 살아가는 사람들을 향해 중심(中心=가운데 마음)을 통한 중용적 삶의 행복에 대한 가치를 강조하셨다. 이처럼 법정 스님은 인간의 행복을 중용의 '실천적 인문정신과 사상'을 통해 자연스럽게 일상생활 속에서 삶의 기쁨과 즐거움을 일깨우려 하셨다.

사람은 누구나 최상의 꿈과 행복을 간직하고 누릴 권리를 갖고 있다. 그러나 어떤 꿈을 어떻게 꾸는 것이 행복으로 가는 것인지는 아무도 모른다. 단 자기 자신만이 그 행복의 이정표를 알고 선택할 수 있다. 그것은 자신만이 삶의 시대성과 시간성의 괴리를 정확히 진단할 수 있기 때문이다.

지금 우린 시대성이라는 망망한 바다 한가운데서 거대 자본주의의 조류에 떠밀려 한 치 앞을 내다볼 수 없는 미지의 세계를 향해 가고 있다. '희망과 행복'이라는 아주 작은 돛단배에 '지금, 이 순간'이라는 시간성의 돛을 달고 거친 세파와 사투를 벌이면서 항해를 하고 있다. 자각은 이런 '사투의 시간 속에서 깨어있음에 의식'이다. 깨어있어야 지난 과거의 시간성과 다가오는 미래의 시간성 사이에서 희망과 행복의 중심을 균형 있게 잘 잡아갈 수 있기 때문이다.

그럼 어떻게 자각하고 어떻게 깨어있어야 할까?

인류의 역사는 변화와 변천의 과정이다. 그것을 인류의 문명 창달 또는 진화라고 한다. 끊임없이 변화하는 과정에서 역사가 문명을 창조한다. 지난 과거도 그랬고, 지금도 그렇고, 미래의 세상도 분명 그럴 것이다. 지금(현재)이 변화되어야 지나가는 과거도 변화되어가고, 다가오는 미래도 변화된 모습으로 맞이할 수 있다.

그럼 다가오는 미래를 누가 가장 많이 맞이하게 될 것인가에 대한 물음은 당연히 우리의 미래를 짊어지고 갈 그대들과 지금 자라나고 있는 어린 꿈나무들이다. 우리의 젊은 청춘 10대 ~20대가 자각하고 깨어있어야 한다. 그대들이 행복해야 모든 국민이 행복할 수 있다. 젊음이 신바람 나는 세상이 되어야 세상이 활기찬 미래를 맞이하게 될 것이다.

그래서일까. 정치인들은 선거 때만 되면 모두 다투어 국민행복 시대를 열겠다고 공약한다. 그러나 그것은 두고 볼 일이다. 정치가 이 군자지도(君子之道)의 철학을 갖지 못하는 한 그것은 말 그대로 공약(公約)이 공약(空約=빈 약속)이 될 공산이 크다.

이런 맥락에서 볼 때 『아프니까 청춘이다』는 저자 김난두 교수가 21세기 현대 문명사회 속에서 우리의 젊은 청춘들이 겪는 시련과 아픔들에 대해 매우 구체적 사례를 들어 함께 고민하며 위로하고 있다. 그것은 좀처럼 희망의 빛이 보이지 않는 안개 속 현실에서 우리 청춘들에게 꿈과 희망 그리고 큰 용기를 주고 있다.

우리의 젊은 청춘들이 직면한 현실에서 극복하기 힘든 난관들을 어떤 가치관으로 어떻게 사물에 중심을 바라보고 그것을 통해서 어떻게 미래의 삶이 행복할 수 있는지에 대한 아주 진지한 고민이다. 그것은 우리의 젊은이들이 미래의 세상에서 한 마디로 '어떻게 잘 살 수 있는가'에 대한 담론이다. 몇 가지만 다시 한번 되새겨 보자.

먼저 PART 1에서 '인생의 시계를 보자'라고 했다. 역시 앞에서 언급된 시간성에 대한 것이다. "그대는 지금 몇 시쯤을 살고 있는 것 같은가?"[7]라는 물음은 현재와 미래의 방향성을 잃고 헤매고 있는 우리 또는 젊은 청춘들에게 나침반을 들이대는 격이다. 그리고 어디로 가고 있느냐고 따져 묻는 것이다. 그러나 그 시간을 묻는 배경에는 시간을 묻고자 함이 아니다. 그것은 우리의 인생길에서 지금 우리가 처한 곳이 어느 지점(위치)에 도달해 있는지를 묻는 말이다.

즉 인생을 일찍 출발한 사람은 멀리 가 있을 것이고 늦게 출발한 사람은 아직 갈 길이 멀고 많이 남아 있다. 또 같은 시간에 출발했어도 각기 자기 자신의 삶에 목표와 속도에 따라 멀리 간 사람도 있고, 아직 멀리 가지 못한 사람도 있게 마련이다.

　이것 역시 문제의 핵심은 이미 멀리 갔거나 아직 멀리 가지 못한 것에 문제를 제기하려는 의도가 아니다. 멀리 있던, 가까이 있던 현재 자기가 위치한 곳을 알자는 의도이다. 그것은 현재 자기가 가고 있는 위치를 알아야 목적에 따라서 거기에 맞는 시간의 조절과 안배가 필요하고 그것에 맞는 처신이 가능할 수 있기 때문이다.

　〈벤자민 버튼의 시계는 거꾸로 간다〉라는 영화에서 "인생에 너무 늦었거나, 혹은 너무 이른 나이는 없다."라는 대사[8]는 어쩜 젊은 사람들에게는 '너무 늦었다거나 혹은 너무 빠르다'라는 개념의 강박적 시간관념은 불필요한 것이라는 설득과 이해의 의미이다. 그런 불필요한 강박관념에서 벗어나야 여유로움을 가질 수 있게 된다는 뜻이다.

　세상의 모든 시계가 항상 모든 시간과 동행하는 것은 아니다. 많은 시계 중에서 개중엔 가다가 멈춰 서서 시간의 무한궤도를 벗어나 있거나 아니면 자기 속도에 맞춰 조금은 느리게 혹은 조금은 빠른 속도로 가는 시계가 있다. 그처럼 우리 인간의 삶에도 조금 빠른 걸음일 수도 있고 혹은 조금 느린 걸음일 수도 있다는 의미이다. 반드시 모든 사람이 함께 빠르게 가야 한다는 논리나 전제는 어불성설이 아닐까. 반드시 빠르게 가는 것이 최상의 목표가 아니다. 궁극의 목표는 좀 늦더라도 끝까지 가는 것이 궁극의 목표가 아닐까?

이처럼 시간의 오류가 있다고 해서 시계가 아닌 것은 하나도 없다. 우리의 삶에 다소의 오류가 있다고 해서 우리의 삶이 아닌 것도 없다. 그런 것처럼 조금은 느리거나 혹은 조금 빠른 그 차이일 뿐이다. 조금 빠르거나 조금 느리거나가 그대들의 삶과 인생에 크게 문제가 되는 것도 아니라는 뜻이다. 그런데 청소년 여러분들은 그 시간 속에 묶여서 자유가 없다. 마치 시간을 위해서 태어났고, 그 시간을 위해서 존재하는 것인가? 그렇지 않다. 시계는 시간을 측정하는 기계적 장치일뿐이다.

시계가 가든 제자리에 멈춰있든지 상관없다. 시간은 본래의 본성대로, 정해진 대로, 영속적으로 가고 있고 또 하염없다. 이미 태곳적부터 시간성에는 '멈춤 또는 정지'란 기능과 작용은 아예 없다. 그것은 모든 사물의 존재 속에서 또는 시간의 영속성 안에서 멀리멀리 동행하는 즐거움과 기쁨의 목적만 존재할 뿐이다. 이것은 모든 삶의 주체들이 자기가 처한 환경이 따로 있고 그 환경과 바탕에 순응하고 적응해야 한다는 전제이기도 하다.

'인생의 시계'가 갖는 의미는 뭘까? 여기서는 또 다른 의미로 청년이 아닌 노년들은 시간이 얼마 남지 않았다. 쫓기는 시간 속에서 시간을 더욱 알차고 보람 있게 사용하고, 현재에서 과거로 들어가기 위한 과정에서 또 다른 의미의 준비가 필요하다는 의미이다.

이럴 때 가령, "나에게 주어진 시간은 '6시간 12분'이 남았구나!"하고 남은 시간이 많지 않음을 일깨워줌으로써 노년들은 현재의 시간에서 과거로의 시간으로 입성을 준비토록 하게 한다. 다소 서둘러 제때 준비를 못 하고 놓치면 나중에 매우 급한 상황에서 당황하게 되고 완전한 준비가 될 수 없기 때문이다. 과거 미래에서 현세로 들어올 때도 우리 인간들은 어머니의 자궁 속에서 10개월의 준비가 있었다. 그렇듯이 현세에서 과거로의 입성에도 이젠 10개월, 아니 10년의 준비가 필요하다.

현대인들의 일상에서 준비가 되어있는 삶과 준비가 되어있지 않은 삶과의 차이가 있듯이 준비가 잘 된 삶은 그것이 "잘 산 삶을 잘 마무리하는 순서가 될 것이다." 유종의 미로 삶을 잘 마무리한다는 것은 또다시 후회 없는 삶의 마무리이다. 그리고 또 다른 시작과 비상을 위한 준비이기도 하다.

그렇듯이 삶에 있어서 '지금 또는 현재' 오늘이라는 시간성은 남녀노소 모두에게 항시 존재하지만 우린 그 시간성에 대한 적시적합(適時適合)의 소중할 때를 쉽게 알아차리지 못한다. 따라서 간과하거나 적당히 무시하는 오류를 쉽게 범하게 된다. 그러므로 인해서 많은 시간성의 오류와 시행착오를 겪는다.

중용 제2장에서 말하는 시중(時中)[9]이 바로 이것이다. 시중은 바로 적시적합이고 어떤 일이나 어떤 상황을 맞이해서 결론에 관한 판단이나 결정을 내릴 때의 행위가 가장 알맞을 때를 말함이다. 그렇게 하기 위해서는 자신이 앞서 있는지 뒤처져 있는지를 알아야 한다. 결국은 이것도 자기 자신의 '중심 보기'를 통해서 가능하다.

다음은 '너라는 꽃이 피는 계절'에 대한 내용을 보자. "인생에 관한 한 우리는 지독한 근시이다. 바로 코앞밖에 보지 못한다."[10] 그렇다. 이렇게 멀리 내다볼 수 없는 지독한 근시로 우리 각자의 시력을 다 망쳤다. 그 원인은 과연 무엇 때문일까? 사람도 누구에게나 각자의 꽃이 피고 지는 계절이 있다. 그리고 봄에 피는 꽃이 있고, 여름에 피는 꽃이 있고, 가을에 피는 꽃이 있다. 그리고 혹은 한겨울에 피는 꽃도 있다.

봄에 일찍 핀 꽃이 여름, 가을까지 가는 꽃은 없다. 또 봄에 일찍 꽃을 피웠다고 해서 반드시 튼실한 열매를 맺는 것도 아니다. 이처럼 우리의 삶에도 가장 **빨리** 부와 명예를 얻어 사회적으로 성공했다고 해서 인생을 끝까지 잘 살 수 있다고 장담할 수는 없다. 남보다 **빨리** 성공했다고 해서 반드시 행복한 삶을 살았다거나, 훌륭한 삶을 사는 것도 아니다. 성공했다면 물론 행복할 수도 있다. 그러나 그렇다고 해서 그 행복이 오래도록 시간성을 갖고 오래오래 인생의 끝까지 간다는 보장은 없다.

"꽃은 저마다 피는 계절이 다르다. 개나리는 개나리대로, 동백은 동백대로 자기가 꽃을 피워야 하는 계절이 따로 있고 또 그렇게 피어난다. 꽃들도 저렇게 만개(滿開)의 시기를 잘 알고 대처하고 있는데 왜? 그대들은 하나 같이 초봄에 (매화로) 피어나지 못해 안달인가?"[11] 좀 늦게 피는 꽃은 늦은 대로 시간성의 이유와 여유가 있다.

지구상에 있는 꽃들은 각기 '꽃이 필 때와 질 때'가 이처럼 다르다. 봄에 피는 꽃이 있고, 가을에 피는 꽃이 있다. 아무리 자연이 아름다워도 꽃이 없다면 그것은 절반의 아름다움이듯 인간은 자연 가운데 존재하는 최상의 아름다운 꽃이다. 그런 인간의 꽃에서 인간다움의 향기가 생겨나지 않는 것은 완전한 아름다움의 생명 성이라고 할 수 없다. 그것은 반쪽의 생명 성이다.

모든 자연의 생명은 생성과 성장 과정이 있다. 그 성장 과정을 거칠 때마다 성숙한 DNA와 삶의 마디마디가 생겨난다. 인간의 삶(人生)도 이 '한 송이의 시간성이 갖는 꽃'이 피고 질 때마다 인생의 나이테가 동그라미를 만들어간다. 그러나 인생에 관한 한 우리의 눈은 언제부터인지 지독한 근시 거나, 난시 거나, 색맹이 되어버렸다. 그래서 제대로 봐야 할 것을 제대로 보지 못하는 신체적, 정신적 장애를 갖고 있다. 기성세대는 그렇다 치더라도 미래 사회를 이끌고 갈 청소년들은 볼 것을 제대로 보는 눈과 마음을 가져야 하기 때문이다.

그것에 한 원인으로는 문명의 이기와 인간에 과도하고 부적절한 탐욕이 융합하면서 만들어낸 부조화의 변이 적 생성과 현상이다. 그 중심엔 자본의 속성과 권력의 속성이 치밀한 이해관계와 탐욕으로 결탁하여 있다. 이것이 우리 사회의 왜곡과 굴절을 조장하고 만들어내는 원흉이다. 이러한 것은 제대로 봐야 할 것들에 대한 기성 세태의 나태와 착시적(錯視的) 현상에서 비롯된 결과이다.

그 때문에 여기에서도 이젠 각기 계절에 따라 피는 꽃을 관심 두고 지켜보지 않는 한 어떤 꽃이 언제 피고, 언제 지는지조차도 이젠 분간키가 어렵고 아무도 모른다. 하지만 대기만성이라 했던가? 좀 적게 벌고, 좀 늦게 성공했다고 해서 크게 기죽을 일은 아니다. 그대의 삶에 확고한 신념을 갖자. 그대의 삶에 당당 해보자. 그리고 그대와 그들의 꽃이 활짝 필 미래세대의 계절을 준비하는 것이 청소년 그대들이 지금 해야 할 일들이다.

예전에 필자가 읽은 책 중에서'정상에서 만납시다.'라는 책이 있었다. 그 내용은 어려운 중소기업의 CEO가 어렵고 힘든 환경에서도 굴하지 않고 성공을 이루어내는 담론의 이야기다. 당시 많은 사람에게 꿈과 희망 그리고 용기를 주는 책이기도 했다. 그러나 정상에 빨리 오른 사람은 정상에서 내려와야 하는 하산 길도 그만큼 빨랐다. 또 정상에서 오래 머무는 것과 행복은 별개의 문제이다. 사명도 다르고 명분도 다르다. 그리고 행복의 빛깔과 향기도 다르다.

문제는 얼마나 꽃을 빨리 피웠느냐가 아니라 얼마나 근사한 빛깔과 향기를 오래 품고 있느냐이다. 또 얼마나 실한 열매를 맺을 수 있느냐가 관건이다. 그런 의미에서 인생도 얼마큼 성공했느냐가 아니라 '어떻게 살아가고 있고, 어떻게 행복할 수 있느냐?'가 더 값진 의미이다. 물론 성공에 꽃도 아름답겠지만 그보다는 행복에 꽃이 더 아름답고 향기도 짙다는 말이 아닐까?

다음은 '그대 눈동자 속이 아니면 답은 어디에도 없다'를 보자. 예로부터 눈은 마음의 거울이라고 했다. 우리의 눈은 사물을 보고 인식하고 관찰하는 고유의 기능이 있다. 그러나 눈은 마음이고 거울이다. 상대의 눈을 보면 그 사람의 마음이 분노하고 있는지, 나를 신뢰하고 있는지를 알 수 있다. 상대의 눈뿐만이 아니라 나의 눈도 마찬가지로 상대에게 내 마음의 상태를 보여 준다.

내 마음이 상대에게 분노하고 있는지, 그를 아끼고 사랑하는지. 이렇게 눈은 말로 표현하지 않고도 내 마음의 상태를 상대에게 거울처럼 혹은 한 편의 수채화처럼 보여 줄 수 있는 마음의 창이다. 이렇게 눈은 서로의 감정과 생각, 느낌을 주고받는 시각적 감정교류의 기관으로서 마음과 마음을 교환하는 수수작용(授受作用)의 따뜻한 손이기도 하다.

현대사회의 '오늘'은 숨 가쁘게 돌아가고 있다. 그리고 그 '중심'에 우리의 소중한 삶이 있다. 그러나 그것은 말이 삶이 지 세차게 불어 닥치는 격랑과 소용돌이의 풍랑과도 같다.

 각자 작은 희망의 돛을 올리고 망망대해에서 노도를 향해 뜨거운 열정과 기지로 항해를 하지만 그것은 위태위태한 돛단배나 다름없다. 그렇게 앞만 보고 세상과 맞붙어 전쟁 아닌 전쟁에서 사투를 벌이면서 자신의 생존을 지켜가다 보니 자기의 존재를 잊고 있는 순간들이 너무 많은 것은 당연하다.

 우선 청소년 그대들은 자기 자신에 대하여 직시, 직관하는 자세와 노력의 시간이 필요하다. "나와 나 사이에 아무것도 끼어들지 않고, 자신의 맨얼굴을 정면으로 응시하고 자신의 모습이 어떤 모습인지 거울 앞에 서서 오늘, 지금, 현재에 대해 진지하게 질문을 해볼 필요가 있다.

 부모의 기대, 사회의 분위기, 친구들 사이에서 유행하는 트렌드 같은 것들을 모두 접어두고서 나는 '지금' 무엇을 원하고 있는가? 나는 '현재' 무엇을 할 때이고, 어떤 것을 원하고 있는가를 지신에게 진지하게 물어야 한다. 그리고 나는 무엇을 가장 잘하는가? 그리고 나는 정말 누구인가?"[12]라고 말이다.

청소년,
그대들의 생각이 곧 삶이고 예술이다

그대들에게 생각은 있으나 행동이 따르지 않으면
예술도 없고, 미래도 없고, 인생도 없다

우리에게 생각만 있고, 행동하지 않는 의지와 양식은 차라리
생각을 안 하느니만 못하다. 만일 의로운 생각을 했다면 의로
운 행동이 뒤따라야 한다. 또 어떤 목적을 가지고 무엇을 하고
자 했다면 반드시 그 하고자 하는 것에 시발과 실천이 뒤따라
야 한다. 청소년들에게 미래가 있고, 희망이 있다는 것은 바로
이러한 생각과 이러한 실천적 행동이 기대되기 때문이다.

행동하지 않는 지성이나 감성은 튼실한 열매를 맺을 수가 없
다. 또 마음의 열정만으론 바다에 배를 띄울 수가 없다. 인류
의 문명 창달도 사람의 구체적 동사에서 창조되는 결과이다.

따라서 삶이란? 각자의 구체적 동사에서 실현되는 존재적 가치이다. 이러한 가치들이 인문의 향기를 품고 꽃으로 피어날 때 문명사회의 번영을 이룰 수 있다. 이 모든 것들에 근원은 행동하는 나로부터의 시작이다.

독일의 정신분석학자이면서 사회심리학자인 E. 프롬은 근대인에게 있어서 자유의 의미를 추구하는 데에 사색 활동의 전부를 바쳤다. 그에 저서 《건전한 사회》에서 "행동하기 전에 생각해야 한다는 것이 사실이라면, 마찬가지로 행동할 기회가 없는 경우 생각이 메마르게 되는 것도 사실이다."라고 했다. 이처럼 생각이나 행동은 함께한다. 우리의 행동에서 아무 생각이 없는 행동이 되어서는 안 된다. 즉 행동하되 사려 깊은 생각이 있어야 하고, 그렇게 사려 깊은 생각 후엔 사려 깊은 행동이 있어야 한다는 의미이다.

1930년대 초부터 초현실주의적이고 실험적인 시를 발표하며 주로 의식 세계의 심층을 탐구하는 작품을 창작한 이상(李箱, 1910~1937)은 시인이면서 소설가이다. 그는 자기 수필에서 "아무것도 생각할 수 없는 상태 이상으로 괴로운 상태가 또 있을까. 인간은 병석에서도 생각한다. 병석에서는 더욱 많이 생각하는 법이다."라고 기술했다.

그렇다. 아무 생각을 하지 않고, 아무 행동을 하지 않는 양식은 괴로움 이상의 고통이다. 그런데 몸과 마음이 건강한 우리의 청소년들이 아무 생각을 하지 않는다는 것은 말이 안 된다.

많은 생각과 상상력을 키우고 미래 사회의 주역으로서 살아갈 열정에 싹을 틔우고 아름답게 가꾸어가야 한다. 그런데 그런 열정은 그냥 만들어지는 것이 아니다. 젊은 날에 패기와 열정은 자신의 꿈과 미래의 희망을 성공으로 이끄는 원동력이다.

중국 격언에 "생각은 우물을 파는 것과 닮았다. 처음에는 흐려져 있지만, 차차 맑아진다."라고 했다. 생각이 많으면 머리가 좀 복잡하긴 하다. 머리가 복잡하다는 것은 어떻게 행동해야 할지 행동에 방향을 잡지 못했다는 뜻이다. 하지만 생각이 정리되면 행동할 방향이 정해지고 앞으로 나아갈 수 있으니 곧 그것이 희망이지 않은가. 이처럼 희망은 우리의 삶에서 매우 기분 좋은 삶의 연출이다. 그런 삶들이 우리 인생의 멋진 예술작품을 만든다.

생각이 행동이고, 행동이 곧 삶이다

21세기 문명사회에서 현대인들이 오늘을 '행복하게 사는 기술(skill of living happily)'[1]은 먼저 육신의 느낌(즐거움)을 찾는 일로부터 시작해야 한다. 말이나 생각(意識=精神)보다는 살아서 꿈틀거리는 느낌의 생명 성이 바로 행동(action/practice)이기 때문이다. 청소년에게 생각이 없고, 행동하는 실천이 없으면 예술도 없고, 미래도 없다. 끊임없이 생각하고, 행동하고, 실천할 때 비로소 미래로의 전진과 문명 창달의 실현이 가능하다.

그렇다. 이성보다 몸이 먼저고, 생각보다는 실천적 행동이 먼저이다. 따라서 '생각이 곧 행동이고, 행동이 곧 삶이고 예술'이 된다. 이것이 중용에서 말하는 실천적 생활사상이다. 아무리 많은 생각이라도 동사적으로 행동하지 않는 생각이나 의식은 의미가 없다. 과거 인류의 역사에서 탄생한 문화 가운데 행위예술, 해프닝, 퍼포먼스, 설치예술과 같은 것들이 나온 것도 이런 인간의 삶에 예술성이 결코 생명 성의 허구가 아닌 삶의 맥박 그 자체로 되돌려보려는 의도에서 시작된 것이다.

이처럼 내 생각 자체를 나의 몸으로 되돌려내는 것이 무엇보다 중요하다. 몸은 우리의 생각들을 행동으로 표현하는 동사의 하드웨어적 시스템이다. 인간의 삶에서 진정한 '문화생활'이란 내가 좋아하는 것을 곁에 두고 함께하는 삶이다. 예컨대 음악을 좋아하는 나에게 좋은 악기나 오디오 시스템이 있다든지, 여행을 좋아하는 나에게 좋은 레저용 자전거나, 멋진 캠핑카가 있다든지 하면 하루하루의 삶이 의미 있고 행복하지 않을까?

누구나 불편한 것보다는 편한 것은 당연히 좋다. 그리고 힘들게 고생스러운 일 하지 않고도 평생 놀고먹을 수 있는 돈과 재산이 있고, 각종 생활편의시설이 늘 가까이 있으면 참으로 행복하고 좋을 것 같다. 그러나 그렇게 '참으로 좋을 것' 같은 것들이 돌연 안 좋을 수 있다는 것을 깨닫지 않으면 안 된다.[2]

라고 고려대학교 민용태 명예교수는 그에 저서 『행복의 기술』에서 참다운 삶과 행복에 의미를 이처럼 진솔하게 상기시키고 있다.

예컨대 핸드폰이나 스마트폰은 그 유익함과 편리함에서 현대인들에겐 없어서는 안 될 매우 소중한 필수품이다. 그러나 그런 문명의 이기를 거부한 채 난 그런 것이 싫다고 하는 사람들도 있을 수 있다. 문명이 이룩한 이 찬란한 도시의 빌딩 숲이 낯설고 마치 지옥 같아 숨쉬기조차 버겁게 생각하는 사람들도 있을 수 있다. 그것은 편리함과 유리함 또는 불편함에 따르는 시대성이다. 그 때문에 어쩔 수 없이 문명에 종속되는 결과이기도 하다.

그러나 한편 그런 것은 인간의 또 다른 자유와 행복에 대한 결박과 구속이다. 그러나 그런 것을 거부하는 것은 인간 본연의 본질적 가치를 문명으로부터 침탈당하는 것에 대한 그들의 마지막 저항이랄 수 있다. 이렇게 눈부신 문명의 가치도 사람들에 따라서는 즐겁고 안락함을 느끼게 하는 행복일 수도 있고, 안락함을 주지 못하는 불편함에 불행일 수도 있다.

이렇게 '좋은 현대인의 문화생활'이란? 문화 자체의 문제가 아니라 그것을 느끼고 체험하고 바라보는 우리의 시각과 인식적 또는 관습적 문제에 있다. 이것은 내가 좋아하는 것이 무엇인지를 정확히 나로부터 탐지해내서 몸으로 감득해내는 내가 중요하나. 그것이 느낌의 행복 또는 느낌의 즐거움이다. 이러한 느낌을 위해서는 공존하는 '정신문명의 가치'와 '물질문명의 가치'에서 어느 한쪽으로 치우치지 않는 밸런스가 매우 중요하다.

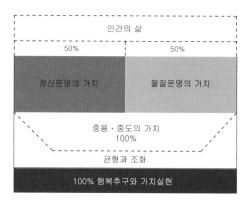

▲'정신문명'의 가치와 '물질문명'의 가치 균형

친구가 한다고 해서 무작정 추종하는 사람은 가장 비문화적 행태이다. 남이 하니까 나도 한다. 이것은 자신에 대한 진정한 설득이 아니라 맹목적 추종이다. 특히 남들처럼 하지 못한다는 자괴감에 무모한 목숨 걸기 같은 것은 하지 말아야 한다. 그것은 자신의 정체성과 자존을 해치고 날로 진화하는 문명에 결국 내가 굴복하는 패배자의 결과가 될 수도 있다. 스스로 자신감과 존엄성으로 나를 사랑해야 한다. 나를 사랑하지 않는 나는 나 스스로 행복할 수가 없다.

누구나 각자의 삶을 소중하게 갖고 있다. 하지만 최상의 삶이란? 내가 좋아서 선택한 삶이라고 해서 무조건 최상의 선택이 될 수만은 없다. 내 안에 내가 누구인지 모르고 남이 좋은 것을 내가 따라 좋다고 선택하는 것은 진정한 내 삶의 선택이 아니다. 우리의 주변에선 이런 경우가 너무 많다. 내가 원한 선택이라기보다는 부모님이 원하는 선택이라든가, 어쩔 수 없는 상황적 논리에 떠밀려서 선택된 학업이나 전공이 바로 그것이다. 전혀 나의 적성과 취미와 관계없는 그것은 이미 나의 자유와 행복을 구속한 선택이다. 구속된 삶이란 이미 자유와 행복을 잃은 껍데기 같은 삶이나 마찬가지이다.

필자가 읽은 책 중에 류시화 시인이 법정 스님의 잠언적 말씀을 엮은 『살아 있는 것은 다 행복하라』에 보면 '마음의 주인이 돼라'라는 글이 있다. 그 전문을 잠시 살펴보자.

"내 마음을 내 뜻대로 할 수만 있다면 나는 어디에도 걸림이 없는 한도인(閑道人)이 될 것이다. 그럴 수 없으므로 온갖 모순과 갈등 속에서 부침하는 중생이다. 우리가 화를 내고 속상해하는 것도 따지고 보면 외부의 자극에서 비롯되었다기보다는 걷잡을 수 없었던 자신의 마음에 그 까닭이 있었다. 인간의 마음이란 미묘하기 짝이 없다. 너그러울 때는 온 세상을 다 받아들이다가 한번 옹졸해지면 바늘 하나 꽂을 여유조차 없다. 그런 마음을 돌이키기란 쉬운 일이 아니다. 그래서 '마음에 따르지 말고 마음이 주인이 돼라'라고 옛사람들은 말한 것이다."[3]라고 말씀하셨다.

이렇게 현대인들이 '잃어버린 마음의 주인'이 되어서 일상을 살아감에 법정 스님께서는 매우 안타깝게 여기셨다.

미래 사회의 주역인 청소년들이 세풍의 소용돌이에 휘말려서 청운에 푸른 꿈과 이상의 날개를 접고, 마음의 중심을 잃는다는 것은 매우 가슴 아픈 일이다. 희망이 아니라 절망이다. 그런 마음을 잃지 않도록 중심(中心=가운데 마음)을 곧추세워야 한다.

'잃어버린 마음의 주인'이란? 바로 내 안에 내가 누구인지 모르고 남이 좋은 것을 내가 따라 선택했다는 의미이다. 그것은 진정한 내 삶의 행복한 선택이 될 수 없다. 그래서 나의 마음과 자유를 구속당하고 또 그렇게 구속된 삶을 살고 결국은 나의 행복마저도 날개 잃은 허수아비나 그림자 같은 삶이 된다는 것을 알아야 한다.

그렇다면 최상의 삶이란 또 어떤 의미일까?

그것은 내가 좋아서 선택한 삶이고 그것만이 최상의 선택이 될 수 있다. 그러나 문제는 누구나 반드시 '최상의 선택'을 하기는 쉽지 않다. 야구에서 투수가 던진 볼은 늘 내가 최상의 선택을 할 수 있는 볼이 아니다. 그 때문에 이렇게 최상의 선택과 최상의 삶을 위해서는 항상 나 스스로 내 마음에 주인이 되어서 내 안에 내가 누구인지 알고 나의 마음과 자유를 구속당하지 않고 중심을 잃지 않는 것이 중요하다. 그러한 중심을 잡아주는 것이 바로 중용에서 말한 인문정신이다.

내 생각과 내 의지에 따라

내 멋대로 헤엄쳐 나가는 법을 배우자

이 넓고 넓은 세상의 바다에서 '내 생각과 내 의지에 따라 내 멋대로 헤엄쳐 나가는 법'은 어떤 것일까? 과연 21세기 거센 문명의 쓰나미와 소용돌이(조류) 속에서 내가 살아남는 방법과 유일한 대안은 뭘까? 그것은 많은 고민이 필요치 않다. 바로 온몸으로 헤엄쳐서 혼란의 소용돌이로부터 멀리 안전하게 벗어나는 '헤엄치기 기술(Paddle-stroke technology)'이 어떤 것이냐에 따라 나의 미래와 생사가 달려있다.

그러나 청소년들은 아직 자신의 몸 하나도 제대로 감당하기엔 아직 역부족이다. 높은 파고와 소용돌이에서 헤엄을 쳐서 가고자 하는 방향으로 전진하려면 우선 몸의 균형을 잡아야 한다. 하지만 거센 물살 속에서 몸에 중심과 균형을 잡기가 매우 어렵다. 땅 위에서는 자유자재로 할 수 있는 몸이었다. 하지만 바다는 상황이 다르다. 그런 위기의 상황에서 살아남는 헤엄치기 기술과 파도타기 기술은 아직 제대로 배운 적이 없다. 그렇다고 중심을 못 잡고 헤엄치기를 포기할 순 없다. 만일 그래야만 한다면 그대들의 삶과 인생은 거기가 종착이다.

내 삶의 종착역을 지속해서 멀리 두고 싶다면 접영이든, 평영이든, 배영이든, 자유형이든 내가 좋아하고 잘할 방법을 선택하여 '내 멋대로 헤엄쳐 나가는 법'을 빨리 터득해야 한다.

이것이 현대 문명사회의 소용돌이 바다에서 살아남을 수 있는 유일한 '생존법의 기술(The survival law technology)'이다.

이처럼 높고 높은 험난한 파도를 뚫고 미래의 세계로 헤엄쳐 나가기 위해서는 민첩한 기량과 자유로운 움직임에 의해서 내 몸의 '균형과 중심'을 똑바로 잡아야 한다. 나의 중심을 잡는다는 것은 소용돌이로부터 휘말리지 않고 내가 나를 지켜내는 비장의 무기이다. 이 비장의 무기를 갖추어야 비로소 청소년 여러분들은 험난한 오대양에서 미래의 희망을 찾아 나서는 『미래 살아가기』 '찾자' 희망 편의 진정한 주인공이 되어보자.

제2부 미래(future)

보자-미래에 살고 현재를 보자

꿈꾸는 밀레니얼 Z세대는 미래의 희망

21세기 주역, 미래에 살고 오늘에 충실해야!

밀레니얼 Z세대의 주역들과 제4차 산업혁명

밀레니얼 세대의 유망 직업과 직업관

꿈꾸는 밀레니얼 세대의 상상력과 창조성

밀레니얼 세대의 가치관과 트렌드

능동적인 변화만이 미래로 가는 지름길

제2부 미래(future)

보자-미래에 살고 현재를 보자

꿈꾸고 있는 밀레니얼 Z세대는 미래의 희망

밀레니얼 Z세대의 청소년은 미래에 살고 현재를 보아야 한다. 그런데 문제는 현재도 제대로 보지 못하고 미래에도 살지 못한다. 또 현재에서 일어나는 현상만을 보고 현재에만 머물러 있는 것도 곤란하다. 현재가 제일 중요하다. 하지만 미래를 전망하고 상상을 함으로써 자신의 삶을 예견하고 창조해낼 수 있다.

지금 우리 청소년들에게 미래는 매우 중요하다. 미래는 곧 그대들의 삶이기 때문이다. 미래에 대해 선제적이고 동사적 의식으로 실천하는 행동은 자신의 삶을 열어가고 준비하는 데 있어서 또 하나의 큰 희망이자 원동력이 될 수 있다.

그러나 그렇게 중요한 미래가 현대 문명사회에서 불확실하게 다가오는 것은 무엇 때문일까. 그것에 가장 큰 원인은 물질만능과 황금만능이라는 문명의 시대가 주도하고 흔들어 놓은 가치관의 왜곡과 굴절된 변화의 원인 때문이다. 그렇다면 21

세기 미래 사회의 주역이 될 꿈 꾸는 밀레니얼 Z세대는 미래를 위해서 장차 무엇을 해야 할지 고민해 봐야 한다. 또 그것에 걸맞은 해답을 찾아야 한다. 하지만 현실은 그렇지 못하다.

그럼 어떻게 해야 할까? 우선 "우리 부모세대를 너무 믿지 말라"라고 조언하고 싶다. 미래 시대에 살 사람은 부모세대가 아니고 바로 청소년 여러분이다. 부모세대가 그대들의 미래까지를 책임지는 것은 엄밀히 말하면 불가능하다. 현재의 부모들은 현재를 책임지기에도 버겁고 무겁다. 미래는 미래에 살 그대들이 몫이다.

무엇보다도 현재의 부모세대는 미래에 대한 선견과 상상이 부족하다. 따라서 장차 미래 시대의 주역이 될 청소년들은 스스로 미래를 준비하고 창달해야 한다. 그렇게 하려면 제일 중요한 것은 먼저 현재를 직시해야 한다. 그리고 마음은 미래에 살아야 한다.

그동안 인류는 2차 산업혁명과 3차 산업혁명의 중흥과 부흥 아래 눈부신 문명 창달을 이루었다. 하지만 이미 직면하고 있는 제4차 산업혁명에 대해 우리 미래 사회의 주역이 될 청소년들은 뚜렷한 비전 없이 미래가 두렵기만 하다. 그것은 미지의 세계에 불어 닥칠 불확실성 때문이다. 이미 인간의 능력을 테스트하고 있는 AI에 기술적 진보는 나날이 똑똑하고 화려하게 변신하고 있다. 정보기술(IT), 전자, 포털 등 많은 분야에서 이미 AI의 춘추전국시대를 실감하고 있다. 이제 우리 밀레니얼 세대인 청소년들은 부모세대와는 다르게 미래의 AI(인공지능) 문명적 환경에 둘러싸여 있다. 그리고 그들과 삶을 공존해야 하는 21세기를 살아야 한다.

그런 관점에서 보면 우리 청소년들의 미래를 마냥 낙관만 할 수는 없는 상황이다. 문제는 문명화 시대의 불안정성에 난제를 안고 있기 때문이다. 그러한 문제들에 대해 우리 청소년들은 앞으로 어떻게 미래를 맞이할 것인가를 고민하고 상상하면서 유토피아적 꿈을 꾸어야 한다.

또 다원화와 다변화 그리고 고도화하는 과학 문명의 시대에 어떻게 능동적이고 적극적으로 대처하고 순응해갈 것인지를 스스로 고민할 때 자신의 정체성을 확립하게 된다. 또 불투명한 미래의 세계관과 가치관도 선명하고 투명해질 수 있다. 그렇게 함으로써 문명화 시대의 불확실성을 최소화하고 안정적인 미래의 비전을 준비할 수 있다.

이제 그러한 명제와 난제 앞에 '보자'의 미래 편 담론은 21세기 밀레니얼 세대와 기성세대가 함께 고민하는 계기가 될 것이다. 또 그것을 통해서 스스로 우리 자신의 현재와 미래를 준비하며 살아갈 수 있지 않을까?

21세기 주역,
미래에 살고 오늘에 충실해야!

인간의 삶은 크게 3영역

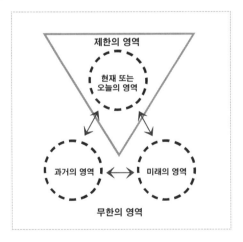

우리 청소년들은 21세기 미래 시대를 책임지고 살아갈 주인
공들이다. 따라서 미래에 대해 스스로 준비하지 않으면 미래

시대의 주인공이 될 수 없다. 인간의 삶은 크게 3가지 영역으로 구분할 수 있다. 그 첫째는 오늘, 지금이라고 하는 '현재의 영역'이다. 그리고 현재의 영역이 지나는 순간 '과거의 영역'과 내일이라고 하는 '미래의 영역'이 존재하게 된다.

이 3영역은 우리 인간의 삶을 이루는 총체적 하나의 메커니즘(mechanism)이면서 중심축이다. 과거의 영역이라고 해서 완전히 떼어낼 수 없고, 미래의 영역 또한 거부할 수 없는 영역이다. 시간의 흐름과 동시에 현재는 자동 과거로 넘어가고, 미래 또한 자동 현재로 편입된다. 그러니까 현재가 제일 중요하다. 과거 없는 현재 있을 수 없고, 미래 없는 현재 존재할 수 없다.

미래란? 아직 오지 않은 지금 이전의 시간이다. 지금 이후의 시간까지를 과거라고 한다면 크게는 과거와 현재, 그리고 미래로 나뉜다. 그러나 과거 현재 미래의 구분은 단절적인 것이 아니라 연속선상에 있는 하나의 메커니즘으로 이해하여야 한다. 미래는 절로 오지 않는다. 미래가 미래를 만들어서 내게로 오는 것이 아니다. 미래는 지금의 현재가 과거의 영역으로 편입될 때 내일의 미래가 오늘의 현재로 편입되어 나를 향해 온다.

따라서 현재의 내가 내게 다가올 미래를 위해 준비해야 하는 것은 당연한 논리다. 좋은 현재에 의해서 좋은 미래가 만들어져 현재의 내게로 편입될 수 있도록 해야 한다. 그렇게 하려면 내가 현재에만 머물러서는 안 된다. 내 육신은 현재에 있지만 나는 현재와 미래를 오가는 마음과 자세가 중요하다. 오늘과 내일의 영혼으로 현재를 살지 못하면 오늘의 내 영혼은 현재에서 힘들다. 따라서 현재의 내 영혼은 내가 원하는 미래를 만들지 못한다.

예컨대 '미래에는 어떤 직업이 새로 생길까?'란 질문에 미래를 상상하지 못하고 현재의 상상에만 머물러 있으면 전혀 미래를 볼 수가 없다. 미래를 눈으로 확인할 순 없다. 하지만 미래를 상상할 수는 있다. 그렇게 본다면 미래에는 지금은 볼 수 없는 직업도 많이 생길 것이고, 로봇이나 우주여행, 환경 등에 관련된 직업이 생겨날 것이란 상상이 가능하다. 이런 상상은 내가 미래에 머물지 않으면 내가 원하는 미래를 구체화할 수가 없다. 그것이 상상만이 아니라 구체화 될 때 현재라는 영역에서 미래의 얼굴과 모습으로 현재의 나를 맞을 수 있다.

현재는 나와 함께 하는 지금의 시간을 말한다. 지나간 '과거' 또는 앞으로 다가오게 될 '미래'와 함께 일상에서 쓰인다. 이는 철학에서 깊게 다루는 개념이다. 물리학에서는 '시공간' 속의 평면으로 여기기도 한다. '현재'와 유사한 뜻으로 '지금', '오늘' 등의 단어가 있다. '지금'은 '바로 이때'로 '현재' 보다 좁은 시간 간격에 쓰이며, '요즈음' 또는 '오늘날'은 현재를 포함한 기간 또는 시대보다 넓은 의미의 시간으로 쓰인다.

'현재'라는 의미를 숫자로 이해해보자. 현재의 크기는 어느 정도가 될까? 현재는 과거와 미래를 구분하는 경계영역이다. 이 경계영역인 '현재'는 그 크기가 '0'이다. 그것은 지금, 이 순간이 "아차" 하는 사이에 과거가 되기 때문이다. 물리학에서 '현재'라는 개념을 배제하고 과거와 미래만 가지고 실험을 하여도 큰 문제가 없다는 점에서도 유추해 낼 수 있다. 물리학에서의 '현재'는 관측자가 감지할 수 있는 '동시성'과 관련이 있다. 고전 물리학에서의 시간은 항상 과거에서 미래로 흐르고, 현재의 상태는 과거의 상태에 의존한다. 이처럼 양자역학과 상대성이론의 등장은 시간에 대한 일반인의 관념을 바꾸어놓았다.

'내일'은 오늘이 지나가면 내가 맞이해야 할 미래형의 시간인 오늘이다. 미래에 산다는 것은 미래를 위해 준비하는 정신 활동 내지는 영혼의 영역이다. 우리 인간의 삶은 미래 지향성이다. 현재의 불만족을 미래의 만족과 충만으로 바꿀 수 있도록 현재에서 부단한 노력을 한다. 청소년 여러분에 배움도 미래의 만족을 위한 기초적 준비의 일환이다. 그런 준비가 토대를 이루어 만족한 미래가 만족한 현재로의 편입을 할 수 있도록 최선을 다해야 한다.

그런데 많은 사람은 보이지 않고 불확실한 미래에 대해 막연한 두려움을 갖고 불안해한다. 그런 미래에 대해 자신이 지금 아무것도 준비하지 않는 것에 대해서는 아무런 반성과 생각을 하지 않으면서 말이다. 그러면서 막연한 두려움만 갖는다. 자신의 미래에 대해 나름대로 준비를 잘하는 사람은 자신을 향해 오는 미래가 두렵지 않다. 오히려 자신감이 충만하다. 그것은 곧 지금, 현재로 편입될 미래에 대해 나름의 준비가 잘 되어있어서 전혀 두려워할 필요가 없다.

17세기 프랑스를 대표하는 천재적인 수학자 B. 파스칼은 미래에 대해 "우리는 현재에 대해서 거의 생각하지 않는다. 가끔 생각하는 일이 있어도 그건 다만 미래를 처리하기 위해서 거기서부터 빛을 얻으려고 하는데 지나지 않는다. 현재는 결코 우리들의 목적은 아니다. 과거와 현재는 우리들의 수단이며 미래만이 목적이다."라고 했다.

그렇다. 미래에 목적이 있는데 미래에 대해 지금에 있는 내가 아무런 준비를 하지 않는 것은 자기 태만이다. 잘 만들어진 미래가 근사한 현재를 실현하기 때문이다.

"우리는 과거에 사는 자(者)가 아니라 미래에 살 자이다."라고 안창호 선생님은 동지들에게 미래에 대한 희망을 강조했다고 한다. 또 시인이며 문학평론가인 조연현 선생님은 "미래는 장래에 실현될 사실이며, 아직 경험하지 못한 미지의 세계이며, 그러므로 해서 하나의 새로이 시작될 세계이다."라고 했다.

그렇듯이 미래를 생각하지 않고, 미래에 대해 준비하지 않는 것은 곧 현재로 편입될 자신의 미래를 포기하는 어리석음과 같다. 따라서 우리의 육신은 현재에 살고 있다. 하지만 우리를 지탱하는 인문정신이나 영혼은 미래를 넘나들면서 내일을 준비하고, 미래에 살아야 한다. 그래야 우린 내일의 만족과 행복을 지켜갈 수 있다.

밀레니얼 Z세대의 주역들과 제4차 산업혁명

청소년은 21세기 미래 사회의 주역

지금의 청소년은 여러분이 살아가야 할 21세기 미래에 대해 생각해보았는가? 앞으로 향후 10년~15년 이후면 여러분들이 우리 사회의 청년을 지나고, 직장인으로서, 한 가정의 가장으로서, 혹은 우리 사회의 구성원으로서, 혹은 리더로서 살아가면서 국가 경제와 국가산업발전에 크게 이바지하게 될 미래 사회의 주역이다. 그때 여러분은 어떤 분야에서 어떤 일을 하고 있을지 생각해보자. 지금 여러분의 부모님 세대들은 제2차 산업과 제3차 산업이 공존하는 시대의 주역으로 살았다.

제2차 산업을 경제학에서는 제조업이라고도 하며 한 나라의 경제에서 제1차 산업으로부터 공급되는 원료를 가공하여 소비재나 생산재를 만드는 경제활동을 지칭한다. 생산재는 다른

2차 산업부문에서 완제품 또는 완제품의 부품, 소비재 및 비소비재를 생산하는 데 필요한 자본재 등의 산업을 말한다.

제2차 산업은 중공업과 대규모 공업, 경공업과 소규모 공업으로 나눌 수 있다. 대규모 공업은 일반적으로 공장과 기계시설에 큰 자본투자가 요구되며, 그 시장은 다른 제조업을 포함해 크고 다양하게 구성되어 있다. 이 공업은 복잡한 산업조직과 숙련된 전문 노동인력을 겸비한 대량생산체제를 갖추고 있다. 따라서 도시화가 진행되었던 1980~1990년대에는 제2차 산업 종사자가 많이 늘어났었다.

제3차 산업은 일명 서비스산업(Tertiary industry)이라고도 한다. 한 나라의 경제에서 서비스나 무형의 이익을 공급하고 유형의 재화를 생산하지는 않는다. 하지만 경제가치의 재화를 다양하게 창출하는 산업이다. 자유시장 경제와 혼합경제체제[1]에서는 보통 민간기업과 정부기업이 결합하여 있다. 이 부문에는 금융 · 재정 · 보험 · 투자, 도매업 · 소매업 · 전매업, 교통 · 정보 · 통신 서비스, 전문 용역 · 자문 · 법률상담 · 개인서비스, 관광 · 호텔 · 식당 · 연예기획사 등이 결합하여 있다.

제3차 산업은 사회간접자본(SOC)과 기타 서비스업으로 나뉘는데 2000년대 이후 지속해서 성장하여 그 비중이 높게 증가했다. 사회간접자본은 전기 및 운수통신업의 꾸준한 신장과 건설업의 활황에 따라 높은 증가를 나타냈다. 서비스업은 제3차 산업의 약 65%라는 큰 비중을 차지하는데, 이는 1·2차 산업의 재생산구조가 대외 의존적이라는 특성에 기인해서 제3차 산업이 비정상적으로 확대되기도 했다.

제3차 산업은 소비자가 많은 도시에서 발달한다. 우리나라에서는 1960년대에 제3차 산업 종사자의 비율이 12%에 불과했다. 하지만 2010년에는 약 80%나 되는 사람들이 제3차 산업에 종사하고 있다. 그 때문에 오늘날 도시인구가 극도로 팽창되어 있다. 그 때문에 지금 도시인구가 급증하면서 상대적으로 서비스산업이 부족한 지방의 농촌인구는 점점 줄어 또 하나의 인구편중과 인구 공동화에 따른 양극화가 더욱 극심하게 진행되는 상황이다.

지난 2000년대 이후 국가경제발전에 따라 제3차 산업의 비중이 매우 커졌다. 이와 같은 것은 경험적으로도 실증된 바 있다. 소득 수준이 높은 나라일수록 산업 구조상 제3차 산업의 비중이 커진다. 그러나 제3차 산업의 비중이 높다고 해서 반드시 선진국은 아니다. 선진국의 경우 경제가 발전할수록 선진국들은 탈공업화의 시대가 되어간다.

즉, 생산과 고용의 측면에서는 제조업의 비중이 감소하고, 서비스업의 비중이 높아지는 후기 산업사회 혹은 정보화 사회로의 이동이 급속하게 이루어진 상태이다. 또 정보통신의 발달에 따라서 경제활동의 공간 제약은 줄어들고 서비스산업의 발달을 촉진했다.

이처럼 산업구조가 고도화될수록 서비스업의 비중은 점점

커지고 높아졌다. 그렇다면 급변하고 있는 제4차 산업과 지식혁명 5.0시대를 맞아 21세기 미래 사회의 주역이 될 지금의 청소년들은 고도화하는 지식혁명과 산업화의 물결 속에서 미래의 어떤 꿈과 이상을 가져야 할지 대해 함께 고민하고 준비해보자.

제4차 산업, 문제는 이제부터이다

인류의 역사는 지금까지 4단계의 지식 빅뱅을 경험했고, 네 차례의 산업혁명을 이루었다. 그 폭발적 지식혁명의 확장을 보면 1.0은 인지능력을 가진 인간의 출현이고, 2.0은 농업혁명, 3.0은 과학혁명, 4.0은 산업혁명으로 정의할 수 있다. 그리고 21세기 지금은 5.0 지식혁명의 시대로 진입했다.

4.0 산업혁명인 4차 산업은 부모님 세대의 제2차, 제3차 산업과는 차원이 다르다. 이 4차 산업은 밀레니얼 세대의 청소년들이 살아가야 할 희망찬 미래이다. 이 희망찬 미래는 첨단 과학 문명이 고도로 발달한 최첨단기술시대이다. 이러한 새로운 환경에 내가 어떤 역할을 하면서 어떻게 살아갈 것인가라는 문제는 순전히 청소년 여러분들 머지않아 스스로가 선택해야 할 몫이다.

세계경제포럼은 2016년 1월 열린 다보스포럼에서 제4차 산업혁명[2]을 화두로 제시되었다. 이 4차 산업혁명을 '디지털 혁명에 기반을 두어 물리적 공간, 디지털적 공간 및 생물학적 공간의 경계가 희석되는 기술융합의 시대'로 정의했다. 이 제4차 산업혁명은 인공지능(AI)으로 자동화와 연결성이 극대화되는 산업 환경의 변화를 의미한다.

그로부터 4년이 되었다. 이 4차 산업혁명에 대해서는 학자마다 제시하는 키워드는 조금씩 다르다. 하지만 대체로 기계학습과 인공지능의 발달을 주요 수단으로 꼽았다. 그리고 다양한 분야에서 눈부시게 발전하고 있다. 이번 경우에는 산업혁명이라는 표현이 정말 잘 어울린다고 할 수 있는데, 18세기 산업혁명 수준을 뛰어넘어 그 이상의 획기적인 생산효율증가가 예견되기 때문이다. 과거 한 대의 기계가 수백 명의 노동자를 대체했듯이 이번에는 프로그램 하나가, 컴퓨터 한 대가, 수백 혹은 수십만 명의 전문 인력을 대체할 수 있기 때문이다.

우리는 지금까지 우리가 살아왔던 삶의 방식과는 전혀 다른 삶의 방식과 근본적으로 바뀔 새로운 기술혁명의 시대를 맞아 이미 전력 질주하는 상황이다. 이 변화의 규모와 범위, 복잡성 등은 지금까지 우리 인류가 경험한 것과는 전혀 다른 차원이다. 그 때문에 두렵다. 따라서 밀레니얼 세대의 청소년들은 이러한 시대적, 사회적 급변의 시대에 충분히 대응할 수 있는 역량을 하나하나 키워야 한다.

과거 제1차 산업혁명(1760~1840년)은 철도·증기기관의 발명 이후 기계에 의한 생산이었다. 제2차 산업혁명(19세기 말

~20세기 초)은 전기와 생산조립설비 등 대량 생산체계의 구축이었고, 제3차 산업혁명은 반도체와 메인프레임 컴퓨팅(1960년대), PC(1970~1980년대), 인터넷(1990년대)의 발달을 통한 정보기술시대로 정리할 수 있다.

그러나 지금 제3차 산업혁명을 기반으로 진행 중인 제4차 산업혁명의 물결은 '초연결성(Hyper-Connected)', '초지능화(Hyper-Intelligent)의 특성이 있다. 이런 초 첨단기술산업에 기반과 사물인터넷(IoT), 클라우드, 등 정보통신기술(ICT)을 통해 이루어지는 인간과 인간, 사물과 사물, 인간과 사물이 상호 연결되는 빅데이터와 인공지능 등으로 더욱 지능화된 기술혁명으로 현대사회는 빠르게 변모하고 있다.

이처럼 제4차 산업혁명의 핵심은 인공지능(AI), 로봇공학, 사물인터넷, 무인 운송수단(무인 항공기, 무인 자동차), 3차원 인쇄, 나노 기술과 같은 6대 분야에서 더욱 급속하게 나타나는 새로운 기술혁신의 발달과 변화를 예고하고 있다.

이 제4차 산업기술에서 다루어질 기술을 중심으로 살펴보면 다음과 같다. 인공지능은 장치가 더 똑똑해져서 인간의 생활방식을 이해하고 스스로 알아서 동작하는 약한 인공지능부터 생태계 전체의 생활 및 환경을 최적의 해법을 제시하는 강한 인공지능으로까지 발달해서 각 산업의 생산성과 효율을 최대한 올려주고 극대화하는 인공지능(AI)기술이다.

다음은 로봇공학이다. 이 로봇공학은 로봇을 설계, 제조하거나 응용 분야를 다루는 일이다. 이 분야는 전자공학, 역학, 소프트웨어 기계공학 등 관련 학문을 필요로 하고 여러 유관 분야의 다양한 종류의 지식적 도움을 받는다. 로봇공학으로 만들 수 있는 로봇의 종류는 다양하다. 산업용 로봇을 비롯해 전투용 로봇, 생활용 로봇, 의료용 로봇, 연구용 로봇 등 다양할 수 있다. 이 기술은 사람을 도와주는 로봇을 통해서 모든 인력을 대체하게 된다. 이런 로봇들은 로봇산업에 국한하지 않고 모든 산업현장과 우리 사회 전체의 생산성과 효율성 증대에 획기적인 변화를 예고하고 있다.

다음은 양자암호의 기술이다. 지금까지는 대부분에 암호체계가 대부분 복잡한 수학적 기술에 기반을 두고 있다. 그러나 그런 기술에 비해 양자암호는 자연현상에 기반하고 있는 특징을 띄고 있다. 그러나 새로운 양자암호기술은 사용되는 원타임 패드를 생성하는 이상적인 방법의 하나다. 중간에 도청자가 난입할 경우 그 존재가 드러나며, 신호가 왜곡되어 도청자도 정확한 정보를 얻을 수 없게 만드는 뛰어나 보안성의 특성이 있다. 이를 다른 말로는 양자 키 분배(Quantum Key Distribution) 체계라고도 한다. 따라서 보안업계도 앞으로는 양자 난수를 모든 IT 기기에 적용할 수 있을 것이란 기대와 생각이다. 이렇게 본다면 미래에는 해킹 불가능한 암호 체계기술이 구현될 것이 분명하다.

다음은 사물인터넷(IOT)의 기술이다. 이 사물인터넷기술은 실생활에 해당하는 offline의 모든 정보를 online으로 넘기는 O2O를 통해 인공지능을 이용한 최적의 해법을 제시하고, 시행하게 하는 기술 도구이다. 예로 병원의 모든 행동이나 사물들을 인터넷에 연결한 뒤, 최적화를 한다면 정보에 불충분으로 늦거나 없어서 서로 시간을 낭비하는 손실을 줄인다면, 환자도 좋고, 병원도 의료서비스의 기능과 생산성이 올라갈 것이 분명하다.

다음은 무인 운송수단의 기술 발달이다. 그 대표적인 것이 드론산업과 자율주행 자동차산업 그리고 하이퍼루프의 혁신적 운송수단이다. 드론은 수직 이착륙이 가능한 소형 무인기를 뜻하며 큰 의미에서 무인 항공기 전체를 의미한다. 드론은 다양한 기술의 집합체로 항법 시스템, 제어시스템을 위한 센서, 소프트웨어, 배터리 등의 기술이 중요하다.

이제 자율주행 자동차 시대를 맞았다. 자율주행은 운전자의 조작 없이 자동차 스스로 주변 환경을 인식, 위험을 판단, 주행 경로를 계획하여 운전자 운행조작을 최소화하며, 스스로 안전주행이 가능한 인간 친화형 자동차를 의미한다.

다음 하이퍼루프는 전기자동차 제조업체인 테슬라 모터스와 민간 우주 업체 스페이스X의 CEO인 일론 머스크가 고안한 차세대 이동수단이다. 이 하이퍼루프 기술은 기본적으로 진공 튜브에서 차량을 이동시키는 방식이다. '이동'이라기보다는 '쏘아 보낸다.'라는 표현이 더 적절한 표현이다. 이 하이퍼루프

기술은 자기장을 이용해서 추진력을 얻고 바닥으로 공기를 분사해 마찰력을 줄이고 전력은 튜브의 외벽을 감싼 태양광 패널로 얻는 방식이다. 이 하이퍼루프는 현재의 운송 및 교통 방식을 송두리째 바꿔 줄 혁신적인 무인 운송교통시스템이 될 것으로 전망이 된다.

이처럼 무인 운송수단 기술은 인간이 운전을 직접 하지 않음에 따라 그사이에 다른 일을 더 할 수 있고, 안전하게 이동할 수 있는 장점이 있다. 그러므로 인해서 그 인력이 다른 생산활동에 참여함으로써 또 다른 분야에 생산활동과 생산성의 부가가치와 향상이 큰 성장을 이끌 것이란 생각이다.

다음은 3D printing 기술의 발달이다. 대부분 자기에게 맞지 않는 기성품을 사서 그 기성품에 자기를 맞추어 생활해왔다. 이제는 개인 맞춤형 시대이다. 그러므로 3차원 프린터를 이용하여 더 값싸게, 더 빠르게 본인에게 더 잘 맞는 맞춤형의 제품과 장치들을 만들 수 있다. 예컨대 본인만의 음식, 본인만의 생활용품이나 가구 집, 본인에게 잘 맞는 인체조직 등이 있다. 이런 것들을 통해 삶과 생활의 질적 향상을 크게 기대할 수 있을 전망이다.

다음은 나노 기술의 발달이다. 이 나노 기술은 의학, 전자공학, 생체재료학 에너지 생산 및 소비자 제품에 이르기까지 그 기술의 적용 범위와 가치는 헤아릴 수 없이 광대하다. 새로운 물질과 기계를 만들 수 있고 생산성 향상에 매우 큰 장점이 있다.

이처럼 제4차 산업혁명과 인공지능이 가져다줄 미래 사회는 현재 우리 사회에 엄청난 변화와 발전을 예고하고 있다. 이런 때에 밀레니얼 Z세대의 주역인 청소년은 무엇을 어떻게 준비해야 할까?

어떤 직업을 선택할 것인가가 가장 중요한 핵심이다

그렇다. 가장 중요한 것은 직업의 선택이다. 제4차 산업혁명은 생산성 향상이라는 긍정적 이면에 부정적인 요소로서 일자리 감소에 대한 우려도 매우 크다. 로봇이 저급 및 중급 기술자들의 업무를 대체하고, 언어와 이미지로 구성된 빅데이터 분석 등 인간만이 가능하다고 여겼던 업무들도 상당 부분 인공지능이 그 영역을 대체할 것이란 예상이다. 따라서 그렇게 될 때 빈곤이나 노동시장 붕괴 등의 사회적 파문이 예상된다. 또 노동시장 내에 '고부가가치 기술(고임금)'과 '저부가가치 기술(낮은 임금)' 간의 격차가 점점 더 커져서 사회적 불평등과 불균형 그리고 양극화가 더욱 심화 될 것이리라는 예상이다.

세계경제포럼은 2016년 1월 '4차 산업혁명'을 화두로 향후 5년간 세계 고용의 65%를 차지하는 선진국 및 신흥시장 15개국에서 일자리 710만 개가 사라지고, 4차 산업혁명으로 210

만 개의 일자리가 새로 창출되지만 약 500만 개의 일자리가 감소할 것으로 전망했다. 이에 가장 큰 타격을 받을 직군은 사무 관리직이다. 빅데이터 분석과 인공지능 기술을 갖춘 자동화 프로그램과 기계가 일자리를 대체해 앞으로 5년간 475만 9000개의 일자리가 줄어들 것으로 전망됐다.

로봇과 3D 프린팅의 위협을 받는 제조 · 광물업 분야 일자리도 160만 9000개 감소할 것으로 예상했다. 하지만 전문지식이 필요한 경영 · 금융서비스(49만 2000개), 컴퓨터 · 수학(40만 5000개), 건축 · 공학(33만 9000개) 등의 직군에선 일자리가 다소 늘어날 것으로 전망되기도 했다.

한국고용정보원은 2016년 3월 국내 주요 직업군 400여 개 가운데 인공지능과 로봇기술 등에 따른 직무 대체 확률을 분석해 발표했다. 화가와 조각가, 사진작가, 작가 등 감성에 기초한 예술 관련 직업은 자동화 대체 확률이 낮을 것으로 분석되었다. 음식서비스 종사원, 대학교수, 출판물기획전문가, 초등학교 교사, 귀금속 및 보석 세공원 등 직업들도 감소율이 낮은 쪽이었다. 하지만 그렇더라도 이 분야도 점차 취업의 경쟁이 심화하고 고용의 불안정성이 높아질 가능성을 완전히 배제하기 어렵다고 분석했다.

반면, 콘크리트공, 정육원, 도축원, 고무 플라스틱 제품 조립원, 청원경찰, 조세 행정 사무원 등은 인공지능과 로봇 등 자동화로 대체될 가능성이 가장 큰 직업군으로 분석됐다. 이런 것들은 사람들과 소통하는 일이 상대적으로 적고 정교하지 않은 동작을 반복적으로 수행하는 직업군이다.

어찌 되었든 '제4차 산업혁명'이 주장하는 내용은 인공지능, 로봇기술, 생명과학이 미래 사회를 주도하는 차세대 산업혁명으로 새로운 시대를 이끌어갈 것이라는 방향성과 전망이다. 이것은 분야별로 단순하게 각각의 기술이 발전하는 것이 아니라, "사물인터넷(Internet of things, IoT)"을 통해서 생산 전 과정에서 기기와 생산품 간의 상호 소통이 이루어지고 생산과정이 최적화 또는 지능화되어 가는 것을 목적으로 한다는 점이다.

좁은 의미로는 사이버 물리 시스템(Cyber-Physical System, CPS)이 생산 자동화를 이끄는 것이지만, 넓은 의미로는 모든 산업이 상호 연계되어 과거와 다른 산업생태계를 이루게 될 것이라고 주장한다. 하지만 '제4차 산업혁명'은 지금의 정의가 아니라 먼 미래에 새로운 정의로 다시 설명될 변수가 남아 있다는 견해도 있다. 그것은 현재 미완성의 진행형으로 완성형이 아니기 때문이다.

스위스 다보스에서 2020년 1월 21일~24일까지 '다보스포럼'이 50주년을 맞아 열렸다. 이 회의는 세계의 저명한 기업인·경제학자·저널리스트·정치인 등이 모여 세계 경제를 주제로 토론하고 연구하는 국제민간회의이다. 최근 들어 세계적인 저명인사들이 대거 다보스 포럼에 참석하고, 경제 외에 정치·사회 문제에 대한 처방과 대안을 제시하는 자리로 바뀌면서 개별 국가정책에 영향을 미치는 국제회의의 성격이 강해졌다는 평이다. 또 세계의 정계·재계·언론계·학계 지도자들이 참석해 '세계경제올림픽'으로 불릴 만큼 권위와 영향력 있는 유엔 비정부자문기구로 성장했다.

이번 포럼에서 논의된 핵심의제와 7대 이슈에서도 어김없이 '미래 사회와 일자리(Society & Future of Work)'가 논의되었다. '기후환경문제', '지속적이고 포괄적인 비즈니스 모델', '4차 산업혁명과 관련 기술', '인구·사회·기술의 트렌드 변화'와 같은 4대 핵심 과제를 비롯해 많은 아이디어와 의견을 공유하면서 핵심 7대 이슈를 선정 발표된 내용이다.

＊미래의 건강(Health Future) 문제-인구 고령화, 건강 보험의 문제점 등 글로벌 헬스케어 시스템이 직면한 과제와 문제해결 등 의료산업혁신을 통해 건강한 삶을 제공한다.

＊미래 사회와 일자리(Society & Future of Work) 문제-기술혁명이 노동시장의 변화를 주도하고 있다. 그런 상황에서 미래 사회에서 개인의 경쟁력을 유지하기 위한 기회를 제공해야 한다. 새로운 초·중등 교육시스템인 '교육 4.0(Education 4.0)'과 노동자들을 위한 새로운 기술 교육의 기반 마련이 필요하다.

＊선의를 위한 기술(Tcch for Good) 문제-AI, 5G 등의 기술 발

달이 인류에 미치는 부정적 영향을 최소화하고 긍정적 영향을 극대화하기 위한 차세대 정책과 시스템 구축이 필요하다. 인공지능의 발달로 윤리적 문제의 알고리즘 조작, 의사결정 편향과 같은 우려가 발생하지 않도록 해야 한다.

*지구 살리기(How to save the Planet) 문제-최근 국제 이슈 중에 환경문제가 매우 중요하게 대두되고 있다. 기후변화에 따른 환경문제에 경각심과 화석연료에 대한 의존도를 줄이고 친환경 연료와 자연환경을 회복하기 위한 투자를 확대해야 한다.

*더 나은 비지니스(Better Business) 문제-기업은 변화하는 산업 환경에 적응함과 동시에 기업 이익을 넘어 사회 문제와 다양한 이해관계자들의 이익추구에 따라 변화되어야 한다. 컨텐츠, 플랫폼 경제 시대는 더욱 소비자의 중심으로 재편될 것이다. 따라서 단순히 제품을 구매하는 소비자가 아닌 정보와 혁신의 주체로서 변화될 것이므로 이에 기업들은 단기적 이익을 넘어 지속 가능한 성장을 위해 사회 문제, 공유가치 창출에 집중해야 한다.

*지정학을 넘어(Beyond Geopolitics) 문제-최근 세계 경제는 불확실성과 저성장 기조가 계속해서 이어지는 등 다양한 문제에 직면하고 있다. 이를 해결하기 위해서는 지정학적 경계를 넘어 다자간 공조가 매주 중요하다.

*공정경제(Fairer Economies) 문제-전 세계 소득 및 양성 불

평등 문제의 근본적인 원인을 재조명하고 문제의 해결방안을 모색해야 한다. 장기적으로는 지속 가능한 경제사회를 구축하고 그 기술 변화에 따른 소득 불평등의 문제가 더욱 심화 되지 않도록 해야 한다.

※ 출처: 2020년 다보스 포럼 7대 주제-참고 인용

이처럼 다보스포럼은 세계 정계 · 재계 · 학계를 이끌어가는 글로벌 리더들이 매년 1월 말 스위스 다보스에 모여 지구촌 현안을 놓고 폭넓게 고민하고 이에 대한 해결책을 내놓는 지식 소통의 장이다. 민간 재단이 주최하는 회의이지만 세계 각국에서 총리, 장관, 대기업의 최고경영자 등 유력 인사들이 대거 참가하는 중요한 포럼이다.

이 포럼은 세계적 권위와 영향력을 인정받는 유엔 비정부 자문기구로서 세계무역기구(WTO)나 서방 선진 7개국(G7) 회담 등에 막강한 영향력을 행사하고 있는 매우 중요하다. 이 포럼에서 다양하게 논의되는 어젠다는 곧 인류사회의 번영과 미래비전에 대한 트렌드이고 그 영향을 미치게 된다.

하지만 다보스포럼에서 논의되고 결정되는 내용이 지구촌의 인류를 위해 항상 옳은 결정만 하는 것은 아니다. 그것은 강자가 강자의 처지에서만 유리하게 생각하고 판단하는 속성으로 작용할 수도 있기 때문이다.

지식혁명 5.0시대의 준비와 전략

2019년 제20회 세계지식포럼이 한국에서 열렸다. 이 포럼에는 세계 50여 개국의 최고 석학과 연사들이 모여 세계정세와 기술에 관한 어젠다로 논의가 되었다. 이 포럼은 지난 20년간 지식과 집단지성의 저수지 역할을 해오면서 많은 분야에서 새로운 지식과 기술로 미래를 열어가도록 방향을 제시하고 산업에 발전과 부흥을 견인하는 데 이바지해왔다.

앞에서 언급한 바와 같이 인류는 네 차례의 혁명이라고 일컬어지는 지식적 확장을 경험해왔다. 지식혁명의 1.0은 인지 능력의 출현과 시작이었고, 2.0은 농업혁명, 3.0은 과학혁명, 4.0은 산업혁명이었다. 그리고 이제 5.0은 지식혁명 시대의 막을 올리고 있다. 이 5.0 지식혁명은 제4차 산업혁명에 기반한 5G, 스마트센싱, 인공지능(AI) 등의 기술이 21세기 현대인의 일상생활을 급격히 바꾸어가고 있다. 이 지식혁명을 일으킬 4대 기술로는 5G, 인텔리전스, 로봇, 에너지기술이 될 것으로 전망했다.

글로벌 리더들의 미래 예측과 대응전략으로는 '미·중 경제 전쟁의 종식', '미국 대외정책의 방향성', '블록체인 플랫폼의 미래', '콘텐츠 비즈니스의 전략', '세계의 정치·경제·사회·기술 변화의 전선'과 같은 것들에 예측과 대응전략에 고심하는 상황이다. 그것은 현대사회가 미·중의 패권 다툼으로

21세기 냉전 시대에 휩싸여 있고 그로 인해 세계 경제와 금융 시장은 불안정이 심화하고 세계적 거버넌스까지 취약해졌기 때문이다.

따라서 세계는 지금 정치, 경제, 사회, 문화 모든 측면에서 미래를 예측하기 어려운 위기에 직면해 있다. 하지만 이러한 글로벌 환경에서 제20회 세계지식포럼의 개최와 핵심 현안에 대한 논의는 매우 고무적인 현상이다. 그러한 문제들에 대해 어떠한 대응과 전략이 논의되었는지 알아보자.

각 분야에서 논의된 혁신방안을 1부~7부로 나누어 정리해보았다.

1부의 주제는 '지식혁명이 이끄는 기술혁신의 미래'이다.

AI와 블록체인, 플랫폼 등에 기술은 산업계 판도를 급격하게 바꾸며 혁명을 일으키고 있다. 각국의 뛰어난 스타트업과 대기업의 미래 기술 전략이 급변하는 기술혁명 시대에 맞춰 스타트업의 생존 전략과 데이터, AI가 바꿔나갈 미래산업에 대해 심도 있는 논의가 이루어졌다. 또 세계시장을 무대로 스케일업 할 수 있는 전략과 노하우는 무엇인지도 조망되었다.

2부는 '세계 경제의 진단과 새로운 성장 방식'이라는 주제로 논의가 되었다.

미중 경제전쟁의 결말에 관한 토론과 21세기 냉전 시대에 어떤 영향을 받을지 논의되었다. 또 디폴트의 우려가 커진 세계 경제의 전망과 한국경제에 미친 영향 그리고 반도체 시장의

리스크를 진단했다.

3부는 '글로벌 거버넌스 붕괴 위기와 뉴 리더십'에 관한 논의였다.

미국의 외교정책 방향과 취약해진 글로벌 거버넌스의 해결방안이 무엇인지. 또 브렉시트 후유증을 앓는 유럽연합의 미래와 영국의 노딜 브렉시트의 향방에 관해 심도 있는 논의가 이루어졌다.

4부는 '세계의 질서와 새로운 중심, 원 아시아의 미래'라는 주제였다.

이 4부에서는 한일 관계의 악화 원인과 해법에 관한 토의가 이루어졌다. 그것은 한일 관계가 미래로 나아가는 아시아에 매우 중요한 국가적 파트너와 영향력 때문이다. 또 세계 경제의 새로운 성장엔진으로 떠오르는 아세안을 조명하는 회의가 있었다.

5부는 '불확실성 시대의 새로운 투자전략'이란 주제였다.

글로벌 투자 전망의 개요와 더불어 미중 무역전쟁과 브렉시트 등 복합적인 지정학적 위험 속에서 투자 리스크 관리비법을 소개했다. 글로벌 금융위기 가운데 경기 하락 사이클에 대비한 투자전략이 무엇인지, 경기둔화에 상대적으로 안전한 투자 포트폴리오는 어떻게 하는 게 좋은지 논의가 이루어졌다.

6부는 '글로벌 난제와 공동 번영의 길'이란 주제였다.

인류 종말의 트리거가 될 수 있는 기후변화 등 전 지구적 문제를 함께 고민하고, 장차 스마트시티와 에너지전환이 가져올 인류의 미래가 논의됐다. 특히 스마트시티가 가진 잠재력을 어떻게 활용해서 더 좋은 미래의 거주지를 만들 수 있는지, 미래도시는 어떤 모습으로 발전하고 그 도시에서 우리가 무엇을 할 수 있을지 논의되었다.

7부에서는 '즐거운 인생을 위한 지식혁명 5.0'에 대해 탐구했다.

한류를 이끄는 K팝의 현주소와 미래, BTS(방탄소년)의 영향력에 대해 흥미로운 대담을 나누었고 유튜브라는 플랫폼의 특징과 경쟁력 있는 영상 콘텐츠의 전략에 대해 논의되었다.

이처럼 제20회 세계지식포럼에서는 글로벌 리더들이 3일 동안 다양한 주제와 문제들에 대해 격의 없이 토의하고 인류의 번영과 부흥을 위해 제20회 세계지식포럼 11대 메시지를 다음과 같이 발표했다.

1. 글로벌 거버넌스를 위해 각국의 싱크탱크가 협력해야 한다.
2. 미·중 경제전쟁으로 악영향이 가장 많이 미칠 국가는
   한국이다.
3. 소셜미디어 시대의 기술에 대한 신뢰 회복이 관건.
4. 독자적인 콘텐츠를 보유한 기업이 시장의 주도권을 잡는다.
5. 이 시대 언론의 힘은 공포가 아닌 진실에서 나온다.
6. 브렉시트의 후유증으로 인한 유럽연합 분열에 대비해야.
7. 급변하는 '사이버 리스크'가 국가와 기업을 위협한다.

8. 블록체인 기술은 금융뿐만 아니라 일상까지 바꾼다.

9. 트럼프의 재선 성공은 중국과의 무역협상 성공에 달렸다.

10. 스토리텔링이 모든 비즈니스의 성공 열쇠가 된다.

11. 세계평화를 위해 각국의 개방과 상생은 필수다.

※ 매일경제신문-〈지식혁명 5.0〉 참고인용.

이처럼 '지식혁명 5.0'에는 21세기 인류의 위기와 기회가 공존하는 미래를 전망했다. 세계의 모든 사회·정치·경제·기술과 관련 최신의 정보와 통찰이 담긴 메시지이다. 이것은 시대의 변화와 흐름을 읽고 실질적으로 대응하기 위한 노력의 일환이다. 자 그렇다면 '지식혁명 5.0'시대를 맞을 지금의 청소년들은 어떤 준비와 전략으로 미래 사회를 준비하고 맞을 것인가에 관해 진지한 탐구와 사유가 필요하지 않을까?

밀레니얼 세대의 유망 직업과 직업관

밀레니얼 세대의 특징을 살펴보면 다음과 같다

• 세상의 중심은 나 자신이다.

• 워라벨(일과 삶의 균형)을 중시하는 태도이고 실천한다.

• 작지만 확실한 행복을 느낄 수 있는 마음의 자세로 오늘에 투자한다.

• 부당하다고 느끼는 일에는 적극적으로 목소리를 낸다.

• 소유보다 경험에 투자한다.

• 자신을 있는 그대로 사랑하고 아낀다.

• 스스로 자존감을 높인다.

따라서 이러한 밀레니얼 세대의 특징은 미래의 직업 선택에도 많이 좌우될 것으로 보인다. 2012년 한국직업사전에 의하면 우리나라의 직업 수는 11,600여 개였었다. 일본이나 미국보다 한참 적다. 하지만 청소년 여러분들이 학업을 마치고 사회에 진출할 때쯤 제4차 산업혁명으로 어떤 직업이 사라지고 어떤 직업이 생겨날 것인지에 대해 구체적으로 그 직종을 알아보자.

최근 문체부에서 발표한 유망 직종[1] 및 자격증 중에 그 첫 번째는 4차 산업혁명 하면 떠오르는 것이 바로 로봇 관련 산업이다. 세부적으로는 로봇 개발(기사), 로봇 관련 소프트웨어 개발(기사), 로봇제어 하드웨어 개발(기사) 자격증이 유망할 것으로 전망하고 있다.

제4차 산업혁명을 이끌어가는 기술의 또 하나는 바로 빅데이터 기술이다. 빅데이터 기술을 활용하는 여러 분야 중에 특히 눈여겨볼 분야는 의료정보 빅데이터 분석을 통해 의료서비스 품질을 향상하는 의료정보분석사이다. '헬스케어(healthcare)'와 기존 '의료서비스' 개념 간에 차이점을 굳이 꼽자면 헬스케어는 질병에 대한 사전예방 개념이 포함되어 있다.

이는 '현재의 징후를 통해 제시할 수 있는 병의 치료법'과 더불어 '향후 발생할 수 있는 질병을 예측하고 건강 유지를 위해 지속적 관리를 도모한다.'라는 개념이 포함되어 있다. 따라서 100세 시대를 맞이해서 건강과 시대성에 꼭 부합하는 유망직종이라 할 수 있다.

다음은 로봇만큼 자주 접하게 되는 분야가 3D 프린터 분야이다. 이 분야도 전망이 매우 좋다. 이 분야의 자격증은 3D 프린터 개발(산업기사)로 3D 프린터를 설계하고 소재를 개발하는 직종이다. 3D 프린팅 전문운용사로써 3D 프린터를 통한 디자인, 제품 생산을 하는 직업이라고 할 수 있다.

　이밖에도 4차 산업혁명과 굳이 연관을 짓지 않더라도 미래 유망사업 분야로 꼽히는 분야는 첫 번째로 바이오 분야이다. 바이오의약품 제조 관련 기사가 유망직종이고, 두 번째는 신재생 에너지 분야의 직업이다. 즉 에너지 생산기술(기사)인데 태양열, 풍력, 해양, 바이오, 연료전지, 폐자원 등을 활용하여 신재생에너지를 만들어내는 직종이다. 세 번째로는 갈수록 사회적 관심이 높아지고 있는 환경, 안전 분야이다. 생활 화학물질로 인한 건강, 생태계에 미치는 영향을 분석하는 환경기사이다.

　예컨대 지난 가습기 살균제 피해처럼 생활에 있어 예상되는 문제들을 사전에 방지하는 직업이다. 그리고 재난을 예방하고, 대응하고 분석하는 방재 기사도 유망한 직업이다.

　위에서처럼 미래의 유망 직업을 살펴보았다. 유망직종 대부분이 기술 관련 분야이다. 그렇다면 이런 기술 분야와 무관한 사람들은 미래 사회에서 어떻게 살아야 할까? 또 살아남으려면 과연 어떤 직종에 관심을 가져야 할까? 제4차 산업혁명 시대라고 해서 반드시 기술보유 능력만이 중요한 것일까?

물론 그렇지 않다. 기술보유능력도 중요하다. 하지만 미래 사회에서 인재의 핵심역량은 4C로 정의할 수 있다. 그것은 비판적 사고력(Critical Think), 창의력(Creativity), 의사소통능력(Communication Skills), 협업능력(Collaboration)과 같은 것에 뛰어난 역량이 중시되고 주목받을 것이란 해석이다. 따라서 미래 사회의 주역이 될 청소년 여러분은 이런 능력에 대한 자기계발에 힘을 쏟는다면 기술 분야의 능력 못지않은 비전과 성공의 가능성이 큰 분야이다.

이처럼 사회가 빠르게 변모함에 따라 없어지는 직업도 많고, 새롭게 생기는 직업도 많아진다. 또 세계가 지구촌화되어 여러 나라의 사람들과 함께 일하는 직업이 늘어날 전망이다. 고도화되어가는 정보통신기술의 발달에 따라 직장에 출근하지 않고 일하는 재택근무의 형태가 더 늘어날 것이고 첨단과학기술의 발전에 따라 첨단 우주 산업기술과 관련된 직업이 많아질 것이다. 고령화 사회가 되면서 실버산업과 관련된 직업도 획기적으로 늘어날 전망이다.

또 수없이 만들어지는 정보화시대에 정보의 관리는 매우 중요하다. 중요한 정보를 안전하게 관리하는 '정보 보호 관리사'나 인터넷상에서 피해를 보았을 때 해결해 주는 '사이버 위기 관리사' 등도 새롭게 생겨날 직업이다.

2018년 유엔은 "2025 유엔 미래 보고서"에서 미래 유망직종을 선정하여 주목받았다. 그 누군가가 선점하고 새로운 직업을 만들기에 이보다 좋은 지침서는 없어 보인다.

최고 경험관리자(고객에게 최고의 경험을 주는 것을 책임지는 사람), 나쁜 기억 수술 전문의(인간의 뇌에서 나쁜 기억 등을 제거하는 의사), 유전자 상담사(유전 정보에 따른 개인별 건강관리를 해 주는 직업), 임종 설계사(품위 있는 죽음을 맞이할 수 있도록 도와주는 직업), 탄소 배출권 거래 중개인(탄소 배출권 거래를 시장에서 중개하는 직업), 결혼 및 동거 강화 전문가(결혼이나 동거할 상대를 찾아주는 직업)와 같은 직업들이 새롭게 생겨날 전망이다.

역시 무릎을 탁! 치게 좋은 직업의 아이디어다. 10년을 기다릴 것 없이 지금 당장 준비해도 이상할 게 없다는 생각이 든다. 이런 직업들이 아직은 생소하지만 그럴듯해 보이는 직업도 있다. 아직 뜨지 않았기 때문에 더욱 미래에는 뜰 여지가 많다는 생각이다. 따라서 멀지 않은 장래에 분명 새롭게 주목받는 직업이 될 것이란 기대와 예측 가능한 새로운 직업들이다.

아래 해당 직업들은 한국고용정보원이 분석한 '전망 좋은 미래의 직업'[2]이다. 특성상 자격 요건이 존재하거나, 존재하지 않은 경우가 있다. 따라서 노후 대비나 안정적인 일자리를 위해서는 본인의 역량이나 성향을 파악하고 그 분야에 맞는 직업을 찾는 것이 좋다. 아무리 전망이 좋다고 해도 본인의 적성과 직무가 맞지 않는다면 좋은 직업이 아니다.

【복지시설 생활지도원】 아동, 여성, 장애인, 노인 등의 복지시설에서 생활 및 교육을 계획하고 지도하는 역할을 한다.

【임상 심리사】 임상 심리사는 정신 건강에 문제를 겪는 환자와 내담자들에 대한 정확한 평가를 위하여 인지능력, 정서, 성격, 적성 등 정신건강 제반 사항에 대해 평가를 하고 내담자의 문제에 개입하여 문제 해결을 돕는 사람을 말한다. 임상심리사가 되기 위해서는 심리학을 전공하고 보건복지부에서 시행하는 정신보건임상심리사(1·2급)나 한국산업인력공단에서 시행하는 임상 심리사(1·2급) 등 국가시험에 합격한 후 보건복지부 장관으로부터 면허를 발급받아야 한다.

【정신보건 사회복지사】 정신보건 분야의 전문성을 인정받아 종합병원과 정신병원 등의 의료기관에서 임상 치료팀의 일원으로 활동하거나, 정신보건센터, 사회복귀시설 등에 근무할 수도 있다.

【작업치료사】 작업치료사는 의료 기사의 하나로 정신적으로 문제가 있거나 발달과정에서 장애를 입은 환자에게 독립적으로 일상생활을 할 수 있도록 도와주는 역할을 한다. 작업치료

사가 되려면 작업치료학과를 졸업하고 한국 보건의료인 국가시험원에서 시행하는 작업치료사 국가시험에 합격한 후 보건복지부 장관으로부터 면허를 발급받아야 한다.

【가정 전문간호사】 환자가 있는 가정에 방문하여 조사 및 심사를 통해 가정간호 계획을 수립하고 간호 서비스를 제공하는 역할을 담당하게 된다.

【태양열 연구 및 개발자】 집열부, 축열부, 이용부, 제어부, 모니터링시스템으로 구성된 태양열 시스템의 구성을 설계한다.

【관광통역 안내원】 국내를 여행하는 외국인 관광객 또는 국외를 여행하는 내국인 관광객을 대상으로 관광지 등을 안내하고 여행에 필요한 정보와 서비스를 제공하는 역할을 한다.

【감염관리 전문간호사】 병원 내 감염을 예방하고 관리하기 위해 감염 여부를 조사하고 예방 계획을 수립·실시하며 감염관리 규정, 지침, 정책 등을 마련하는 역할을 한다.

【가상현실 전문가】 가상현실 전문가는 3차원 모델링(3D) 및 가상현실모델링언어(VRML) 등의 기술을 이용해 가상의 시공간에서 가상 시스템을 개발한다. 가상현실 전문가가 되기 위

해서는 전문대 및 대학교에서 전자공학과, 정보통신공학과, 전파 통신공학과, 컴퓨터정보통신공학과 등을 졸업하는 것이 유리하다. 관련 자격증으로는 컴퓨터그래픽스 운용기능사, 시각디자인산업기사, 시각디자인 기사가 있다.

【항공기 조종사】승객이나 화물을 운반하기 위해 여객기, 전투기, 경비행기, 헬리콥터 등을 조종하고, 비행 계획에 따라 항로, 목적지, 연료량, 기상 조건 등을 숙지하며 항공기 상태, 조종실 시스템 등을 점검하는 역할을 한다. 항공기 조종사가 되기 위해서는 산업용 면장과 운송용 면장 자격증이 필요하며, 관련 직무에서 경력을 쌓는 일, 교육원에서 소정의 교육을 받는 일도 필요하다.

【게임 프로그래머】게임 기획자, 게임 그래픽디자이너, 게임 음악가 등으로부터 넘겨받은 자료를 기반으로 게임 프로그램의 구조를 설계한다. 프로그래밍 업무 중에서도 난이도가 큰 직군에 해당하므로 프로그래밍 능력에 따라 직급, 연봉 차이가 두드러지는 직군이다.

【스포츠 에이전트】스포츠 에이전트는 스포츠 관련 프로그램 및 서비스를 개발하고 운영을 위한 기획 및 절차를 조직하여 조정 관리하는 직무를 담당한다. 스포츠 에이전트가 되기 위

해서는 대학교에서 경영학과, 경제학과, 스포츠학과, 체육학과, 사회체육학과, 법학과 등을 전공하면 유리하다. 특별히 요구되는 학력 제한은 없다.

【반려동물 미용 및 관리 종사원】애완동물 미용사는 고객과 상담을 통해 반려동물의 털 커팅 모양, 장식 모양 등을 결정하고, 미용과 청결을 담당하는 직무이다. 애완동물 미용사가 되기 위한 특별한 학력 제한은 없으나 대학의 애견 동물과가 있고 사설학원 등에서 교육받을 수 있다.

【소방관】소방관은 화재 및 재난, 재해를 예방하고 대응하며 위급한 상황으로부터 구조 구급 활동을 통해 국민의 재산과 신체를 보호하는 것을 주임무로 하는 공무원이다. 소방관이 되기 위한 학력은 제한이 없으나 전문대학 이상의 소방관련 학과나 응급구조학과를 졸업하면 특채의 기회가 주어지며 소방관 채용 시험에 응시할 때는 1종 보통 운전면허나 1종 대형 운전면허를 소지해야 하고, 시험 공고에 명시된 소방관련 자격증이 있으면 가산점을 받을 수 있다.

【사이버 수사요원】사이버 수사요원은 주로 해킹 범죄에 대한 수사와 바이러스, 웜 등 악성 프로그램 유포 범죄와 개인 정보 수집 등 피싱 범죄 등 각종 사이버 범죄를 수사하는 직무를 담

당하고 있다.

【교도 관리자】 형의 집행 등 형행에 관한 사무와 미결수용자의 수용에 관한 업무를 맡는다. 또 교도소 내 서무과, 보안과, 분류 심사과, 작업과, 교무과, 용도과, 의무과 등을 지휘하고 총괄하며 대졸 이상이 관련 경력 10년 이상을 수행하면 진급 형태로 교도 관리자가 될 수 있다.

【항공기 정비원】 항공기의 안전 운항을 위해 항공기 동체 및 엔진, 계기 등을 조립, 조정 정비하는 직업이다. 항공기 정비원이 되는데 필요한 학력 제한은 따로 없다. 그러나 보통 고등학교나 전문대학에서 실무를 익히면 취업이 원활할 가능성이 크다고 한다.

【항공공학 기술자】 여객기, 전투기, 우주선 등의 각종 비행 물체를 설계하고 개발하는 일을 담당한다. 항공공학에 관한 지식이 요구되며 다른 기술자나 전문가와 협력을 하는 일이 잦으므로 커뮤니케이션 능력, 영어 등의 외국어 소통 능력을 기본적으로 갖추는 것이 좋다.

【간병인】 병원, 요양소, 산후조리원, 산업체 및 기타 관련 업체 기관 등에서 환자의 보호자를 대신하여 환자를 간호하고

돌보는 일을 담당한다. 특별한 학력 제한이 없으나 개인적 소개나 학원의 추천이 고용에 많은 영향을 미치며 이 외 병간호 용역업체를 통해 해당 기관에 취업하는 경우가 많다.

【청능사(청능치료사)】 각종 청각 검사 장비를 점검하고 조정하는 업무를 담당한다. 또, 전문 청능사나 의사를 보조하여 적절한 보청기 선택, 조절 확인 및 관리를 시행하며 청각 평형 기능이 회복될 수 있도록 재활을 돕는다.

【언어 재활사(언어치료사)】 언어장애의 원인과 증상을 진단, 사정하고 이에 대한 치료 계획을 수립하여 환자를 치료하는 업무를 담당한다. 공채나 교육 기관의 소개 등을 통해 병원, 심리 치료소, 사회복지관, 각종 복지관 등에 취업할 수 있다.

【해양공학 기술자】 해양공학 기술자는 항만개발, 임해공업 단지 조성 및 개발 등을 위해 전문지식을 이용하여 기초자료를 조사, 분석하고 해양환경 현황을 조사, 관측, 평가, 계획하는 직무이다. 관련 자격증으로는 해양 기술사, 해양공학 기사, 해양자원 개발 기사, 해양 환경기사 등이 있다. 전문대학과 대학교에서 관련 학과를 졸업하는 것이 유리하다.

【헬리콥터 정비원】 헬리콥터가 제대로 운항할 수 있도록 유

지, 보수하는 직업이다.

【간호조무사】 각종 의료기관에서 의사 또는 간호사의 지시하에 환자의 간호 및 진료에 관련된 업무를 보조한다. 간호조무사 자격증 취득 후, 보통 사설학원의 추천이나 공개채용을 통해 각종 의료기관과 보건기관, 의무실 등으로 취업할 수 있다. 최종 학력으로는 고등학교 졸업 이상의 학력이 요구되고 있다.

【공연기획자】 국내·외 공연시장 동향, 대중의 기호 및 성향, 사회 트렌드 등을 조사하여 뮤지컬, 오페라, 연극, 콘서트 등 공연할 대본이나 음악을 개발하는 직무이다.

【수의사】 개나 고양이와 같은 반려동물, 소나 돼지 같은 동물, 물고기나 어패류와 같은 수생동물까지 질병과 상해를 예방하고 진단하며 치료하는 의사를 말한다. 수의사는 면허를 취득한 후 동물 병원을 개원하거나 취업하여 직무를 수행할 수 있다.

【정신과 의사】 정신 장애나 스트레스와 연관된 다양한 신체 질환에 대한 예방적 접근을 한다. 환자와 정신과적 면담, 정신 상태 검사, 다양한 심리검사를 진행하며 해당 검사를 통해 환

자의 정신 장애를 진단한다. 정신과 의사 역시 해당 면허를 취득해야 하며 학력은 대학원 이상 숙련 기간은 4년 초과 10년 이하이다.

【동물조련사】동물을 사육 관리하고, 공연이나 인명구조, 맹인 안내 등 특수 목적을 위해 동물을 훈련하는 사람을 말한다. 동물조련사는 대게 동물원, 테마파크, 대형 아쿠아리움, 애견학교 등에 취업이 가능하고, 요구되는 학력 제한은 따로 없다.

【호스피스 전문간호사】죽음을 앞둔 말기 환자가 편안한 죽음을 맞을 수 있도록 돕는 일을 한다. 환자에 대한 투철한 봉사정신과 희생정신이 요구되며 공채나 교육 기관의 소개 등으로 채용을 한다.

【심리학 연구원】인간의 행동과 정신적 과정을 과학적이고 체계적 방법을 통해 연구하며 연구 결과를 의학이나 교육, 산업 현장에서 응용할 수 있는 심리학적 지식과 정보를 제공하는 역할이다. 심리학 연구원이 되기 위해서는 관련 학과 대학교를 졸업하고 대학원에 진학하여 석사, 박사 학위를 취득하는 것이 유리하다.

 위이 내용은 메가랜드와 함께 한국직업정보 KNOW가 발표한 향후 10년 후 일자리 증가 예상직업 TOP 30이다.

현대사회에서 직업이 갖는 사회적 책임과 사명

우리나라 헌법에는 모든 국민이 각자 자기 능력에 따라 자유롭게 직업을 선택할 수 있도록 '모든 국민은 직업 선택의 자유를 가진다.'라고 규정하고 있다. 따라서 우리는 원하는 직업을 자유롭게 선택하여 자기 일에 성실히 종사할 권리를 가진다. 직업은 개인이 생활해나가기 위한 수단과 목적으로 하는 사회적 활동이다. 또 소득을 얻어 의식주를 해결하면서 개인이 사회에 참여하고 자신의 사회적 역할을 맡는 사회적 책무와 사명이 함께 부여된다고 볼 수 있다.

성인은 직업을 가짐으로써 자신과 가족의 생계를 꾸리고, 다른 사람들과 상통하고 상부상조함으로써 전체 사회의 구성원으로서 원활한 활동을 영위하게 된다. 또 그 목적에 부합하도록 노력하며 이바지하게 된다. 현대 문명사회에서 직업의 종류는 매우 다양하고 전문화 또는 세분되어 있다.

사람들은 각자 생활에 필요한 물자의 생산자이자 동시에 소비자이기도 하다. 인간 생활에 필요한 여러 가지 일들이 여러 사람 또는 여러 집단에 의해서 분담 또는 전문적으로 분업화하여 행한다. 또 그들은 각각 이루어진 일의 성과를 서로 교환

함으로써 일상적 생활을 안정적으로 영위하게 된다. 그렇게 전체 사회활동과 영위에 한몫할 때 현대인으로서 사회적 의미의 직업이 성립되고 그 책임과 사명이 주어진다.

현대인들은 이런 직업 활동과 노동에 대가로 주어지는 경제적인 반대급부로 자신과 가족의 생계 또는 주요 부분을 충당하며 해결하게 된다. 이런 사회적 구성원으로서 이루어지는 지속적인 사회활동과 일련의 경제활동 및 생산활동이 이루어지고 그 재화의 가치를 이루어내는 일이 바로 직업이다.

우리는 이러한 직업을 통하여 일정한 사회적 역할을 한다. 직업은 크게 세 가지 기능을 지닌다. 우선 직업은 경제적으로 안정된 삶을 영위해 나가기 위한 중요한 생계유지 수단이다. 직업은 개인의 잠재력과 재능을 발휘하는 터전으로 자아실현을 이루는 데 중요한 역할을 한다. 마지막으로 직업은 원만한 사회생활의 영위와 사회적 봉사의 중요한 수단이 되어야 한다.

하지만 직업에 대한 정의나 말은 사회적 상황과 그 쓰임새에 따라서 강조되는 의미가 조금씩 달라진다. 일반적으로 직업은 생계유지나 경제적 가치를 얻기 위한 생계의 의미가 있다. 그러나 직업의 세계에서 지켜야 할 윤리적 가치는 우리 사회에서 보편적으로 요구되는 윤리와 상당 부분이 겹친다. 특정 직업을 가진 사람 역시 직업인이기 전에 동시대를 살아가는 사람이고, 직장 내에서 다양한 사람과 관계를 맺어야 한다. 이처럼 직업은 사회적 역할을 분담하는 성격을 지니고 있다.

따라서 인간관계의 도리와 질서를 의미하는 윤리는 직업의 세계에서도 통용된다고 할 수 있다. 정직과 성실, 신의, 책임, 의무와 같은 것들이다. 인간이라면 누구나 지켜야 할 기본적 윤리와 도덕이 그 예이다. 이것이 직업윤리의 일반적 보편성이다. 한편 사회 구조의 변화와 정보화 사회로의 진전에 따른 전문 직종의 증가와 분화로 인하여 해당 직업의 특성에 부합한 윤리를 요구하기도 한다.

예를 들면, 의료인의 환자 비밀 유지 의무처럼 다른 직종에는 요구되지 않는다. 그러나 특정 직업에 요구되는 윤리의 성격을 직업윤리의 특수성이라고 말한다. 그러나 직업윤리의 특수성은 언제나 직업윤리의 일반성 토대 위에 정립되고 있다.

직업의 종류와 상관없이 모두가 공유하는 직업인이 지녀야 할 윤리적 기본자세는 어떤 것이 있을까? 그것은 소명 의식과 사회적 책임이다. 우리는 제각기 자기의 능력과 역량에 따라 자기가 맡은 직분을 직업적 양심을 지니면서 성실하게 수행해야 할 책임이 있다.

다음엔 직업의 전문성이다. 자신이 맡은 일에 대하여 전문성을 가질 때 우리는 다른 사람들로부터 신뢰를 얻을 수 있다. 또 업무도 제대로 수행할 수 있다. 특히 현대사회에서는 직업 수행의 전문적인 기술과 지식이 필요하므로 전문성의 제고는 직업윤리에 매우 중요한 요소이다.

마지막으로 인간애와 연대의식을 지녀야 한다. 인간애와 연대의식은 직장 구성원 간의 신뢰이다. 그런 신뢰의 바탕은 공동체 의식의 형성에 크게 이바지하게 된다. 현대사회에서의 직업적 성공으로 생계를 위한 경제적 부를 얻는 것도 중요하다. 하지만 직업에 임하는 사람이 직업인으로서 올바른 가치관과 자세를 지니는 것이 더 중요하다. 따라서 이러한 직업적 성공은 올바른 도덕적 의식과 직업 윤리관을 갖출 때 비로소 성공의 의미와 직업의 가치가 빛날 수 있다.

■ 직업을 선택할 때에 고려해야 할 사항

• 자기 조건-적성, 흥미, 성격, 가치관, 신체적 조건, 가정환경 등을 객관적으로 고려해야 한다.
• 직업의 이해-일의 성질과 내용, 필요한 능력과 적성, 자격조건, 작업 환경, 직업의 장래성, 직업의 안정성, 보수 등을 참작해야 한다.

■ 자기 조건 이해의 요소

• 적성 요소 : 적성은 내가 특정 분야에서 성공할 가능성이 많은 잠재 능력을 말한다. 어떤 분야에서 성공하기 위해서는 그 일에서 타인들보다 높은 성취를 보여야 하는데 그러한 성취는

적성에 맞는 일을 할 때 발휘된다. 적성의 유형으로는 일반 적성 능력, 언어 능력, 수리 능력, 공간 지각 능력, 운동 조절 능력, 사무 능력, 기계 추리 능력 등이 있다.

• 흥미 요소 : 사람에 따라서 어떤 일이나 활동을 특별히 좋아하는 심려적 성향으로서, 즉 어떤 일을 특히 좋아할 때 그 방면에 흥미가 있다고 한다.

• 성격 요소 : 각 개인이 가지고 있는 특유한 성질이나 개성을 말한다. 즉, 사람의 지속적인 행동의 성향이다. 성격은 인간관계에 큰 영향을 끼치며, 직업 활동에도 많은 영향을 준다.

• 가치관 요소 : '나'를 어느 방향으로 행동하고 선택하게 하는 원리나 신념으로, 한번 형 성 되면 쉽게 바뀌지 않는다.

• 신체적 조건의 요소 : 자기 이해의 요소인 적성, 흥미, 성격, 가치관 등에 합리적 이해 요 소를 충족하고 있더라도 하고자 하는 일에 신체적 제약이나 신체적 조건이 충족되지 못하면 좋은 직업을 선택했더라도 갈등을 해소하기 어려울 뿐만 아니라 지속성을 유지하기가 어렵게 된다.

■ 직업을 갖고자 할 때 고려사항

• 자신의 정신적 또는 육체적 능력
• 자신의 능력과 기능, 교육 수준, 교육내용 등
• 일하는 장소와 작업 환경 등

- 취업하는 방법과 직장에서 요구하는 자격증, 면허증 등
- 월평균 수입과 승진, 장래성 등
- 미래의 비전

■ 직업을 선택할 때 고려사항

- 직업의 특성에 따라 개인적으로 장점이 될 수도 있고, 단점이 될 수도 있다.
- 개인의 여건과 환경은 상황에 따라 능력과 여건 등은 변할 수 있다.
- 직업 세계는 계속 진화하고 변한다. 유망 직업이 소멸할 수도 있고, 현재 매력이 없는 직업이 미래에는 좋은 직업이 될 수도 있음을 인식한다.

■ 좋은 직업의 조건

- 생계를 유지하기에 부족함이 없는 수입
- 일감이 안전하고 지속성이 있는 분야
- 사회적 책임과 역할에 이바지할 수 있는 분야
- 자긍심과 보람을 가지고 일할 수 있는 분야
- 정체성과 자아의 성취감을 맛볼 수 있는 직업
- 다른 사람에게 봉사하며 나눌 수 있는 직업

- 대인 관계가 원만할 수 있는 분야
- 미래의 비전이 있는 분야

■ 취업 준비사항

- 선택한 직업에서 요구하는 교육이나 훈련 내용의 인지와 준비
- 교육과 훈련은 어디에서 받고 기간과 비용에 대한 준비
- 요구하는 자격 요건의 준비
- 안정적인 수입, 승진 및 장래성 등의 고려
- 채용되기 위한 시험의 준비
- 확고한 각오와 자신감으로 임하는 마음가짐과 태도

꿈꾸는 밀레니얼 세대의
상상력과 창조성

　우리 청소년들은 그대들이 살아가야 할 21세기 미래에 대해 무엇을 상상할 수 있을까? 상상력(想像力)은 현실에서 아직 일어나지 않은 일이나 존재하지 않은 대상을 머릿속으로 그려보는 것이 상상이다.

　그러니까 상상은 "무엇이든 자기 마음대로 생각하는 것이다." 그리고 누구나 할 수 있는 것이 '상상'이다. 사람이 마음대로 상상을 할 수 없다거나 못한다면 그것은 지능 미숙이거나, 인지능력 저하의 원인일 가능성이 크다. 또 다소 정도의 차이는 있지만 무한한 상상을 할 수 있는 것도 우리 인간이다. 그 때문에 인류는 찬란한 문명사회의 역사를 이룩했다. 그리고 그러한 상상력에 의해 앞으로도 인류의 문명 창달과 창조는 지속해서 이루어지고 그대들의 위대한 역사가 만들어질 것이다.

　그럼 우리 청소년들은 '어떤 상상력'으로 21세기 미래에 대해 어떤 꿈을 꾸고, 어떤 미래 사회를 창조하고, 구현하고, 건설해 갈 것인가? 하지만 그렇게 하기 위해서는 푸릇푸릇한 꿈을 꾸고 상상의 싹을 자신으로부터 틔우고 그 싹을 정성스럽게 가꾸어가야 한다. 그래야 연초록 싹이 짙푸른 실록으로 무성하게 자라나 커다란 느티나무같이 큰 그림자를 만들 수가 있다.

　꿈은 상상의 나래를 펴고 시공간을 초월하는 의식이다. 인간은 그러한 상상을 통해 부정의 현실에서 긍정의 미래와 유토피아를 꿈꾼다. 이런 상상력에서 가장 잘 나타나는 것이 동화 속 이야기나 소설, 만화 등의 예술적 작품들이다. 동화엔 이 세상에 없는 그 무엇을 상상하는 가상세계의 허구적 이야기들로 가득 꾸며져 있다. 소설 속 이야기는 시공을 초월하여 현실과 비현실을 자유롭게 넘나드는 생명력이 있다. 부정의 허구에서 긍정의 사실이 창조되는 진실한 생명이 바로 창조적 힘이다.

　상상 속의 이야기들은 황당무계하고 완전히 허구라는 것을 깨닫게 한다. 그런데도 인간은 끊임없이 그러한 가상과 비현실 속에서 유토피아를 꿈꾸며, 미래를 상상하고 하나하나 창조해나간다. 그러한 창조의 정신은 궁극적으로 먹을 것, 입을 것, 잠잘 곳과 같은 의식주의 해결과 끝없이 추구하고 지향하는 행복의 가치를 실현하는 것이 그 목적이다.

그러기 위해서는 상상은 선택이 아니라 절대적 필수이다. 모든 상상력은 배고픔이라는 인간의 가장 원초적인 욕구로부터 비롯된다. 그러한 배고픔의 욕구가 곧 죽음과 절망을 잊게 하고 삶과 희망을 품게 하는 상상력의 원천이다. 사람에게 있어 배고픔의 욕구는 곧 우리 인간의 본능이고 현실이다. 그런 의미에서 현실의 난관을 가장 비현실적 상황에서 답을 찾기도 한다. 그래서 '극과 극은 통한다.'라고 했다. 또 종교적 이념이나 철학에서도 '삶과 죽음, 죽음과 삶'이 다름이 아닌 같음(하나)으로 인식하는 것도 그 같은 논리에서다.

미래의 자신을 상상해 보자

미래의 상상이 꼭 거창할 필요는 없다. 거창한 상상은 상상도 어렵다. 쉽고 어렵지 않은, 작고 보잘것없는 상상부터 해보자. 나의 상상에서 너의 상상으로, 우리의 상상에서 그들의 상상으로, 개인의 상상에서 대중의 상상으로, 주관의 상상에서 객관의 상상으로 논리의 상상에서 비논리의 상상으로, 현실의 상상에서 비현실의 상상으로, 과거의 상상에서 미래의 상상으로 한 번씩 바꿔 상상해 보자.

그 어떤 상상이라도 좋다. 그러나 상상에도 반드시 목적과 이론이 필요하다. 과학이든, 물리학이든, 인문학이든, 철학이든 그 이론이 뒷받침되지 않으면 그것은 바로 상상이 아니라 공상(空想)으로 끝나고 만다.

무엇을 상상할 때 크게 두 영역의 세계가 존재한다. 하나는 현실에서 인식할 수 있는 '현실 세계'가 있고, 또 하나는 '비현실 세계'와 같은 가상 세계[1]이다. 현실 세계의 상상은 실제의 사물이나 사건에서 추론되는 상상이다. 이런 상상은 더 현실적이고 논리적이다. 그러나 가상세계는 비논리적이고 비현실적이다. 하지만 가상세계는 현실 세계보다 항상 앞서가는 특징이 있다.

과거 50~60년대 과학자들이나 만화가들은 미래 사회에 출현할 로봇을 상상하고 꿈꿔왔다. 그런 비현실의 상상이 오늘날 우리의 현실을 바꿔놓았다. 이런 상상이나 가상세계는 현실의 특정한 환경이나 상황을 획기적으로 변화시켜 창조적 발전을 도모한다. 이런 가상세계는 컴퓨터를 통해 그대로 모방하여 사용자(user)가 마치 실제 주변 상황과 상호작용을 하는 것처럼 만드는 기술이다.

이러한 가상세계는 현실감(AR), 가상 환경(virtual environment), 합성 환경(synthetic environment), 인공 환경(artificial environment)이라고도 한다. 이러한 가상세계는 <매트릭스>나 <아바타>와 같은 영화를 통해 가상현실의 그 개념이 대중화되었다. 2010년대 이후 HMD(Head Mounted Display) 기술개발이 상용화되면서, 의학·생명과학·로봇공학·우주과학·교육학 등 다양한 분야에서 활용되고 있다.

이처럼 가상세계는 그 어떠한 특정 환경이나 상황을 컴퓨터로 만들어서 생긴 가상과 현실 사이의 인터페이스(interface)를 말한다. 가상현실은 사용자가 현실을 그대로 모방 재현한 환경에 몰입할 수 있다. 이를 위해서는 고글, 헤드셋, 장갑, 특수복 등 정보를 주고받을 수 있는 장비를 착용하고 컴퓨터가 만들어낸 환경을 접하게 된다.

오늘날 이러한 가상현실에 관한 기술은 항공우주산업 분야의 모의훈련 장치뿐만 아니라 게임, 전시, 판매 설명회 등의 분야에서 다양한 수준의 가상현실 기술이 사용되고 있다. 가상현실은 그 밖의 많은 분야에서 활용되고 있으나 특히 연예, 의학과 생물공학, 공학, 설계, 마케팅 분야에서도 응용될 수 있는 큰 잠재성을 지니고 있다. 이러한 가상세계의 현실은 우리 인간의 무한한 상상력에서 창조되고 있다. 그러한 기술개발과 상상력이 오늘날 거부할 수 없는 미래의 트렌드로 현실화하고 있다.

과거 동양의 고대 중국 역사에서 가장 행복했던 태평성대[2]는 요임금과 순임금 시대라 한다. 황제가 죽은 다음 얼마 지나서 요(堯)임금이 천자가 되었고, 나라 이름을 당(唐)이라 했다. 그리고 순(舜)임금이 요임금의 뒤를 이어 천자가 되고, 나라 이름을 우(虞)라 했다.

이 두 황제는 모두 검소하고 질박한 성군이었다고 전해진다. 요임금은 초가집에서 살았고, 벽에는 석회를 바르지 않았으며, 음식도 현미와 채소를 주식으로 하였다. 겨울철에는 겨우 한 장의 녹피(鹿皮)로 추위를 견뎠고, 의복이 너덜너덜해지지 않으면 새 옷으로 갈아입지 않았다고 한다. 천하에 단 한 사람이라도 기아에 허덕이거나 죄를 범한 사람이 있으면 이것이 모두 자신의 잘못이라고 요임금은 생각하였다고 한다.

사기(史記)에서는 요임금의 사람됨에 대해 "그의 어짊(仁)은 하늘과 같았고 그의 지혜는 신과 같았다. 백성들은 그를 해처럼 따랐고 구름처럼 바라보았다. 부귀하면서도 교만하지 않고 사람을 깔보지 않았다."라고 기록되어 있다. 그렇듯 요임금은 총명하고 인정이 깊고 많았으며 하늘의 뜻을 받들고 백성들을 어린 자식처럼 사랑하는 정치를 폈다고 한다. 그 때문에 백성들은 모두 격양가(擊壤歌)를 부르며 마음껏 태평성세를 즐겼다. 방방곡곡 어디를 가나 강구연월(康衢烟月)에 격양가가 흘러넘쳤다고 한다.

그때는 악심을 품고 복수하는 사람도 없었고, 법이 없어도 백성들은 자발적으로 신의와 법을 지켜나갔다. 그러니 범법자도 없었고 징벌과 공포도 없었다. 또 상대를 위협하는 공갈 협박과 같은 말 따위는 그 어디에도 쓰이지 않았다고 한다.

혹여 백성 사이에서 이해관계가 있어 청원하는 사람들은 재판관의 선고를 두려워하지 않았으며 그들에게 복수하는 사람도 없었다. 나라에는 군대가 없었고 사람들은 한가로운 일상 가운데 안전하게 살았다. 백성들은 국가에 대한 아무 의무도 지지 않았다. 백성들은 들에서 생산되는 농산물과 먹을 것에 모두 만족해했다.

그런 요순시대의 태평성대를 후세 사람들이 상상하기를 "그때는 그 누구의 강요도 받지 않고 산과 들에서 나는 각종 열매와 산딸기, 도토리를 주워 먹고살았다. 그곳은 항상 봄이었고, 부드러운 서풍이 따뜻한 바람결로 씨를 뿌리지 않았는데도 자라난 꽃들을 어루만져주었다.

그러면서 곧 쟁기질도 하지 않은 땅에서 결실을 거두었다. 그리고 다시 가꾸지 않아도 농토는 많은 곡식을 거두었다. 또 그곳엔 우유의 강과 넥타의 강이 흐르고 있으며, 푸른 자작나무에서는 꿀이 흐르고 있었다."라고 상상했다.

이러한 신화 속 유토피아인 낙원이나 황금시대는 역사의 밖에 그리고 역사 이전에 존재하고 있는 것들이다. 그것은 자연이 인간에게 부여하는 풍요로움을 통해 근심 걱정 없고 편안한 삶에 대한 희구와 기원의 묘사이다.

상상력은 이처럼 자연과 인간의 차이가 해소된 무의식의 세계를 연출하고 있다. 거기에서는 인간의 노동도 필요 없으며, 자연과 완전한 조화가 유지되고 있어서 갈등이나 소외 같은 것은 전혀 존재하지 않는다. 그러나 인간은 너무 조화로워 더

발전해야 할 이유와 필요성조차 없는 상상의 나라에서 과연 인간은 어떤 진정한 행복을 누릴 수 있을까?

먹을 것이 완전히 해결되어 노동하지 않아도 되고 또 그 어떤 문제도 생길 것이 없는 완전한 삶의 환경에서 그 이상의 행복은 어떤 의미가 있을까? 그런 의문이 생긴다. 하지만 절대 그렇지 않다. 인간은 미래 지향적으로 세상을 향해 끊임없이 나가고 있다. 그런 존재가 있는 한 그 어떤 상상의 나라도 완결된 것은 아니다. 거기서부터 또다시 인간은 '아직 존재하지 않는 것'에 대한 무한한 동경과 상상의 여행을 하게 될 것이기 때문이다.

이처럼 상상의 나라는 완결과 개방의 영원한 변증법에 묶여 있다. 그렇게 상상된 가상세계는 항상 열려 있다. 하지만 또한 불확실성이 항상 존재하고 있다. 따라서 '아직 존재하지 않는 것'에 대한 미련은 우리를 영원히 기만할 우려가 있다. 그렇다고 자신의 꿈과 미래에 대해 상상하지 않는 것은 자기 자신에 대한 직무유기요 태만이다. 그렇게 본다면 그 또한 자신의 삶에 대한 애정과 열정의 결핍이 아닐까?

이제 밀레니얼 세대가 살아갈 21세기는 다양한 가치관이 존재하는 다원화의 시대적 환경에 놓였다. 따라서 다양한 가치관에 부응하는 삶의 태도와 미래의 상상력이 요구되고 있다. 그러한 상상력을 통해서 새로운 문명의 창달을 이루어가게 될 것이란 생각과 기대가 크다.

상상과 희망은 미래를 향한 긍정과 변화의 의지

상상과 긍정에 변화가 없이는 희망을 이룰 수 없다. 상상하는 것이 각자의 자유이기는 하나 미래나 희망을 상상하는 것만으로는 절대 위안이 되지 못한다. 어쩌면 그것은 자신의 삶에 절망이나 좌절이 될지 모른다. 부정적 의식과 막연한 희망이 나를 잡아두고 있는 것은 그것이 성취되지 못한 그 어떤 무엇으로 이루어져 있는 잘못된 욕망을 부르기 쉽다.

희망은 이미 완결된 이상에서 나오는 것이 아니다. 희망은 미래를 향한 긍정과 강한 변혁의 욕구와 갈망에서 만들어진다. 그 변혁의 의지가 뜨거운 열정으로 꿈틀댈 때 미래의 상상을 불러일으키고 비현실을 현실로 창조하게 된다. 그래서 우리는 희망을 품기 위해서는 보다 나은 세상과 세계를 향한 긍정의 상상과 꿈을 갖고 미래를 가꾸어가야 한다.

그러나 그러한 꿈들이 여전히 미완성임을 인식해야 한다. 그래서 인간은 영원히 상상하는 존재이다. 21세기 문명의 시대를 살아갈 우리 청소년들은 과연 어떤 상상력으로 그대들의 미래를 어떻게 준비를 할 것인가를 진지하게 고민해야 한다.

밀레니얼 세대의 가치관과 트렌드

청소년의 미래가 대한민국의 미래다

청소년에게 미래가 없다면 국가의 번영도, 국민 행복도 담보되지 않는다. 그러나 그런 미래는 절로 만들어지지 않는다. 즉 우리의 자랑스러운 청소년들이 곧 닥쳐올 미래에 대해 어떤 꿈을 꾸고, 어떻게 준비하느냐에 따라서 국가의 미래와 우리 청소년 여러분에게 미래가 걸려 있다.

그런 미래에 대해 우리 청소년들은 자신의 가치관에 진지하고 심각하게 질문하고 고민해 보았는가? 필자의 이런 질문에 물론 '그렇다'라고 할 수 있는 청소년들도 많다. 그러나 '글쎄요' 또는 '아니요'라고 답할 수밖에 없는 현실도 부정할 수 없다. 그렇다면 '글쎄요' 또는 '아니요'라고 답한 청소년들은 이번 기회에 '나는 누구인가? (Who am I?)'라고 꼭 거울을 보면서 자신을 향해 이런 질문을 한번 해보라고 권하고 싶다. 그 이유는 이런 질문에 스스로 명쾌하게 답할 수 있어야 하기 때문이다.

하지만 막상 거울 앞에서 자신을 향해 '나는 누구인가'라고 물었을 때 쉽게 답할 수 없음에 대부분 놀라지 않을 수 없다. 과거 필자도 그랬다. 앞으로 청소년 여러분들은 이에 분명하게 답할 수 있어야 한다. 그래야 목표를 갖고 21세기 자신의 미래를 향해 전진해갈 수 있고 미래 사회에서 당당한 주역이 될 수 있기 때문이다.

부모님의 세대(X,Y)를 절대 믿지 말라

무엇보다도 야속하게 들릴지는 모르지만 "절대 아버지 세대를 믿지 말라"고 말하고 싶다. 아버지 세대는 제2차 산업과 제3차 산업에 있어서 과거의 주역일 뿐이다. 그러나 이제는 제4차 산업의 시대이다. 아버지 세대는 제4차, 제5차 산업을 책임질만한 여건과 환경이 아니다. 또 문화적 능력도 따르지 못하고 있다. 이제 당면한 제4차 산업의 주역은 바로 지금의 그대들(MZ세대)이기 때문이다. 미래 사회는 청소년 여러분들이 직접 책임지고 문명 창달을 하고, 국가를 번영시키고, 여러분들의 행복도 스스로 책임지고 쟁취해가야 할 날들이다.

이렇게 막중한 미래세대를 준비하고 21세기를 살아갈 그대들에게 현대의 기성세대들은 마냥 불신과 미덥지 않은 시선과 인식으로 지금의 여러분들을 바라보고 있다. 요즘의 젊은 사람들은 "나약해서, 몰라서, 좀 더 노력해야 한다."라는 그런 식의 인식과 전형적인 자기 계발적 마인드로 접근하도록 강요하고 있다.

또 "요즘 젊은이들은 도전정신도 없고, 편한 것만 찾고, 대기업만 들어가려고 하고 중소기업은 우습게 본다."라고 딱 하기 좋은 소리만 한다. 모든 것이 개인의 성향이나 노력의 부족을 탓할 뿐 현 기성세대와 사회의 구조적 문제에는 애써 눈을 감는다.

간단히 말해서 "너는 왜 꿈이 없니! 너 참 나약하구나! 용기를 내면 좋겠구나!" 그리고 "넌 교육을 통해 좀 더 실력을 쌓아야겠구나."가 아니라 "왜 우리의 청년과 청소년들은 꿈이 없지?" 하고 질책을 한다. 왜, 꿈이 없는지, 왜 꿈이 없을 수밖에 없는지에 대한 고민은 별로 하지 않는다.

그것은 왜 그럴까? 그것은 기성세대들이 지금까지 살아온 삶의 방식과 관습 그리고 조급함 때문이다. 사실 제2차, 제3차 산업 시대의 기성세대들은 빨리 빨리에 길들고 익숙한 삶을 살았다. 그런 덕분에 전쟁의 폐허에서 살기 좋은 국가로 발전시켰다. 그때는 토요일, 일요일도 없이 일했다. 그 덕분에 현재의 국가 경제와 산업이 후진국에서 선진국의 문턱까지 발전했다. 하지만 그것은 절로 이루어진 것은 아니다. 그 많은 과정에서 흘린 산업의 역군들에 피나는 희생과 땀방울이 있었기에 가능했던 일이다.

하지만 이제는 시대가 180도 변했다. 과거의 가치와 기준으로 현재의 가치를 재단할 때가 아니다. 미래의 가치로 새롭게 인식의 폭을 확대해야 한다. 과거의 방식과 조급함을 이제는 버려야 한다. 현대문명 사회의 다양한 가치들과 환경 속에서 지금의 밀레니얼 세대는 새로운 미래를 위해 꿈을 꾸고 있다. 그 과거의 인식과 현재의 인식에서 아직 치밀하게 전환되지 못한 오류의 의식과 현상이 기성세대와 미래의 세대 간에 세대 차이와 오류는 불가피하다. 그런 과정에서 지금의 청소년들이 다양한 꿈을 꿀 수 없게 된 원인과 요소가 무엇인지를 함께 고민하는 관점에서 바라봐야 한다.

앞으로 21세기 미래 사회에서는 산업구조의 변화와 인구구조의 변화가 극심하게 전개될 전망이다. 그런 것을 고려할 때 지금의 우리 사회는 과거 산업기반의 사회에서 향후 지식기반 사회로 빠르게 이동하고 변화하고 있다.

따라서 우리 청소년들이 이러한 변화에 능동적으로 대처할 수 있는 환경조성을 지금의 기성세대가 조속히 준비해주어야 한다. 이러한 청소년의 환경변화에 큰 영향을 주는 사회변화로는 인구변화와 가족 구성의 변화, 고등교육의 대중화, 정치적·경제적·문화적·사회적 그리고 글로벌 시대의 급변적 환경이다. 따라서 이렇게 급속한 변화에 대응할 수 있는 청소년 자신들은 물론 정부의 교육정책에 개혁도 시급히 요구되는 상황이다. 또 새로운 지식과 정보를 지속해서 획득할 수 있는 IT 세대를 위한 교육의 확장과 방법도 마련되어야 하지 않을까?

밀레니얼 Z세대의 가치관과 트렌드

미래소비의 주역으로 떠오른 밀레니얼과 Z세대의 가치관, 관계, 사회 인식, 콘텐츠, 소비를 대표하는 다섯 가지 키워드를 중심으로 앞으로의 변화를 예측해보자. 밀레니얼과 Z세대의 마이크로 트렌드가 사회 전반에 영향력을 미치는 주류 트렌드로 진화하고 있다. 따라서 밀레니얼과 Z세대의 가치관, 관계, 사회 인식, 콘텐츠, 소비를 대표하는 다섯 가지 키워드를 중심으로 트렌드 변화의 흐름을 간단히 정리한 내용이다.

첫째는 '다만추 세대'이다.

이 '다만추 세대'는 자신을 둘러싼 환경에서 자유롭게 다양한 삶을 만나며 자신의 가능성을 찾아 자유롭게 확장해가는 성향을 보인다. 그들은 나와 같은, 혹은 다른 삶을 엿보기에 호기심이 많다. 그 구체적 내용으로는 '틀린 길은 없다', '본격 마이웨이의 시대', '다다익선의 삶', '다양한 가능성에 도전'과 같은 것에 관심과 가치를 두고 변화의 흐름을 추구하고 있다.

둘째는 '후렌드'이다.

친구의 개념이 바뀌고 있다. 그 특징이 온라인에서 누구와도 서슴없이 친구가 되고 있지만 찐한 관계보다는 오히려 휘발되는 관계를 선호하고 부담을 갖지 않는 경향이다. 그러한 친구 관계의 배경에는 "인싸 되기, 어렵지 않아요!"라는 마음이다. 연결하고는 싶지만 그렇다고 자신을 드러내긴 싫은 마음이 함께 작용하기 때문이다. 이것은 심리학적으로 해석하면 '불가원 불가근'과 같은 맥락이다. 따라서 마음의 부담을 갖지 않으려는 태도이다.

셋째는 '선취력'이다.

이는 남보다 먼저 행동해서 선한 변화를 끌어내려는 사회적 관심의 태도이다. 사회에 관심이 많은 '요즘 젊은 세대'들은 1g의 작은 참여라도 실천하고 함께 뭉쳐서 사회적 새로운 큰 변화를 이루고자 한다. 그것은 기존의 우리 사회가 변화하지 않고는 아무것도 이룰 수 없다는 절박한 의식의 발로이기도 하다.

넷째는 '판 플레이'이다.

이 판 플레이는 대중의 공감대를 형성하고 사회적 가치를 찾아내는 장치이다. 참여할 수 있는 '판'을 열고 놀다 보면 함께 공감하고 동질성을 발견할 수 있다. 그런 사회적 활동은 '쉽게', '재미있게' 판을 찾고 판을 여는 세대로서 내가 놀 건, 내가 만든다는 적극적이고 진취적인 삶의 방식이다. 그런 방식을 통해서 자신이 추구하는 삶의 가치관에 구현을 위해서는 매우 좋은 방식의 의식이다.

다섯째는 '클라우드 소비'의 의식이다.

이 '클라우드 소비'의 방식과 의식은 기존의 소비의식과 개념의 가치를 새롭게 변화시키는 의식의 패턴이다. 기존의 전통적 소비의식은 완전한 소유의 개념이라 할 수 있다. 그러므로 과잉수요와 과잉공급의 불균형을 초래할 수 있다.

그렇다면 이 클라우드 소비는 소유보다 공유로 소비의 밸런스를 합리화하고 과잉을 막는 매우 좋은 소비방식이다. 밸런스 소비와 소유 공유로 새로운 소비문화를 통해 각자의 '소라밸(소비를 통한 워라밸)'이 주는 행복감을 성취하려는 태도와 의식이다. 이를 통해 삶의 질을 새롭게 정의하는 트렌드 가치의 변화는 미래의 시대성에도 매우 부합하는 소비행태로 자리잡을 것이 분명하다.

이처럼 MZ세대가 추구하는 가치관과 사회적 트렌드는 다양한 방법과 의식으로 시도되고 있다. 2017년, MZ세대는 자신의 행동과 힘으로 사회를 바꾸는 경험을 했다. 또 정의로운 사회를 꿈꾸며 소신의 태클을 거는 '화이트 불편러(사회정의를 이끄는 사람)'로서, 그리고 작은 이슈에도 목소리를 내고 일상에서도 소신을 표현하는 '소피커(작은 소리)'로서 꾸준히 선한 영향력을 미쳐왔다. 이런 MZ세대의 지속적인 소신 표현으로 우리 사회의 도덕, 정의, 공정에 대한 사회의 기본값은 많이 높아졌음을 알 수 있다.

　이런 것이 밀레니얼 세대가 미래를 향해 추구하는 새로운 가치관과 트렌드의 변화이다. 이제 밀레니얼과 Z세대는 21세기 미래 사회의 주역으로서 당당히 삶의 영역을 확장해가야 한다.

Z세대, 그들은 누구인가?

　Z세대는 X세대와 Y세대의 뒤를 잇는 세대로 1995년 이후 출생한 청년과 청소년이다. 2000년대 초반 정보화시대가 열리면서 유년 시절부터 인터넷 등 디지털 환경에서 자란 세대이다. 이들은 미래 우리 사회를 짊어질 주역들로 '디지털 네이티브' (Digital native), 디지털 환경에 아주 익숙한 세대들이다. 그들은 신기술에 익숙할 뿐 아니라 소비 활동에도 이를 적극적으로 활용하며 소셜미디어도 능수능란하다.

　특히 이들은 결혼과 출산에 대한 인식은 충격적이다. 65.5%가 결혼은 안 해도 된다는 생각이다. 부모세대인 X세대도 결혼에 부정적인 응답이 54%인데 그에 비하면 매우 큰 차이가 있다. 또 76%가 '노키즈'를 원하는데 여성은 89%, 남성은 60.2%가 출산에 대한 부정적 생각을 하고 있다. 차라리 결혼하지 않고 동거하는 게 낫다고 생각하는 편이다.

　10명 중 7명은 "헬조선"이라고 이구동성 응답이다. 헬조선은 '지옥'을 뜻하는 헬(hell)과 '조선시대'의 합성어다. 이는 대한민국은 전혀 희망이 없는 지옥이라고 생각하는 버거운 현실에 대한 불만으로 드러난 말이다.

그것은 직장 생활에서 돈을 모아 집 장만하고 결혼자금 마련이 쉽지 않기 때문이다. 이들은 부모세대처럼 돈을 안 쓰고 모아서 저축하기보다 자신을 위한 취미 생활에 더 아낌없이 투자한다. 하지만 2020년, 지금 밀레니얼 Z세대가 주목받는 이유는 왜일까?

그들에게는 몇 가지의 특징적 트랜드가 있다.

첫째, '마이싸이더'이다. 이는 각자 내 안에 기준을 세우고 따른다는 뜻이다. 사회가 말하는 '성공하는 삶' 같은 것에서 벗어난다는 것이다. 이것은 그 안에서 새로운 가치를 찾고 발견한 이들이 서로의 가치를 인정해주는 사회적 분위기에서 나온 새로운 가치관이다.

둘째, '실감세대'이다. 이 실감세대는 오감을 만족시키는 현실 같은 감각을 가진 사람들이다. 그래서 직접 만지고 보고 경험하는 서비스에 새로운 자극을 느끼며 경험을 끊임없이 추구하는 세대이다.

셋째, '팔로인'이다. 이 팔로인은 검색보다 신뢰할 수 있는 그들의 경험이다. 이는 유튜버와 같은 인플루언서들이 제공하는 실제 후기들이 계속해서 지지를 받으며 스스로가 인플루언서로서 가지고 있는 정보를 제공하고 이를 서로가 실시간으로 교환하는 팔로인 문화로 진화하고 있다.

넷째, '소피커'이다. 이 소피커는 자신의 소신을 말하는 것이다. Z세대들은 자신의 적극적인 참여와 관심으로 더욱 나은 세상을 만들기 위한 열정을 가지고 있다. 그러한 가치관은 Z세대를 움직이는 하나의 원동력이 되어 주고 있다. 또 소통이 편리한 SNS와 각종 온라인 커뮤니티와 오프라인을 통해서도 끊임없이 세상과 소통하고 있다.

다섯째, '가치관'이다. 이들은 취향이나 가치관을 중심으로 가볍게 모인다. 소속보다는 좋아하는 취향으로 자신을 나타내고 타인을 이해하려고 한다. 그것을 매개체로 이용하기 때문에 음악 영화 등의 서비스를 제공하는 플랫폼은 이러한 가치관의 키워드를 이용해 소비자의 만족을 충족하고 있다.

이밖에도 밀레니얼 세대는 스스로 통제권을 갖고 싶어 한다. 또 자신과 연관시키는 개인화를 추구하고 개인의 성장을 중시한다. 나이와 직급이 생략된 수평적 사고와 수평적 의사소통 방식으로 존중하는 태도에 익숙하다.

이처럼 사회가 정한 기준에서 벗어나 나름대로 가치관을 가지고 소신껏 자신을 표현하는 Z세대들에 특징을 잘 이해하고 받아들일 필요가 있다. 이는 미래의 주역이 될 그들에게는 매우 중요한 문제이기 때문이다.

청소년기 자아 정체성의 정립

청소년기에 '나는 누구인가? (Who am I?)', ' 나는 어떻게 살아야 하는가? (How should I live?)', ' 나는 장차 어떤 사람이 될까? (Who will I be in the future?)' 등 자신에 대해 여러 가지 회의하고 의문을 가져야 한다. 하지만 청소년은 이와 같은 물음에 대한 답을 찾아가는 과정에서 자아 정체성을 제대로 형성하지 못한다.

자아 정체성(identity)이란? 스스로 생각하는 자신만의 특성이 남과는 다른 나만의 모습이 나의 정체성이다. 즉, 자신의 욕구, 능력, 성격 등에 대해 정확히 알고, 이를 통해 자신이 다른 사람과 구별되는 독특한 존재라는 것을 인식하는 마음가짐이다.

특히 청소년기는 각자의 미래를 하나하나 준비해야 하는 시기이다. 이런 시기에 자아 정체성을 어떻게 확립하였는가에 따라 장래 자신의 삶에 많은 영향을 미치게 된다. 따라서 자신에 대한 꾸준한 탐색을 통해 자신을 바르게 인식하고 새로운 가능성을 발견하면서 미래의 삶을 의미 있게 설계해 나가는 마음가짐과 태도가 중요하다.

자아 정체성을 바르게 형성한 청소년의 경우 다음과 같은 특징이 있다.

- 삶의 가치와 목표가 뚜렷하다.
- 자신감과 용기가 있다.
- 변화하는 환경에 적응력이 뛰어나고 잡다한 유혹에 휩쓸리지 않는다.

■ 긍정적인 자아 정체성의 형성 내용과 과정

청소년기에 '나는 누구인가?'에 대한 답을 찾아가는 것은 미래의 인생을 준비하기 위한 노력의 과정이다. 이때 자신의 모습을 긍정적으로 바라보는 태도가 중요하다. 자아 존중감이란 자신을 소중히 여기는 마음이다. 이는 자신에 대한 긍지와 믿음, 자신감이다. 청소년기에는 이러한 자아 존중감을 바탕으로 긍정적인 자아 정체성을 형성해야 한다.

다음은 자신에 대해 긍정적으로 평가하는 태도이다. 이것은 반드시 자신이 유능하거나 남들보다 뛰어나야 한다는 것이 아니라 현재의 자신을 있는 그대로 인정하고 존중하는 자세이다. 그리고 자신을 있는 그대로 받아들이고, 자신만의 능력과 특성을 소중히 여기며, 스스로 가치 있는 존재임을 인정하는 태도이다. 그렇게 함으로써 긍정적인 자아 정체성이 형성된다.

■ 긍정적인 자아 정체성을 형성하는 방법

- 자신을 있는 그대로 받아들이고 소중하게 여긴다.
- 자신의 소임과 역할과 책임에 최선을 다한다.
- 합리적이고 원만한 대인 관계를 유지한다.
- 자신의 미래 모습을 그려보고 그것을 이루기 위해 노력한다.
- 신뢰와 열린 마음으로 다른 사람의 조언과 충고에 귀 기울인다.
- 목적과 목표를 세우고 끈질긴 각오로 노력한다.
- 자신의 재능을 배양하고 실력을 키운다.

■ 자신만의 삶에 무대를 넓히고 영역을 확장하라

청소년들이여! 그대들은 머지않은 시간에 곧 청소년에서 청년이 된다. 청년은 곧 성년으로서 우리 사회의 구성원으로 진출하고 재편되는 때이다. 청소년의 긴 시간 속에서 얼마나 많은 시간 고뇌하고, 분노하면서 울분을 삭였던가? 치열한 경쟁의 틈바구니에서 한시도 마음 편한 꿈을 꾸지 못했을 거다. 하지만 그것은 오직 하나 남보다 더 앞서가고 최고가 되기 위한 목적 때문이었다.

그런데 지금 그대들은 최고도 아니요, 일등도 아니다. 최고나 일등은 아주 극소수에 불과할 수밖에 없다. 그리고 대다수는 그냥 평범한 한 청소년에 불과하다. 많은 시간과 싸우면서 머리 터지게 공부를 했지만 영 공부엔 재능도 없고, 자신도 없다는 생각이 자꾸 들어간다. 그리고 이제 청년이 될 시간이 얼마 남지 않았다는 것도 알고 있다.

그런데 마음은 자꾸 불안하고 초조해진다. 그것은 미래에 대한 불확실성과 절망 때문이다. 하지만 그렇다고 너무 초조해하거나 미리 절망할 필요는 없다. 왜냐? 아직 청소년 여러분들에게는 반짝반짝 빛나는 '미래의 희망'이 있기 때문이다.

청소년은 가능성의 존재다

청소년은 무한한 가능성의 존재이다. 가능성은 플러스와 마이너스, 긍정과 부정, 희망과 절망을 모두 가슴 속 깊이 동시에 품고 있다. 따라서 청소년 여러분들은 자신의 미래에 어떻게 대처하느냐에 따라서 긍정과 희망의 빛으로 들어가기도 하고, 부정과 절망의 어둠으로 들어가기도 한다. 하지만 대부분에 청소년은 긍정의 선택과 희망 속으로 힘차게 미래를 향해 돌진하여 나간다.

"세상은 넓고 할 일은 많다."라는 이 말은 꽤 유명한 말이다. 1989년 당시 대우그룹 회장 김우중은 《세상은 넓고 할 일은 많다》라는 자전 에세이를 출간하여 밀리언셀러를 기록한 책이다. 김우중 회장은 평범한 샐러리맨 출신으로 시작해서 1967년 대우실업을 창업한 후 30년 만에 재계 2위의 대기업으로 성장시킨 전설적 인물이다.

특히 이 책에는 국제화 시대의 주역이 되는 이 땅의 젊은이와 청년들(아버지 세대)에게 삶의 교훈과 인생철학이 담긴 내용이 많이 들어있었다. 그 때문에 국내 최초 단행본 밀리언셀러를 기록하고 청소년 권장도서, 문화관광부 선정 추천도서, 우수도서로 추천되었던 책이다.

국내 5대 그룹의 하나인 대우그룹. 그 거대 기업이 지금은 사라졌다. 하지만 처음에는 5명으로 출발한 아주 작은 소기업이다. 하지만 탁월한 비즈니스와 열정으로 능력을 발휘했다. 소유주라기보다는 전문 경영인의 자세로 해외시장 개척에 뜨거운 열정과 적극성으로 나서서 대우그룹을 세계적 기업으로 일궈 큰 성공을 거둔 소유주였다. 하지만 김우중 회장은 IMF를 극복하지 못하고 공중분해 되었다. 하지만 지금까지도 경영능력만큼은 여전히 해외에서 인정받았다. 그 계열사들은 우수한 기술력과 브랜드 가치를 인정받고 있다. 기업경영의 전설 김우중 회장의 성공과 몰락은 별개로 그의 저서 『세상은 넓고 할 일은 많다』가 주는 메시지와 감동은 너무 컸다.

그는 책에서 "아무도 가지 않는 곳에 가서 개척자가 돼라. 참된 인생은 개척의 길이다. 아무도 하지 않는 일을 해야 한다."라고 강조했다. 그런 도전정신과 개척정신에서 창조적, 적극적, 긍정적으로 역사의 주인공이 될 수 있도록 젊음의 가능성을 안고 이 시대의 젊음과 청춘들은 미래에 도전해야 한다는 메시지가 들어있다. 청년이나 청소년이 이상을 갖고 있지 않다는 것은 정신적 자살이나 다름없다. 그 때문에 우리의 청년이나 청소년들은 자기 인생의 소중한 꿈을 꾸고 반드시 간직해야 한다.

그러나 이처럼 꿈과 이상을 품고, 자신의 정체성을 정립하고, 뚜렷한 목적과 목표의식을 확립했더라도 21세기 문명사회에서 차질 없는 자신의 미래 비전을 갖기 위해서는 자신의 삶에 무대를 넓히고 영역을 확장해 나가는 노력이 선행되어야 한다.

웅덩이같이 제한된 영역은 빨리 탈출하라

21세기 밀레니얼 세대가 살아갈 미래 사회에서는 과거 70~80년대처럼 우물 안 개구리로는 절대 성공할 수 없다. 세상이 얼마나 넓은지 알 수가 없고, 할 일이 얼마나 많은지 모른다. 그대들의 삶에 무대는 과거 조선반도가 아닌 바야흐로 글로벌 국제무대라고 할 수 있는 하늘과 땅 지구촌 곳곳이 그대들이 살아갈 삶의 무대다.

오대양 육대주 땅이든, 하늘이든, 바다이든, 우주이든, 아니면 가상공간이든 이 모든 공간이 미래 사회의 주역인 청소년들이 살아갈 삶의 공간이다. 하지만 중요한 것은 자신의 삶이 그 어디이든 전쟁터 같은 문명의 소용돌이에서 휘말리지 않고 살아남을 수 있어야 한다. 그러기 위해서는 일단 우물 안이나, 웅덩이같이 작고 제한된 영역에서는 빨리 탈출하는 것이 중요하다. 그리고 다양한 경험과 체험으로 살아감에 기술을 빨리 체득해야 한다.

요즘 우리 한국사회의 청년들이 겪고 있는 취업경쟁의 어려움이 미래의 주역인 지금 청소년에까지 대물림되고 더 어려워질까 염려스럽다. 이럴 때일수록 국제적 다양한 경험을 갖는 것이 중요하다. 그럼 이런 경험을 원하는 이유가 뭘까? 여러 가지 이유가 있겠지만 냉혹하고 냉정한 국제무대에서 경험은 또 하나의 살아남는 방법과 기술일 수 있다. 반드시 태어난 한국에서 살아야만 나라를 위하고 애국하는 것은 아니다. 다양한 방법으로 국제무대에서 얼마든지 나라를 위한 국위 선양을 할 수 있다.

국제적 경험과 감각을 익히자

국제무대에서 경험과 감각은 매우 중요하다. 경험과 감각을 쌓는 방법에서 먼저 문화를 이해하는 태도와 자세가 중요하다. 그다음이 전문지식이다. 첫째, 국제적 경험의 장점은 제일 먼저 '소통의 능력'이다. 언어가 다르고, 문화가 다르고, 사상과 철학이 다른 인종들과 내가 어떻게 소통하고 삶의 가치를 공감할 수 있는가에 대한 공통분모를 찾아야 한다. 그러려면 무엇보다도 소통이 중요하다. 이런 소통은 비즈니스뿐만이 아니라 삶의 모든 분야에서 제일 중요한 기술이다.

인종과 국경 그리고 문화를 넘어 다양하게 얽혀 연결된 세상에서 다른 문화와 타인을 신경 쓰지 않고 혼자 힘으로 성공할 수 있는 사람은 이 세상에 그리 많지 않다. 따라서 솔선하는 소통과 협력의 자세가 중요하다. 우리가 살아가는 데 있어서 소통은 가장 기본적인 기술의 하나이다. 하지만 소통을 잘 모르는 사람이 의외로 너무 많다. 이럴 때 외국에서 사는 것은 다른 나라의 이질적 문화와 언어의 장벽을 뚫고 소통의 능력을 키우기 위한 좋은 환경과 방법이 될 수 있다.

둘째, 다음은 '글로벌 노하우'이다. 외국에서 일하다 보면 현지 문화와 비즈니스 환경에 대한 많은 정보를 얻을 수 있다. 개인의 경험에서 배운 것과 한국의 비즈니스 문화에 대해서 배운 것과 비교하면 좀 더 정확한 내용이 많은 도움이 될 것이다. 이러한 경험은 좀 더 비즈니스 문화를 깊고 폭넓게 그리고 미묘한 특징을 파악할 수 있는 절호의 계기가 된다.

세 번째는 '다양한 네트워크'이다. 현대사회에서 비즈니스란 네트워크가 전부라 해도 과언이 아니다. 특히 글로벌 네트워크를 확장하는 데 있어서 외국에서 살 수 있는 환경이라면 이보다 더 좋은 방법은 없다. 그런 국제사회의 네트워크를 활용해서 다양한 대상의 사람을 만나는 것은 사회생활에서 가장 소중한 경험과 힘이 될 것이다. 이러한 경험들은 네트워크를 통해서 개인의 차원을 넘어 국가와 사업별 정보를 쉽고 정확하게 얻을 수 있다. 다국적 기업에서 일하려면 이런 네트워크의 장점은 자신의 강점이 될 것이 분명하다.

네 번째는 '자기 발전의 기회'이다. 나의 발전에 국제적 경험은 매우 큰 영향을 끼칠 수 있다. 그것은 자기 발전이 해외 경험에서 얻을 수 있는 가장 큰 장점이다. 외국에서 살려면 새로운 환경에 빨리 적응해야 한다. 이것은 비즈니스에서도 꼭 필요한 능력이다. 현대사회를 우리는 지구촌이라고 한다. 따라서 이제 미래 사회의 주역들은 꼭 내 나라에서만 살려고 고집할 필요는 없다. 또 우리나라도 마찬가지다. 이미 한국 사회도 다문화가정으로 인해 다민족 사회로의 확대가 진행된 지도 오래다.

살아남을 힘과 능력은 절로 만들어지지 않는다

미래 사회는 모든 분야에서 점점 경계가 축소되거나 없어진다. 특히 현대인의 일상에 근간이랄 수 있는 정치, 경제, 사회, 문화가 모두 그렇다. 나라마다 정보를 공유하고 협력하며 윈윈(win-win)의 전략 체제로 가려고 한다. 그리고 언제 어디를 가서 살던 세상은 넓고 할 일은 많다. 조국과 민족을 위해 일할 수도 있고, 자기의 이상과 꿈을 찾아 삶과 행복의 가치를 실현할 수 있다.

그러기 위해서는 어디서든 살아남을 힘과 능력을 키우는 것이 매우 중요하다. 그중의 하나가 바로 자기의 삶에 영역과 경험을 확장해가는 지혜이다. 그런 것이 자기의 미래 비전을 준비하고 실행시켜가는 좋은 기회가 될 것이라 확신한다.

  앞으로 우리 청소년들이 곧 학업을 마치고 사회의 구성원이 되어 각자 뜻하고 있는 어떤 일을 하게 된다. 그때 수많은 선택과 수많은 결정을 스스로 해야 한다. 그때마다 많은 고민과 망설임이 있게 될 것이다. 그런 망설임의 이유가 현재 상황과 비교되고 "잘할 수 있을까? 잘 해낼 수 있을까? 혹은 성공할 수 있을까?"란 두려움이 생길 수 있다.

  만일 그런 생각이 들면 그런 사람은 그 일을 재고할 필요가 있다. 아니 좀 더 정확히 말하면 "하면 안 된다."라고 충고하고 싶다. 왜냐? 그것은 자기가 진짜 좋아하는 일이 아니라는 방증이기도 하다. 그래서 요리 재고, 조리 재고 망설이게 된다. 그러나 자기가 진짜 좋아하는 일이면 그런 계산을 할 시간이 필요 없다. 이미 좋아하고 있어서 상당 부분 하고자 하는 일에 분석이나 판단이 끝났다고 보아야 한다. 그런 일이라면 모든 열정과 정열을 쏟아 최선을 다한다고 하면 최소한 절반은 성공이 보장된 것이나 마찬가지라 할 수 있다. 따라서 직업은 자신이 무엇을 좋아하고 잘하는지 정확히 따져봐야 할 일이다.

  우리 청소년들은 아직 오지도 않은 미래의 희망과 막연한 불안감을 안고 마냥 망설이고만 있을 시간이 없다. 차라리 그렇게 망설이고 있을 시간에 매우 이기적이고 치열하게 본인이 좋아하는 것이 무엇인지 따져봐야 한다. 그리고 다시 미래를 준비해야 한다. 그랬을 때 먼 장래에 본인이 행복할 수 있고 자기의 일과 삶을 성공적으로 잘 살아갈 수 있지 않을까?

능동적 변화만이 미래로 가는 지름길

급변의 시대에 중심 잡기

현대사회는 문명과 문화의 '급변 시대'라고 할 수 있다. 자고 나면 하루가 멀다고 세상이 바뀐다. 교육환경이 바뀌고, 기업경영의 여건이 바뀌고, 문화가 바뀌고, 정치지형이 바뀌고, 지역경제가 바뀌고, 우리 부모님들에 가정경제가 바뀌고, 사회가 바뀌고, 의식이 바뀌고, 글로벌 환경이 바뀌고, 미래 사회의 트렌드가 바뀌고 등등 세상은 숨 가쁘게 바뀌어 간다.

이렇게 모든 것이 급변하는 시대엔 미래에 대한 전망이나 예측도 불가능하고 불확실한 것이 사실이다. 특히 우리 청소년들에게 있어서 이런 불확실성과 예측 불가능은 미래의 전망을 더욱 어렵고 어둡게 만든다. 하지만 변화(change)는 긍정의 힘이다. 부정의 상황에서 긍정의 상황으로 문제의 방향성을 모색해 가는 과정이다.

 이렇게 현실 속에서 일어나는 변화는 긍정의 힘이다. 따라서 변화는 미래의 희망이 아닐 수 없다. 미래의 희망은 나의 행복이고, 우리 모두의 행복이다. 특히 우리 청소년들에게는 이런 변화의 거센 파도와 소용돌이 속에서 어떻게 휩쓸리지 않고 중심을 잘 잡고 파도타기를 할 수 있을까. 그런 고민이 필요한 때이다.

 그러나 그 시대의 변화, 세상의 변화에서 나와 우리는 과연 어떻게 능동적으로 대처하고 또 무엇을 준비하고 있는가? 물론 많은 사람이 세상의 많은 변화 속에 살고 있다. 하지만 그 변화에 적절히 대응하고 있는가를 물었을 때 '그렇다'라기보다는 '그렇지 못하다'가 지배적이다.

 그럼 그런 변화는 왜 오는가? 그리고 그러한 변화는 어떤 결과를 만들어 가는가? 인류의 역사는 변천의 역사이다. 그런 변천과 변화를 통해서 보다 나은 미래를 추구하기 때문이다. 그러한 변화의 노력이 문명을 창달하게 한다. 따라서 지금의 청소년들은 미래 사회의 문명을 창달할 주역이다. 그런 주역이 스스로 변화하지 않고, 시대의 변화에 능동적이지 못하면 그것은 진정한 삶의 레이스를 펼칠 수 없다.

 진정한 변화는 '지금의 나를 버리는 것에서 시작이다.'라고 생각한다. 고대 그리스 로마의 시인이면서 철학자인 루크레티우스는 변화에 대하여 이렇게 말했다. "변화하는 것은 모두

분해된다. 그러므로 그것은 소멸한다. 우리는 마음으로부터 지우고 소멸시켜야 할 것들이 많은데 변화되지 못함으로 소멸이 안 된다."라고 했다.

불가에서는 기도와 참선법으로 잡념을 지우고 '업장소멸(業障掃滅)'을 한다. 지금의 나를 버리지 않고 나를 변화시키겠다고 고집하는 것은 변화에 대한 의지가 없다는 것과 같다. 나의 잡다한 의식을 완전히 분해하고 소각해버릴 때 새로움의 나를 발견하고 새로이 변화되고 창조되어갈 여지가 생긴다.

또 톨스토이는 "인간의 삶에 변화가 생기는 것은 당연하다. 그러나 인간은 그 변화를 어디까지나 외적 조건의 소산이 되게 하지 말고, 영(靈)의 소산이 되게 해야 한다."라고 하였다. 그렇다. 그것은 그 변화의 외적 요인과 내 안의 내적 요인과의 작용에서 중화(中和)[1]를 이루지 못했기 때문이다.

물은 변화의 귀재, 물의 속성을 닮자

땅 위에 존재하는 자연 만물 중에서 가장 잘 변화하는 변화의 귀재는 물이다. 또 변화의 학문적 이론으로는 고전 중용에서 말하는 '중화(中和)'가 변화의 가장 대표적인 학문이론이다. 중화(中和)는 물이 계곡을 따라 자연스럽게 변화하며 흘러가는 현상과 작용에 가장 적합한 뜻이다.

물은 높은 데서 낮은 곳을 향해 흐른다. 지형의 모양에 따라 넓어지기도 하고 좁아지기도 한다. 굽은 곳은 굽어 흐르고 곧은 곳은 곧게 흐른다. 가다가 막힘이 있으면 때를 기다릴 줄 아는 인내도 있다. 그런 과정과 중화의 작용을 통해서 결국은 강의 모습으로, 바다의 모습으로 끝없이 변화하고 또 변화한다.

이처럼 중화(中和)는 '숲속의 바람이 자연스럽게 일어 자연의 숨결과 맥박이 함께 동화를 이루고 생장하며 변화하는 자연현상과 같다. 바람은 자연 만물에 생기를 불어넣고, 싱그러운 잎을 돋게 하고, 아름다운 형형색색의 꽃을 피우고, 향기를 피워내는 것과 같고 이를 상호관계의 변화적 작용'이라 할 수 있다.

'살아 있는 모든 것은 한곳에 머물러 있지 않고 움직이면서 변화한다. 우리가 기대고 있는 이 지구도 우주라는 공간에서 늘 살아 움직이고 있다. 변화하는 과정에 생명이 깃들고, 변화의 과정을 통해 우주의 신비와 삶의 묘미가 전개된다. 만일 변함이 없이 한 자리에 고정되어 있다면 그것은 곧 숨이 멎은 죽음이다.'[2]라는 말씀처럼 변화는 살아 있는 모든 생명의 활력이고 과정의 증거다. 인간으로서 변화하지 않는 삶은 희망도 행복도 없다는 의미이다.

중화는 끝없이 변화하고 또 변화(change & change)하는 작용의 메커니즘적 현상이다. 중화는 흐르는 물처럼 환경과 작용의 변동 속에서 가장 안정된 경지를 찾아 움직인다. 그것은 순환작용과 수수작용의 원리이다. 이런 중화의 현상은 우리의 일상과 현실 속에서도 항시 나타나게 되는 몸과 마음의 작용이다.

그런데 현대사회의 인류는 언제부터인가 나의 정체성과 존재의 의식으로부터 발현되는 '중화'를 잃어버렸다. 재화의 풍요가 범람하는 문명의 소용돌이 속에서 중화의 작용은 멈추고 지혜의 눈도 잃었다. 하지만 우리 미래 사회의 주역인 밀레니얼 세대는 이 찬란한 과학 문명의 시대가 잃어버린 정신문명을 반드시 되찾아야 한다. 그리고 다시 좌우, 상하에 합리적 작용이 나의 내적 요인과 외적 요인의 중화(中和)를 거쳐 합리적 또는 최적의 변화가 현실에서 이루어지도록 지금부터 미래를 준비해야 한다. 그럴 때 청소년 여러분에 미래의 궁극적인 삶의 목표를 성취하게 되리라는 생각이다.

나는 시대의 변화에 잘 대응하고 있는가?

그런데 우린 그런 세상의 변화 속에서 그 변화의 작용에 적절히 대응하고 있는가? 그렇지 못한다. 그것은 그 변화의 외적 요인과 나의 내적 요인과의 작용에서 '나의 중심'[3]을 똑바로 보지 못하고 그 중심에 바로 서지 못했기 때문이다. 그러니 중화(中和)를 이루지 못하고 있는 것은 당연하다.

어떤 변화를 이루기 위해 '나의 중심'을 본다는 것은 긍정과 부정의 사이에서 의식의 냉철함으로 좌우를 살피고, 헤아림의 통찰과 포용으로 자신의 정체성을 확립하는 것이다. 그것은 부정적 현상을 바로 보고 긍정적 현상으로 자연스럽게 움직여서 작용케 하는 의식의 출발점이다. 따라서 변화라고 하는 것은 단순히 모양이나 현상의 바뀜이 아니라 긍정으로 지향하려는 원초적 기질이다. 그래서 변화는 긍정의 힘 원동력이라 한다.

이처럼 사람의 자존감이나 행복감도 감정의 변화에서 조성된다. 그럼 이와 같은 감정의 변화는 어디에서 오는가? 그것은 마치 맑고 맑은 인문정신의 우물에서 샘솟아 흘러나오는 청량한 의식의 물이다. 청소년 여러분들에 맑고 맑은 의식이 아니면 투명한 중화를 이룰 수가 없다. 불투명 속에서는 자기의 내적 중심(中心=가운데 마음)을 분별하기가 어렵다. 세속적 관습과 탐욕에 찌든 기성세대의 의식이 이처럼 불투명하다. 그래서 여러 가지 사회적 병리 현상과 문제를 만들어내고 있다.

그것은 다시 말해 일상에서 나타나는 사물과 관계의 상하좌우 현상과 작용을 제대로 분별하고 통찰할 내적 요인이 제대로 조성되지 못하고 있기 때문이다. 이런 상태에서 어떻게 외적 요인에 합리적 대응과 균형을 이룰 수 있을까? 이렇듯 변화란? 단순히 어떤 모양이나 성질 또는 현상의 바뀜을 의미함이 아니다. 즉 변화하되 변화다운 변화, 긍정적 변화로 발현되고 작용하는 것이 진정한 '변화의 가치'이다.

이런 변화의 가치를 동반하지 못한 변화는 '나의 중심'에 의한 '나의 변화'가 아니라 이것은 나의 중심이 없는 나의 변절일 가능성이 크다. 이런 현상과 환경 속에서는 우리 청소년에 미래의 희망과 행복을 기대할 수가 없다.

긍정과 변화는 그냥 만들어지지 않는다

요즘 우리 사회에서 정치 · 경제 · 사회 · 문화적으로 많은 가치관에 오류가 생기고 그로 인한 변화가 요구되고 있다. 그러나 그런 변화의 가치가 그냥 만들어지는 것은 아니다. 우리 사회적 변화(Social change)를 위해서는 먼저 나의 변화(My change)가 이루어져야 하고 나의 변화는 나의 중심(가운데 마음)을 바로 보는 데서 출발한다.

그럼 나의 중심을 바로 보는 의식과 실천은 무엇인가? 그것을 위해서는 미발의 중심이 긍정적 작용을 할 수 있도록 사고의 의식이 좌우상하를 잘 분별하고 그 중심의 위치에서 똑바로 서서 무엇이 길고 짧은지, 무엇이 진하고 흐린 지를 가려 합리적인 방법으로 조성되는 중심점(中心點=中心軸)의 이동 현상이다. 이것이 변화하는 '중화'의 현상이다.

이러한 시대적 변화(Trend change)와 긍정의 변화를 이루기 위해서 우리 사회에서 그 변화의 주체들은 과연 어디에서 무엇을 어떻게 하고 있을까? 피땀 어린 각고의 정신과 열정으로 각각 주어진 분야에서 인류문명 창달에 부합되는 변화에 변화를 얻기 위해 얼마만큼 합리적 '중심'을 지켜가고 있을까. 그 '중심'의 가치가 바로 우리 사회와 국가 부흥을 이루어내는 문명 창달의 가치이다. 그것이 진정한 '균형과 조화'의 중심적 가치이다.

따라서 이런 변화에 시도는 새로운 가치에 대한 창조 정신이 필요하다. 새로운 것의 가치창조는 나의 중심과 혁신적 변화로부터 시작된다. 자기 자신의 중심을 기반으로 변화를 추구하는 사람은 강한 창조적 정신의 소유자이다. 이렇게 창조는 끊임없이 꿈틀대는 변화와 상상의 꿈속에서 만들어진다. 그것은 명사적 고정관념을 깨트리고 동사적 관념으로의 변화된 구체성의 활동영역이다.

지금 우리가 갈구하고 있는 이런 변화의 중심에 과연 나는 당당히 중심을 잘 잡고 동사적이고 능동적으로 동참하고 있는가? 아니면 거센 격랑의 파고 소용돌이 속에 휘말려 '나의 중심'과 균형을 잃고 흔들리고 있지는 않은가 생각해봐야 한다.

이러한 변화는 새로운 변화의 시대정신이라고 해야겠다. 사회적 변혁이란? 어떤 특정 개인의 변화와 개혁이 아니다. 그것은 우리 사회 전체의 열망에 기인한 변화이어야 한다. 그러나 우리 사회의 변혁이 그리 쉬운 것만은 아니다. 이런 변화의 난점을 피해 가는 방법의 하나로는 작은 조직이나, 작은 공동체 운동, 지방자치단체 같은 것들에서 더 효과적일 수 있다. 덩치가 큰 것은 쉽게 개혁이 어렵다. 이렇게 작은 공동체, 작은 지방자치단체에서 먼저 선험적 개혁을 이뤄내는 것이 성공적 변혁이나 개혁을 앞당길 수 있다.

또 하나는 개인의 내적 정신개혁에 의한 것이다. 여기에서 중요한 것은 개인적 변혁과 변화의 가치가 개인의 삶에 대한 고민을 통해 스스로 해결되도록 하는 변혁이다. 이런 문제에 대해 사회적으로 이해하면 사회 전체의 혼란이 줄어든다. 사회적 기능이나 시스템은 개인의 삶을 절대적 영향 아래서 좌지우지한다. 하지만 개인의 삶은 사회적, 경제적 여건과 환경에 의해 직접 결정되는 것은 아니다. 이런 내적인 힘은 우리 청소년들 미래의 삶을 결정하는 또 다른 별개의 요소이다. 그렇다면 후자의 경우가 근원적 변화의 문제를 보다 효과적으로 해결할 방법이기도 하다.

우리 사회의 변화를 꾀함에 있어서 이처럼 사회적 구조는 잘 개선되지 않으려는 두려움과 방어적 기능인 보수화의 모순적 현상이 있다. 그리고 그렇게 누적된 모순이 전체 사회를 바꿀 정도의 변곡점에 이르렀을 때 변화는 급격히 일어난다. 마치 동서 베를린 장벽이 변화의 압력에 무너졌듯이 말이다. 그런 변화가 천천히 일어나면 다행이지만 꼭 그렇지만은 않다. 그 때문에 그런 급격한 변화에 잘 대응하려면 항상 준비된 대안이 있어야 한다.

이때 중요한 것은 누적된 사회적 구조와 모순이 사회적 변화를 끌어낼 정도의 힘을 가지고 있는가? 하는 문제이다. 이것은 어떤 개인의 힘이라기보다는 사회적 구조의 문제이기 때문이다. 이런 문제들을 해결하면서 편향적 사고는 좌우 양단의 공통분모를 만들기 어렵다. 이럴 때 좌우 양단의 합리적 균형을 이루게 하는 것이 '중심적 가치'이다.

우리 사회의 몸통을 이루는 기성세대의 주체는 엘리트 계층이다. 미래 시대의 주역은 바로 청소년이다. 이 젊고 참신한 청소년의 세대가 미래 지향적이고 우리 사회의 변혁에 상징이지만 이들보다 먼저 변화해야 하는 것이 현재의 우리 기성세대이다. 그러나 현재의 기성세대는 변화에 둔감하다. 그 이유는 간단하다. 그것은 과거의 관습에서 쉽게 벗어나지 못하기 때문이다.

그렇다면 미래 사회의 주역인 청소년들로부터 변화할 수밖에 없다. 그러나 변화와 개혁이 지식이나 젊음의 패기와 같은 열정만으로 되지 않는다. 기존 우리 사회의 구조 속에서 사회적 변혁을 꾀한다는 것은 먼저 나 자신이 바뀌지 않고는 불가능하다. 또 현재 우리 사회의 지배적 구조가 기성세대이기 때문이다. 이 기성세대가 우리의 모든 사회적 기능과 권한을 쥐고 있기 때문이다.

그런 의미에서 본다면 현 기성세대는 미래세대를 위해서라도 스스로 내적 변화에 주저하지 말고 미래세대와 소통하고

21세기를 향해 나아갈 방향에 대해 민첩하게 준비해야 한다. 그래야 미래 사회의 주역인 밀레니얼 세대가 스스로 변화의 시대에 부응하고 적응할 환경과 분위기가 조성될 수 있기 때문이다.

하지만 자본주의 사회에서 변화와 변혁은 생각이나 의식만으로 되는 것은 아니다. 거기엔 그런 변화에 움직임과 작용에 필요한 사회적 비용이 들게 마련이다. 그런 모든 사회적 비용을 감당할 능력은 기성세대의 경제력과 삶의 노하우에 있다. 그 때문에 기성세대가 변화의 선봉에서 정치, 경제, 사회, 문화의 변혁을 끊임없이 노력하고 꾀하여야 한다. 그리고 뒤따르는 젊은 청소년의 세대가 그 변화의 가치를 이수토록 해야 한다. 그리고 청년세대의 변화를 끌어내는 환경의 조성은 지금의 40~50대 장년 세대가 견인하도록 해야 한다. 이럴 때 밀레니얼 새로운 시대로 가는 지름길이 열리고 사회적 변혁이 이루어진다.

자신에게 부(富)가 있다 하여 개인의 안위와 변화를 꺼리고 보수적 안위에 만족한다면 더 이상의 21세기 미래의 문명 창달은 어렵다. 하지만 깨어있는 공동체 의식과 각성은 인류의 미래를 변화시킬 수 있는 주체적 존재이다. 참된 변화에 대하여 P. F. 드러커는 이렇게 말했다. "참된 변화는 물질적인 변화가 아니다. 참된 변화란 관점, 신념, 기대 등 내면에 있는 것이다."라고 했다.

오늘날 현대 문명사회에서 변화를 거부하고 도박중독증 환자처럼 자신의 패밖에 볼 수 없도록 변해버린 물신주의에 노예가 되어버린 기득권층은 자신들의 잘못된 가치관과 판단에 오류를 되돌아봐야 한다. 자기가 과연 가족과 우리 사회의 지역공동체, 국가공동체를 위해 어떤 변화의 생각과 어떤 의식으로 어떤 역할을 담당했는가를 미래세대를 위해 진지하게 고민해 봐야 한다. 그래야 미래의 주역인 밀레니얼 세대에게도 당당할 수 있다.

　이처럼 세대를 불문하고 변화는 긍정의 힘이다. 변화는 미래의 희망이다. 미래의 희망은 나의 행복이고, 우리 모두의 행복이다. N. 마키아벨리는 "변화는 또 다른 변화를 마련한다."라고 했다. 우리 미래세대의 주역인 청소년들은 끝없이 닥쳐올 변화의 바람과 태풍 앞에 두려움을 갖지 말고 당당히 맞서야 한다. 그렇게 스스로 변화하지 않고서는 이 시대의 사나운 격랑과 소용돌이에서 중심을 잡기가 너무 어렵다. 세상의 변화 속에서 변화하지 않고서는 결코 미래가 담보되지 않는다는 사실을 잊지 말아야겠다.

먹자-건강한 육신을 위해 골고루 먹자

청소년의 꿈과 열정은 이상을 실현하기 위한 것

사색은 이상과 꿈을 먹고 꽃을 피우기 위한 시간
청소년의 열정과 미래, 과연 '노답'일까?
지금 그대들에게 길을 묻는다
미래의 주역, 청소년들에게 가장 소중한 가치
그대들의 행복은 어디에서 피어나는가?
꿈꾸는 청소년이 아름답다

제3부 열정(passion)

먹자-건강한 육신을 위해 골고루 먹자

청소년의 꿈과 열정은 이상을 실현하기 위한 것

열정을 잃으면 희망도 잃게 된다. 그러나 현대사회는 우리의 청소년들이 딱히 열정을 품을 만한 동기(motive) 부여를 하지 못하고 있다. 열정(熱情)은 어떤 일에 애정을 갖고 열중하는 마음과 에너지이다. 청소년에게 열정은 커다란 생명력이다. 따라서 청소년은 미래의 꿈과 이상을 가슴속에 품고 뜨거운 열정을 마음껏 먹고 소화해낼 수 있어야 한다.

청소년(靑少年)은 청년(靑年)과 어린이의 중간에 해당하는 시기이다. 흔히 '청소년'은 만 13세에서 만 18세 이하에 젊은이를 말한다. 통상적으로 중학교와 고등학교의 때의 청소년을 가리켜 10대라 부른다. 하지만 이런 청소년기 10대는 늘 위기를 맞고 있는 '불안전시기'이다. 신체적으로 키도 크고 이미 성인의 수준에 달한다. 특히 현저한 성적 성숙에도 불구하고 성적 인식이 매우 부족하다. 또 이런 성적 행위가 사회적으로 터부시되기 때문에 소위 '사춘기'를 둘러싼 여러 형태의 힘든 문제를 겪기도 한다.

따라서 사회적인 경험이 미숙하므로 사회적 적응력이 부족하고 문제를 잘 처리하지 못하는 것이 10대들의 특징이다. 청소년의 행동은 어쩌면 충동적이고 방향성이 없기도 하다. 이처럼 청소년기는 여러 가지 문제가 생겨, 정신적·정서적으로 많은 혼란을 겪기 쉬울 때이다.

그러나 이처럼 다소 성장기에 겪고 우려되는 문제이기는 하지만 올바른 인성교육과 자기성찰로 잘 극복하기도 한다. 그리고 무엇보다 뜨거운 열정을 소유하는 때이므로 도전정신도 강하다. 영국에 뉴캐슬 경은 청소년의 열정을 위해 이렇게 말했다. "소년은 앞으로 꺼내 쓸 수 있는 시간이 무한정 많다고 생각하지만, 그것은 착각이다. 청소년기에는 살아갈 날이 많아 시간이 더디 오지만 정신없이 청년기를 보내고 장년기에 이르면 시간은 무섭게 빨라진다. 시간은 젊은이와 늙은이를 구별하지 않고 재빨리 다가와 아주 잠깐 얼굴을 내비치고는 또다시 재빨리 왔던 곳으로 되돌아간다. 섬광이 하늘을 가르는 듯 그 짧은 순간 앞에서 우물쭈물 망설이기만 하다가는 시간이 할퀴고 간 상처에 고통을 받게 된다. 나는 그 짧은 순간 겨우 한 가지 일 밖에는 하지 못한다."라고 말했다.

또 명심보감 권학편(勸學篇) 주자의 말씀에 '소년은 늙기 쉽고 학문은 이루기 어려우니, 짧은 순간의 시간도 헛되이 보내면 안 된다. (少年易老學難成, 一寸光陰不可輕).'는 가르침도

이를 위한 교훈이다. 그러니 어찌 우리 청소년들에게 뜨거운 열정을 말하지 않겠는가. 이처럼 청소년기엔 좌충우돌하지만 뜨거운 열정과 사색으로 다양한 지식을 많이 쌓으라는 그런 조언을 하고 싶다.

사색은 이상과 꿈을 먹고 꽃을 피우기 위한 시간

먹는다는 것? 살려면 먹어야 하고, 먹었으면 먹은 만큼은 살아야 한다. 또 지속해서 먹고, 살기 위해서는 그 값을 해야 한다. 그런 의미 있는 값을 하기 위해서 우리는 학문과 지식과 기술을 배우고, 익히고, 실행해 간다. 먹음에는 크게 2가지로 구분할 수 있다. 몸을 위해서 하루 세끼의 밥을 먹는다면, 영혼(마음, 정신)을 위해서 먹어야 하는 양식은 바로 이상(理想)과 꿈을 실현하는 인문정신이다. 이러한 이상과 꿈을 실현하기 위해서는 각종 학문과 지식과 기술 그리고 인문정신에 토대가 되는 인성이 절대적이다. 그리고 이러한 이상과 꿈은 자기의 신지한 사색에서 피어난다. 따라서 건강한 몸과 마음의 영혼을 위해서는 이 2가지 먹음의 행위에 충실해야 한다.

사색하는 청소년에겐 꿈과 이상이 싹튼다.

21세기 문명 시대를 살아가는 우리 청소년들에겐 어떤 꿈과 이상이 있을까? 꿈을 다른 말로 하면 자신이 실현하고 싶은 희망이나 이상(ideal)이라고 할 수 있다. 이상은 완전한 상태의 지성과 감성 자체를 의미한다. 철학에서 이상이라는 개념은 칸트의 연구를 통해 그 확실한 지위를 얻었다. 이상은 현실에서의 이성적 판단의 기준이다. 따라서 이상은 인간의 행동을 규제하고 인간의 성격이 동화해가는 가치의 기준으로서 윤리적 판단에서는 옳고 그름을 가리는 기준이나 규칙이기도 하다.

이러한 이상을 통해서 우리 청소년들은 미래의 꿈과 희망 그리고 행복을 추구하고 뜨거운 열정과 도전으로 하나하나 실현해가기 위해서다. 청소년기에 배우고 익히는 지식은 훗날에 실현할 꿈과 희망 그리고 행복을 위한 영혼의 양식을 위해서이다. 행복은 이러한 양식을 먹고 피어나는 한 떨기의 아름다운 장미꽃과 같은 것이다. 우리의 감성과 영혼을 머금고 피어나는 고운 빛과 향기엔 삶의 미소와 기쁨이 아름답게 춤을 춘다. 우린 이런 것을 삶의 행복이라고 한다. 영롱한 아침 햇살에 이슬처럼 빛나는 삶의 보람과 의미 같은 것들이다.

인간은 더불어 살아가는 삶 속에서 자신뿐만 아니라 다른 사람들까지 포함한 사회 전체의 삶을 바람직하게 만들려고 노력한다. 그래서 일찍이 동서양의 많은 철학가를 비롯한 사상가들은 자신이 생각하는 이상 사회의 모습을 제시하였다. 동양의 유교 사상은 '대동 사회'를 이상 사회로 제시하였다. 대동 사회는 모든 사람이 조화롭게 어울려 사는 사회를 말한다. 이상사회(理想社會)는 인간이 바람직하다고 생각하고 실현되기를 꿈꾸는 사회이다.

그런데 현대사회에서 우리의 청소년들이 이러한 이상의 꿈을 꾸기가 쉽지 않다. 우선 좋은 꿈을 꾸기 위해서는 충분한 잠을 자고, 맑고 깨끗한 컨디션을 유지하는 것이 좋다. 부정적인 생각을 지워버리고, 긍정적인 마음의 자세를 가져야 한다. 그리고 무한한 상상력으로 사색의 세계로 들어가는 것이다.

위대한 사상가 장 자크 루소의 명언이다. "철학자처럼 사색하고 농부처럼 일하여라. 이것이 바람직한 이상적 인간이다."라고 했다. 그런데 잠을 제대로 이룰 수 없다면 그것은 과도한 실력 쌓기의 학업과 경쟁에 내몰리고 있기 때문이다. 이런 상태에선 집중력이 떨어지고 제대로 된 사색의 세계로 진입이 어렵다. 무한한 상상력 대신 온갖 잡념에 사로잡혀 혼란만 일으키게 된다.

청소년들이여!
그대들은 어떤 꿈을 꾸고 있는가?

미래 사회의 높은 이상과 희망에 꿈을 실현하기 위해서 어떻게 꿈을 꾸고 이상을 품어야 할지 함께 생각해보자.

그러기 위해서는 먼저 자신이 누구인지를 생각해봐야 한다. "나는 누구인가?"에 대한 질문을 하는 것이다. 하지만 자기가 누구인지를 발견하는 것은 저절로 되지도 않고, 쉽지도 않다. 하지만 자기의 정체성을 모르면 결코 자신의 꿈과 희망 그리고 추구하는 행복도 요원한 희망 사항이다. 그렇게 되면 "나는 누구인가?"를 알 수가 없다. 자신을 알아가는 방법에는 여러 가지가 있다.

그 방법에 있어서 가장 중요한 것은 먼저 자신에게 진정성을 보여야 한다. 진정성이란? 진실한 마음이다. 자기 자신에게 솔직하지 않으면 자신의 모습을 제대로 볼 수가 없다. 꾸며지지 않은 자신의 모습에서 자신의 정체성을 깨닫게 되기 때문이다.

정체성(正體性, identity)은 존재의 본질을 깨닫는 성질이다. 정체성은 상당 기간 일관되게 유지되는 고유한 실체로서의 자기에 대한 주관적 경험을 함의한다. 정체성은 자기 내부에서 일관된 동일성을 유지하는 것과 다른 사람과의 관계에서 어떤 본질적인 특성을 지속해서 공유하는 것 모두를 의미하기도 한다.

인간은 성장하면서 자신이 세상 안에서 다른 사람들과 함께 '한 개인'으로서 존재한다는 자각을 한다. 정체감의 형성 과정에서 청소년은 다른 사람들과는 다른 자신만의 소망, 사고, 기억, 외모 등을 가지고 있다는 자각을 하게 된다. 에릭 에릭슨의 발달이론에 의하면 12세부터 18세까지 청소년기에는 정체성이 형성되거나 정체성에 혼란이 오는 상황을 맞게 된다고 한다. 그 시기에 친구, 외부 집단과 접촉하면서 의미 있고 풍요로운 자기 개념을 만들거나, 외부에서 맞닥뜨리는 모든 관계에서 자기가 누구인지 잊어버리는 현상을 맞기도 한다고 한다.

이처럼 자신의 존재를 규명하는 일은 누구에게나 중요하고 인간이 종교를 갖는 것도 정체성 형성과 연관이 있다. 신과의 관계 설정, 우주와의 관계 설정을 통해 자신의 존재를 설정하고 이를 통해 존재의 안정감을 유지하며 삶의 부조리나 희로애락을 순리나 합리적으로 처리해 나가려 하기 때문이다.

정체성은 철학적·심리학적·사회학적으로 중요하게 다루어지는 심리적 개념이다. 인터넷의 발달은 인간의 삶에 큰 변화를 가져왔고 그로 인해 정체성 문제도 여러모로 조명되고 있다. 오프라인에서의 인격과 온라인상에서의 인격이 전혀 다르게 자신의 삶을 연출할 수 있게 되면서 당사자도 어느 모습이 자신의 진짜 모습인지 혼란스럽게 되고, 사회적으로도 그 사람의 진짜 모습은 무엇인가가 탐구의 대상이 되기도 한다.

이렇게 자신의 정체성에 대한 인식과 의식이 정립되면 사상과 철학이라고 하는 사고의 작용으로 사회, 정치, 인생 등에 대한 일정한 견해나 생각에 따라서 체계적이고 논리적인 의식이 나의 마음으로부터 작용하게 된다. 청소년기에 이러한 정체성의 올바른 형성은 장차 성장해서 자기의 삶을 이끌고 꾸려가는 삶의 원동력이 되고 행복한 삶의 토대를 이루는 초석이 된다.

　청소년 때에 사색은
　자신을 조용히 발육시키고 키워내는 온상이다.

　사색하지 않는 청소년의 미래는 아름다운 행복의 꽃을 피워낼 수가 없다. 따라서 삶의 향기도 없다. 사색을 통해서 자기 자신의 삶 내면의 진정성을 발견하고 정체성을 갖게 되는데 이런 인문정신의 성숙과 완성을 통해서 사람다움의 길인 인도(人道)의 도리를 깨닫게 된다. 그리고 이와 같은 인도의 도리를 자신의 일상을 통해서 실천하면 군자와 같은 사람다움의 길을 갈 수 있게 된다.
　사색에는 삶의 지혜가 될 수 있는 많은 사상가, 철학자, 문호들에 명언이나 작품, 격언들이 큰 도움이 된다. 그런 것들을 통해서 사유의 깊이와 내면의 정서적 폭을 넓히면 정체성과 사상의 두께가 더욱 두꺼워질 수 있다. 영국과 프랑스의 계몽주의 선구자 J. 로크는 "독서는 다만 지식의 재료를 줄 뿐, 그 자신의 것을 만드는 것은 사색의 힘이다."라고 했다. 또 프랑스의 수학자·물리학자인 B. 파스칼은 사색에 대해 이렇게 말했다. "인간은 생각하기 위해서 살고 있다. 그러므로 인간은 한시도 생각하지 않고는 있을 수 없다."라고 했다.

프랑스의 철학자 앙리–루이 베르그송은 "사색하는 사람으로서 행동하고, 행동하는 사람으로서 사색하지 않으면 안 된다."라고 했다. 또 알베르트 슈바이처 박사는 《나의 生涯와 思想》에서 "사색을 포기한다는 것은 정신적인 파산 선고를 의미하는 것이다. 인간은 사색을 통하여 진리를 인식할 수 있다는 신념이 지양될 때 회의(懷疑)가 시작된다."라고 했다. 고로 청소년은 미래의 꿈과 희망을 위해서 사색의 시간을 많이 가져야 한다. 그러한 사색은 이상과 꿈을 튼실하게 키워내는 온상이다.

일상의 오류와 시행착오를 두려워하지 말고
자각과 성찰로 해결하라.

인간의 삶인즉슨 생(生)을 의미한다. 생은 살아 존재함이다. 살아 존재한다는 것은 태어나서 죽기 전까지의 과정 및 상태를 의미한다. 이러한 인간의 삶에 대하여 "사는 것이 중요한 문제가 아니고, 바로 사는 것이 중요한 문제다."라고 소크라테스는 말했다. 또 괴테는 "삶의 기쁨은 크지만, 자각 있는 삶의 기쁨은 더욱 크다."라고 했다. 그렇다. 우리가 청소년기에 사색을 중요하게 생각하는 것도 바로 이 때문이다.

사색을 통해서 삶의 중요한 문제들을 성찰하고, 성찰을 통해서 삶의 오류와 시행착오를 줄일 수 있다면 그것은 자각의 덕분이다. 따라서 내 삶의 기쁨은 더욱 클 수가 있다. 고대 그리스의 철학자 데모크리토스는 "인간들이 행복한 것은 몸이나 돈에 의하는 것은 아니고 마음의 올바름과 지혜의 많음에 의한다."라고 했다. 또 아리스토텔레스는 "행복은 자주(自主) 자족(自足) 속에 있다."라고 하였다. "인간의 최대 행복은 날마다 덕에 대해서 말을 주고받는 것이다. 혼이 없는 생활은 인간에 값하는 생활이 아니다."라고 소크라테스는 말했다.

"참된 행복 앞에서는 부(富)도 연기만큼의 가치밖에 없다." 이는 소포클레스/안티고네의 명언이다. 이마누엘 칸트는 그의 《人生論》에서 "행복을 추구하는 것도 중요하지만 행복을 누릴 자격이 있는 사람이 되는 일이 더욱 중요하다."라고 하였다. 이제 칸트의 말처럼 진정으로 행복을 누릴 자격이 있는 청소년이 되기 위해서 사색을 하고, 올바른 사유를 통해서 삶의 가치관을 바르게 정립시켜보자.

그러나 이처럼 사색하지 않는 젊음은 청춘의 꿈을 잃은 날개 잃은 파랑새와 같다. 영국의 격언 중에 "밤은 사색의 어머니이다."라고 했다. 미래 사회의 청소년들이여! 밤은 사색의 어머니 품에 안겨 미래의 희망찬 꿈을 꾸어보자! 그러면 미래의 희망이 싹을 틔우고, 꽃을 피우고, 삶의 아름다운 향기를 피워내리라. 이처럼 청소년기에 사색은 자신을 조용히 발육시키고 키워내는 온상으로 이는 선택이 아니라 필수의 과정임을 알자.

청소년의 열정과 미래,
과연 '노답' 일까?

청소년의 미래, 누가 "노답"이라 하는가? 아니다. 답은 새로운 시작과 새로운 도전에서만 획득할 수 있는 최상의 보상적 결과물이 미래이다. 우리 청소년들에게 있어 '새로운 시작과 새로운 도전'은 희망과 열정의 발로이다. 뜨겁게 끓어오르는 젊음의 열정이 가슴속으로부터 오장육부를 돌고 돌아 이상과 꿈의 바다에 이르면 수평선 너머로 찬란한 무지개가 보일 것이다. 그러한 꿈과 이상의 실현을 위해 뜨겁게 끓어오르는 열정과 젊음이 있어 여기에 소개하고 싶다. 이 인터뷰의 내용이 많은 청소년에게 좋은 본보기가 될 것이란 생각이다.

이 내용은 토스트 가게 "광운대 인문대 수석 졸업자의 집" 인터뷰의 내용 전문이다.

(김세림 기자의 2015년 5월 5일 기사-잡지사와 기자의 승인을 받은 내용임.)

인생이란?

"세상 사람들이 수명이 너무 길어서 직장 생활을 견디는 건가?" 갓 직장에 들어간 친구와 나는 평생을 이렇게 살 수 있다는 게 이해가 되지 않았다. 일을 위해 '내 시간'을 포기해야 하는 건 물론, 아무리 친구와 가족에게 최선을 다하려고 내 몸을 쪼개고 나누어 봐도 회사의 삶과 나의 삶을 사이좋게 이어가긴 쉽지 않았다. 회사에 다니는 시간의 1/10 정도를 겨우 내서 내가 하고 싶은 일을 하려고 할 때, 그런데 그마저 급한 일이 생겨 포기해야 할 때, 그땐 내가 뭘 위해 살고 있는지 회의감이 몰려왔다.

그때 '광운대 인문대 수석 졸업'을 하고 학교 앞에서 토스트 가게를 한다는 사람이 나타났다. 누군가는 '관심받고 싶었나?'라는 말을 내뱉지만 나는 인문대 수석 졸업을 하고 쪽팔림 없이 학교 앞에서 토스트 집을 할 수 있는 그 용기가 부러웠다.

광인수를 차린 사람도 원래 직장에 다녔다고 했다. '유능하기보다 위대해지고 싶어서' 직장을 그만두고 토스트 집을 시작했다고 했다. 무슨 말인지는 모르겠지만, 그 말이 엄청나게 멋있어 보였다. 내 삶은 지금 답도 없는 것에 비해, 저 사람은 답을 실천하며 사는 것 같아서 그랬는지도 모른다. 만나보고 싶어졌다. 그래서 '당신은 답을 찾았냐'고, '삶에 답이 있었냐'고 물어보고 싶었다. 페이스북 메시지를 보내고, 인터뷰하겠다는 답이 왔다.

토스트와 드립을 사랑하는 그 남자

이준형. 28세.
어쩌다 보니 2014.02.19 광운대 인문대학 국어국문학부
수석 졸업.
청소년 진로 컨설팅 회사에서 2년간 근무 후
2015년 3월부터 광운대 후문 골목길에서
'광운대 인문대 수석 졸업자의 집' 토스트 가게 운영.
(이하 '광인수')

나도 이렇게 살 줄 몰랐다

(세림)
'광운대 인문대 수석 졸업자가 토스트집을 한다.' 이렇게 살 거라고 상상해봤어요?

(광인수)

몰랐어요. 토스트 집을 할 줄도 몰랐지만, 일단은 수석 졸업자가 될 줄 몰랐으니까요.

원래는 신학과에 가려고 했어요.

처음 광운대엔 학부제로 들어와서 '인문대' 학생이었어요. 영문과 가서 영어를 공부하려고 했는데, 어쩌다가 '문예 창작 소모임'에 가게 됐어요. 거기에 가서 처음으로 시를 쓰고, 보고, 서로 그것에 관해서 이야기를 나누는데 그게 너무 신기하고 재미있었어요. '아, 이게 진짜 대학이구나!' 뭔가 예술과 낭만이 살아 있는. 제가 멋있는 걸 좀 좋아하거든요. 그렇게 시에 빠져서 국문학과로 가게 됐죠.

(세림)
그럼 처음 입학했을 때의 꿈은 뭐였어요?

(광인수)
일단 취업은 아니었던 것 같아요. 사실 별생각이 없었어요. '어떻게든 되겠지'라는 생각. 3학년이 끝나서 일단은 군대에 갔다 왔고, 갔다 와서는 '일단 졸업을 해야겠지' 하다 보니 졸업 상태가 됐고, 취업은… 일단 토익을 하기 싫었어요. 잘 못 하기도 하고 한다고 해서 남보다 더 잘할 자신이 없었어요.

(세림)
그런데 결국은 하셨네요. 청소년 진로 컨설팅 회사?

(광인수)
제가 학교 다닐 때 라디오를 했어요. 함께 라디오를 하던 누나가 먼저 청소년 진로 컨설팅 회사에 취업했고, '자기 회사에서 인턴을 뽑는데 오겠느냐?'해서 별생각 없이 갔는데 인턴을 하게 됐어요. 그리고 인턴이 끝나고 팀장을 달게 됐죠.

(세림)
인턴이 끝나고 팀장이 됐다고요? (순간 상대적 박탈감이 내 맘을 어지럽혔다)

(광인수)
아뇨, 그게, 그땐 제 선배가 3명밖에 없을 만큼 회사가 작기도 했고, 제가 중학생 때(2001년)부터 YMCA에 다녀서, 나중엔 그곳에서 꽤 오랫동안 청소년 대상 강의를 했거든요. 그걸 인정해주셔서. 빨리 팀장을 달고 강의를 시작했죠.

(세림)
그때까지도 창업 생각은 별로 없었던 거죠?

(광인수)
안 했어요. 일이 잘 맞았거든요. 월급 받는 게 미안할 정도로 재밌었어요. 나한테는 학생들 만나는 게 노는 건데, 놀면서 돈 받으니까. 그냥 어릴 때부터 하던 걸 하는데 돈까지 주니까, 놀라운 일이었죠.

(세림)
그랬는데 왜 창업을…?

(광인수)
일이 너무 많았어요. '내가 이걸 해결할 수 있는 일인가?'고민을 많이 했고, 시스템을 고치고 바꿔보려는 시도도 많이 해봤어요. 그런데 어느 순간 깨달은 게, 이건 원래 이런 게임인 거예요.

(세림)
회사라는 거 자체가?

(광인수)
네. 사기업이라는 거 자체가. 돈을 주는 사람 입장에서는 더했으면 좋겠고, 받는 사람은 일을 할 수밖에 없는. 주어진 일을 해내야 하고, 그것보다 더해야 성실하다는 소리를 듣고, 유능하다는 말을 듣고. 실제로 저는 집에도 잘 안 들어가면서 일을 했어요. 출근 시간은 있지만 퇴근은 일이 끝나야 퇴근인. 회사에서는 빨리 퇴근하라고 하는데, 퇴근할 수 없는…

(세림)
저도 요즘 회사에 다니면서 좋아하는 일을 해도 개인 시간이 없다면 내가 이 일이 즐거울까? 하는 생각을 자주 해요.
가장 크게 '이건 아니다'하는 생각이 들었던 순간은 언제였어요?

(광인수)
남자들은 회사에서 '성실하다, 유능하다' 소리를 들으면서 존재감을 찾는 것 같아요. 그리고 그 논리가 회사 안에서는 이게 다 이해가 돼요. 사실 힘들잖아요? 그런데 그걸 버티는 게 모두가 하는 일이니까. 버티는 게 당연한 거고 못 버티면 패배자가 되는 거고, 그게 싫은 거죠..

(세림)

못 버티면 패배자가 되는…

(광인수)
아는 선배가 있어요. 너무 일이 바쁘고 힘든데, 아무도 '힘들다'는 말을 밖으로 못 내뱉는 거예요. 내가 말하는 순간, 이 집단에서 패배자로 낙인찍히는 게 두려워서. 그전엔 '성실하다 유능하다'라는 말을 듣다가 그렇게 되는 게 두렵죠. 버텨야 쎄 보이니까.

(세림)
오히려 조직 안에서 '잘하고 인정받았던 사람'이라 그 틀을 깨고 나오는 게 더 힘들었을 것 같은데 어떻게 그걸 깨셨어요? 늘 '필요를 받는 사람'이고, '난 여기서 없으면 안 될 존재'로 인정을 받다가 그걸 박차고 나오기가…

(광인수)
제가 여자친구를 너무 좋아했거든요. 그게 제일 컸고, 가족들이랑 거의 일주일에 한 번 시간을 보내는 정도였으니까요. 가족들, 내 친구들. 거기서부터 시작이었던 것 같아요. 여자친구를 못 만나고, 여자친구 마음이 상하고, 이게 풀리지 않고 계속 쌓이기만 하고 그랬을 때 미래가 보이는 거예요. 여자친구가 이해해주지 못하면 함께 하기가 어려워지겠구나. 그런 상황도 많이 겪고. 이건 좀 무섭다. 여자친구를 위해 회사를…?

(세림)
제 주변 친구들도 대학교 때는 잘 사귀다가 취업하고 나서 많이 깨지더라고요. 아무래도 만날 시간이 없으니까.

(광인수)

진짜 맞나? 이렇게 사는 게 진짜 맞나? 사랑하는 사람과 지금 행복하지 못한데 내가 여기서 커리어를 쌓아서 직급이 높아진다고 한들, 그 미래가 맞나?' 그런 생각이 자꾸 들었어요.

(세림)

사랑하는 사람들과 함께하지 못하는 거, 그게 가장 큰 이유였네요.

(광인수)

그런 사건도 있었고, 또 세월호 사건도 되게 컸는데. 사실 회사에서 단원고 진로캠프 입찰도 진행했었거든요. 뉴스를 보고, '우리가 만날 수도 있었던 학생이었는데…'라고 생각하니까 많은 생각이 들었어요. 한쪽으로 배가 기울어지면 반대쪽으로 나와야 한다는 게 너무나 당연한, 스스로 생각할 수 있는 건데, 방송에서 '가만히 있어라'라는 말 때문에 아이들이 가만히 있었던 것. 누가 한 명이라도 '스스로 생각하고 스스로 행동하는 법을 알려줬다면' 어땠을까. 그게 내 모습이고, 한국 사회의 모습 같았어요.

(세림)

아아~~~

(광인수)

동시에 이건 잘못된 게 아닌가. 그런 생각을 하게 됐고. 또 내부적으로 회사가 점점 커가는 상황이라 부담도 있었어요. '내가 여기서 조금 더 시간을 보내고, 중간관리자가 되면 굳어져 버리겠구나. 그 안에서 내가 더 빠져나오지 못하겠다.' 그런 생각이 들어서 작년 12월 31일까지 일하고 나오는 거로 얘기했죠.

(세림)
나올 때는 뭐라고 하시고 나왔어요?

(광인수)
세 번 정도 말씀을 드렸는데, 첫 번째는 여자친구 때문에, 두 번째는 좀 더 구체적으로 말씀을 드렸어요. "좀 더 위대한 일을 하고 싶다. 이 회사 안에서 열심히 하는 것도 좋지만 난 좀 더 내 정답을 찾고 싶다." 제가 말하는 정답은 제가 사랑하는 사람들과 시간을 보내면서도 돈을 벌어나가고, 그러면서 사회를 변화시킬 수도 있는 그런 것이거든요.

(세림)
부모님이 당연히 반대했을 거로 생각하는데. 토스트 집도 아버지랑 같이 인테리어 하셨다면서요?

(광인수)
부모님 반대는 있긴 있었어요. 회사를 그만뒀을 땐 어머니도 놀라셨어요. 왜냐면 아버지도 그때쯤에 회사를 그만두겠다고 선언하셨어요. 어머니의 꿈은 공무원과 결혼하는 거였는데. 갑자기 꿈을 잃어버리게 되니까 멘붕이셨죠. 거기에 외아들이 회사를 그만둔다고 하니.

(세림)
아이고 어머님..ㅠㅠ
멀쩡한! 회사는! 왜! 관두고! 어!

학교 근처에 자리 잡으신 이유는 뭐예요?

(광인수)

장사할 자리를 찾다가 다른 곳은 값도 너무 비싸고 해서 학교 앞을 찾았죠. 제가 학교를 너무 좋아했거든요. 학교 앞에 찜질방 30일 권 사서 다닐 정도로. 집이 머니까. 처음엔 지금 자리가 되게 험했어요. 그때 어머니가 보시고 반대하시고 그랬는데 저는 지금을 놓치면 너무 후회할 거 같았어요.

(세림)

아이고 어머님..X 2

(광인수)

특별히 기술이 있는 게 아니니까. 먹는 걸 해야겠다고 생각했어요. 장소를 먼저 정하고 아이템을 정했어요. 가장 크게 고려했던 건 학교 앞이니까 싸고, 남자가 많은 학교니 양이 많아야 하고. 참고하려고 노량진 같은 노점의 성지들을 많이 돌아다녔죠. 또 제가 지방을 다니면서 웬만한 맛집은 다 돌아다녔었고. 그런 것들이 도움이 많이 됐죠.

(세림)

정말 생각지도 못했던 것들이 언젠가 하나로 연결되는 것 같아요.

(광인수)

진짜 맞는 것 같아요. 저도 어느 순간 저도 모르게 '청소년 교육' 관련 활동을 많이 했었고. 좋아하는 말 중의 하나가, "하나의 사람은 하나의 이야기를 완성하기 위해 살아간다."에요. 모든 일에는 복선이 있는 거랄까. 일부만 보면 토스트가 전혀 다른 일처럼 보이지만, 사실은 제 이야기 안에서 이어지는 한 부분이라고 생각해요.

(세림)

창동의 토스트 가게를 운영하시는 할머니를 만나고, "사람들 배부르게 하려고 장사를 하는 건데 가격을 올릴 순 없다"라는 이야기를 듣고 감명을 받으셨다고 들었어요.

(광인수)

네. 그 얘기 듣고 바로 울었어요. 사실 그때까지 제게 있어 장사는 '생존'에 가까웠거든요. 그런데 이분은 그걸 넘어서 '어떻게 하면 남의 배를 안 주리게 할까'라는 철학이 있으셨어요. 그때 음식 장사하는 사람의 마음가짐을 배우고, 토스트 맛을 더 열심히 연구하기 시작했죠.

(세림)

결심했어도 시작하기가 절대 쉽지 않았을 것 같은데.

(광인수)

근데 또 하니까, 내가 왜 그동안 창업을 안 했지? 생각할 정도로 잘 흘러갔어요. 이게 정말 웃긴 거예요. 물론 스스로 영업에 대한 자신도 있었어요. 사람을 많이 만나봤던 경험 덕분에 상대가 뭘 원하고, 무슨 얘기를 했을 때 상대와 친해지는지 아니까.

(세림)

토스트를 굽는 게 막상 일이 되니 싫어질 수도 있을 것 같은데.

(광인수)

토스트가 잘 구워졌을 때 진짜 감동이에요. 아직도 아침마다 하나씩 먹거든요. 안 먹고 시작하면 점심쯤에 이게 너무 맛있어 보여서 침을 흘려요.

사실 전에 회사 다닐 때는 '일 안 하고 논다.'라고 생각했는데, 지금은 되게 '일한다.'라고 생각하고 있어요. 저는 심지어 군대에서 일할 때도 일한다는 생각을 안 했거든요. 그래서 처음에는 이상했어요. '내가 이 일이 싫은가?' 생각도 들고.

(세림)
왜 그럴까요?

(광인수)
생각을 해봤더니, 일과 삶의 분리가 되는 거예요. 가게 문을 닫는 순간 저는 일에 대해 아무 생각도 안 하거든요. 기자도 그렇지만 잘 때까지 생각이 나잖아요. 일은 항상 하는 상태인데 잠깐 자는 거잖아요.

(세림)
좋은 의미의 '일'인 거구나.

(광인수)
네. '나는 지금 일과 삶이 분리되어 있구나' 그런 느낌을 느껴요. 일과 노동과 놀이가 있는데, 전에는 일이 노동이 되는 순간이 있었어요. 그건 '일과 삶이 분리가 안 돼'서 그런 거든요. 심지어 나한테 너무 재밌는 일인데도 노동이 되고. 그런데 내 삶에 충분한 쉼이 있으니까 '일이 놀이'가 되는 거예요. 일하면서도 매일 노래 틀고 춤추고. 하지만 우리의 현실은…

(세림)

아, 삶을 계속 고갈시키는 게 아니라 채우고 돌아와서 일하니까

(광인수)
놀이가 두 종류가 있는 것 같아요. 놀이의 원래 뜻은 '여가'인데, 사회적으로는 일을 제외한 여가활동을 놀이라고 하거든요. 그런데 제가 생각하는 놀이는 일도 놀이가 될 수 있고, 삶도 놀이가 될 수 있고, 여가도 놀이가 될 수 있어요. 모든 것의 원형은 놀이로부터 시작된다고 생각해요. 그렇게 어느 순간 그렇게 일이 일 자체로도 재밌어지더라고요.

(세림)
놀이.

(광인수)
일이 놀이가 되기 위해서 또 하나의 단계가 필요했는데, 돈이었어요. '오전에 몇 개 팔아야 하는데. 손님이 왜 이렇게 안 오지?' 그러다가, 이젠 좀 맘을 낮어요. 하루에 내가 팔 수 있는 양, 벌 수 있는 돈이 정해져 있다 보니까. 오전에 안 팔리면 오후에 팔리겠지. 그런 생각으로 지내다 보니 더 놀이가 되기 시작했어요. 또 그렇게 있다 보면 실제로도 많이 와요. 오히려 오전에 많이 만들어 놓고 쌓아두면 다 버리게 돼요. 토스트로 말하는 인문학

(세림)
처음 학교 이름 쓸 때 쫄지 않으셨어요?

(광인수)
광운, 광운대, 광운대학교 엄청나게 고민 많이 했어요. 그런데 '광

운대 인문대 수석 졸업자의 집'이 연결됐을 때 가장 힘이 세지더라고요. 그게 가장 명확히 제가 말하고 싶은 걸 보여 주는 거기 때문에 포기할 수 없었어요.

(세림)
이름을 통해 아이러니를 보여 주고 싶었다고 하셨잖아요.

(광인수)
광운대는 사실 공대가 유명한 학교예요. 그런데 '광운대 인문대', 그중에도 '수석 졸업자의 근황'을 알아보니 '토스트집'을 한다. 사실 굉장히 웃긴 일이잖아요. 유머사이트에 올라갈 정도로.

(세림)
저도 봤어요. 관심이 엄청나던데요?

(광인수)
그런데 사실은 또 '광운대 인문대 수석 졸업자'를 간판으로 내세우는 것 자체가 아이디어라고도 생각했어요.

(세림)
왜요?

(광인수)
사실은 별 게 아닌데. 그거에 목매잖아요. 사람들에게 물음표를 던지고 싶었어요.
인문학은 '물음표를 던지는 일'이라고 교수님께서 말씀하셨거든요. 사람들이 생각하겠죠. "왜 인문대 수석 졸업자가 토스트집을 하지?" 어떤 사람들은 "요새 인문계가 취업이 안 돼서 그래", 어떤 사람은 "인문학이랑 토스트랑 무슨 상관이 있지?" 그런 질문들을 계속 만들어내는 거죠.

(세림)
듣고 보니 인문학과 토스트가 매우 상관이 있는 것 같아요.

(광인수)
토스트 집에서 계속 인문학을 하고 싶어요. 실제로 회사 그만두신 분들이 많이 와요. 특히 작년에는 미생부터 해서 '취업' 이슈가 많이 떴잖아요. 그런데 취업하고 보니 이게 별 게 아닌 걸 알게 된 거예요. 그래서 올해는 취업하고 그만둔 사람들이 많이 늘어나고 있는 것 같아요.

(세림)
맞아요. 취업이 다가 아니더라고요.

(광인수)
저는 이 가게가 공간이 좀 더 넓어지면 인문학 하는 사람들이 모이는 공간이 됐으면 좋겠어요. 사실 '광운대 인문대'가 불모지인데, 인문학 하는 사람들이 이곳에 모이고 '광인수'가 인문학의 성지가 되고…

(세림)
오, 반전이다.

(광인수)

저는 잘 노는 사람이 되는 게 꿈인데, 저한테 노는 건 세 가지예요. 토크, 플레이, 콘서트. 이렇게 이야기하고, 진짜 재밌게 놀고, 문화 예술을 즐길 수 있는 공간. 그런 걸 만드는 게 제일 큰 목표고. 토스트가 참 좋은 주제가 되는 것 같아요. 토스트 먹으러 와서 얘기를 듣고…

(세림)
토스트라는 매개가 굉장히 쉬운 것 같아요.

(광인수)
쉬워서 좋은 것 같아요. 2천 원이잖아요. 어린애부터 할머니 할아버지까지, 은퇴하신 분부터 입사한 사람, 남녀노소, 일용직 근로자부터 대기업 사장까지 모두 관심을 갖는…

(세림)
진짜 인문학이네요. 모든 사람이 모이는.
사실 인생은 노답이거든요.

(광인수)
제가 저한테 붙인 별명이 원래 '이시망'이었어요.
'이 시대의 희망' 처음엔 그냥 웃기려고 했던 말인데, 어느 순간 '내가 이 시대의 희망이 될 수 있겠구나'하는 생각이 들었어요. 내가 진짜 '이 시대의 희망'이라고 말만 하는 게 아니라 진짜 청춘들의 희망이 되고 싶다.
그래서 학교 앞으로 온 거기도 하고요. 지금은 누구한테나 '광인수'로 불려요. 지금은 자랑스럽게 생각해요. 인문학을 즐겁게 공부했던 것에 대한 인정이라고 생각해요.

(세림)
이준형이 원하는 삶과 광인수의 삶이 일치하는지에 대해선?

(광인수)
사실 현재는 안 일치하는 것 같아요. 고민이에요 실제로. 이준형이 원하는 삶은 벌 수 있는 만큼 벌고, 사랑하는 사람들하고 시간 보내고 행복하게 사는 것인데, 광인수로 사는 삶은 미디어에 계속 노출되어가고, 유명해지고 그런 방향이니까. 둘 다 하고 싶기는 한데, 둘 중의 하나를 선택해야 하니까.
지금 인터뷰하면서도 '내가 진짜 원하는 게 뭘까' 생각하고 있어요. 내가 진짜 원하는 게 뭘까? 이준형으로 사는 삶일까, 광인수로 사는 삶일까. 나도 헷갈리는 것 같아요. 사실 지금 느끼는 게, 나는 자유로워지고 싶어서 회사를 나왔는데, 또 다른 틀 안에 들어가는 거예요. 또 다른 사람들의 시선. '어, 저 사람 광인수다. 저 사람은 이렇게 살겠구나. 되게 멋있다.' 이러니까 또 거기에 신나서 그 시선들에 다시 갇히고. 이게 맞나 싶어요.

(세림)
어느 때보다도 '유명해지기 쉬운 시대'인 것 같아요. 조금만 특별하면 모든 매체가 눈에 불을 켜고 달려드니까.

(광인수)
맞아요. 정말 사람들의 시선을 모으는 것만으로도 돈을 벌 수 있는 시대니까. 그런데 사실 이런 식으로 성공하다 보면 이게 답인 것처럼 이야기하는 사람들이 생겨요. 그리고 청춘들은 답을 찾으려고 하죠. 답답하니까. 인터뷰 전에 주신 질문 중에 저는 그 질문이 제일 좋았어요. "삶에 답이 있다고 생각하나요?" 그런데 사실 인생

노답이거든요. 어떻게 신도 아닌데. 그런데 마치 이게 답인 양 이야기하는 사람들이 나오거든요. 시간이 지나면 또 다른 답이 나오고. 청춘들은 '취업할 땐 이게 답'이고, 또 '성공하려면 이게 답'이라고 찾아다니고. 그런데 답은 없는 것 같아요. 다만, 정답을 찾아가는 과정이 답인 것 같아요.

(세림)
과정이 답이다.
사람들이 좋아하는 일을 직업으로 하면 불행해질 거라고 하는데 '그렇지 않다는 걸 보여 주고 싶었다.'라고 페이스북에 올린 글에서 말씀하셨잖아요. 그럼 어떤 걸 직업으로 택해야 할까요?

(광인수)
직업이라고 함은 돈을 버는 일이잖아요. 그런데 그 일 자체가 범죄가 아니면, 전 그 자체로 의미가 있다고 생각해요. 저는 토스트를 구우면서 사람들을 만나고, 이야기하고, 맛있는 걸 주고, 상담을 해 주고. 공장에서 옷을 만들어도 충분히 의미가 있거든요. 일 자체에서 재미를 느끼고, 의미를 느낀다면 직업의 종류는 중요하지 않은 것 같아요.

(세림)
자신이 재미를 느끼고 의미를 느끼는 일.

(광인수)
네. 각자가 자기가 가진 장점이 있잖아요. 하루에도 직업이 몇 개씩 생기고 사라지는 세상인데, 자신의 장점을 가장 잘 살릴 수 있는 직업을 만들었으면 좋겠어요.

저는 '놀이 컨설턴트'가 될 수도 있는 거고, '토스트 소믈리에'가 될 수도 있는 것처럼. 직업보다도 내가 '무엇을 잘하는지' 알고, 각자가 타고난 색깔을 찾아갔으면 좋겠어요.

(세림)
유능한 사람보다 '위대한 사람'이 되고 싶다고 하셨는데, '위대한 사람'이란 어떤 사람일까요?

(광인수)
다른 패러다임을 제시하는 사람. '유능하다'라는 것은 정해진 길을 열심히 사는 사람들에 대한 칭찬인 것 같아요. 회사가 제시하는 '선'을 실행하는 것. 그런데 그런 답 말고, 내 가족과 행복하면서도 내 일을 즐겁게 하며 살아갈 수 있는, 자신만의 '필승법'을 제시하는 사람이 제게는 위대한 사람인 것 같아요.

(세림)
사장님을 보고 토스트집을 하겠다는 사람이 있다면 어떤 말을 해줄 거예요?

(광인수)
저는 답이 아니에요.
많은 분이 저를 보고 정답이라고 생각하고 오시지만, 정답은 '추구하는 방향성'에 있는 것 같아요. 누구도 정답은 못 찾아요. 얼마나 내가 정답을 향해 가고 있는가, 고군분투하고 있느냐에 따라 정답에 가까워져 가는 거죠. 그래서 아무리 저와 제 답을 따라 해도 소용이 없는 거죠. 저는 제 방향을 찾기 위해 들인 시간이 있고, 또 각자는 자신이 추구하는 방향이 있는 거니까요.

(인터뷰를 마친 세림 기자의 생각)

'내 선택은 답이 아닌 것 같은데, 네 선택은 답이니?'라고 그를 만나 묻고 싶었다. 만약 그가 "응 나는 답이야"라고 했으면 인터뷰하고 돌아오는 길이 많이 허망했을 것이다. 또, '나는 정답도 아닌데 뭐 하고 사는 거지?'라고 생각하며 슬펐을 것 같다. 그래서 이게 답인지 모르겠다, 그렇기에 이것은 당신의 답이 될 수 없다고 솔직하게 말해주는 그가 참 고마웠다.

답을 찾으러 가서, '인생 역시 노답'이라는 소리만 듣고 돌아오는 길, 그 말이 꼭 내가 듣고 싶던 "넌 틀리지 않았다"라는 말보다 더 좋아서, 오랜만에 기분 좋은 웃음이 헤헤, 하고 나왔다. 집에 가면서 '인생엔 답이 없다'라는 뻔하지만 뻔하지 않던 그의 이야기를 계속해서 곱씹다가 '내가 있는 곳이 답이 아니라는 생각'도, '정해진 답을 찾는 것'도 그만두었다.

필자의 생각

중고등학교를 마친 청소년들이 취업하거나 대학에 들어가면서 비로소 청년이 되고 사회의 초년생이 되기 시작한다. 직장을 갖게 되거나, 더 많은 학문을 쌓기 위해 대학에서 지속해서 원하는 학문에 뜨거운 열정과 패기로 고군분투하게 된다.

그런데 취업을 하고 직장 또는 대학을 다닌다고 해서 우리 청년 또는 청소년들의 고민이 끝나는 것은 아니다. 어쩜 고민이 끝나는 것이 아니라 더 많은 고민을 시작하게 되는 것이 실제 현실이다.

그렇다면 미래 사회의 주역이 될 우리 청소년들과 청년들의 관심사와 고민은 과연 무엇일까? 공부, 친구 관계, 이성 관계, 누군가의 진심 어린 조언, 알차고 보람된 학교생활, 운동, 취미활동, 동아리 활동, 건강, 장래 진로, 미래의 직업, 종교, 여행 등 다양한 유형들이 기다린다. 그러나 그런 고민과 문제들에 구체적 내용을 보면 누구나 쉽게 답을 내릴 수 있는 것들이 아니다. 그런 문제들은 바로 자신의 미래에 대한 삶의 문제이기 때문이다.

그 때문에 끊임없이 고민하고, 질문하고, 정답을 찾으려고 노력하고 있다. 또 그래야 하는 처지다. 하지만 그 어디에서도 정답을 쉽게 찾을 수는 없다. 혹여 선생님이나, 부모님 그리고 가족들 또는 주변에 선배들이나 친구들에게조차 그 답을 기대하지만, 그것도 소용없다. 그래서 우리의 청소년들은 '노답'이란 신조어와 헬조선 같은 유행어를 만들었는지도 모른다.

또 청년들의 고민도 별반 다르지 않다. 학업 문제와 주거문제, 취업과 일자리, 이성 문제와 결혼, 인간관계와 사회 문제 등등이다. 여기도 한마디로 말하면 '노답'이다. 현재의 사회 구조와 시스템 속에서는 대안다운 대안은 찾기가 어렵다. 하지만 희망이 보이지 않는다고 해서 절망만 하고 있을 수는 없다.

우리 인간의 삶은 끊임없이 생겨나는 사건과 문제들 속에 존재하는 연속성이다. 즉 사건과 문제가 없으면 인류의 삶도, 역사도 궁극의 목표와 가치도 무의미하다. 문제가 있으므로 인해서 답을 구하려고 노력하고 방법을 찾는다.

이렇게 끊임없이 생겨나는 문제들에 대해서 고민하지 않고 살아간다는 것은 인간에겐 불가능하다. 이럴 때 우리를 향해 끊임없이 생겨나는 사건과 문제들에 대해서 회의를 하고, "왜?"라고 자신을 향해 끊임없이 질문을 던지게 되는 것이다. 하지만 그럴 때마다 우린 만족한 답을 얻지 못한다. 만일 만족한 답을 갖는다면 우린 대단한 행복감을 가질 것이다.

문제의식이란?

어떤 사건에 대해 주체적으로 바라보는 의식이다. '왜'라고 의문을 품고 그것에 대한 답을 구하는 의식이다. 우린 그러한 문제의식을 통해 행동하고 실천하는 자세를 갖게 된다. '인생이란 무엇인가?'라는 삶의 본질적 문제에도 질문을 던진다. 하지만 객관적이고 명쾌한 답은 없다. 어쩜 답이 없는 것이 정답일지 모른다. 그래서 "인생은 노답"이라고 하지만 우린 이 말에 순순히 긍정할 수 있을까? 긍정도, 부정도 쉽게 할 수 없다. 하지만 강하게 "노"라고 부정하고 싶다. 그렇게 해야 조금이라도, 희미하게 아주 멀리에서 깨알 같은 희망이라도 보일 것 같기 때문이다.

하지만 필자의 생각은 좀 다르다. 현재 우리 청소년의 미래에 대해 '노답'이라고 규정짓는 것은 섣부른 언어도단이다. 이 세상 모든 문제에 답이 없는 문제는 하나도 없다. 답이 없다면 문제도 성립되지 않는다. 지금 우리가 당면한 모든 문제에 대해서 답이 없는 것처럼 보이기도 한다. 하지만 모든 문제엔 반드시 답은 있다. 그것을 알게 하고 알아내는 과정이 인문학이고 인문정신이라고 필자는 생각한다.

우리의 인생에서 삶에 대한 답은 각자가 다 다르다. 그런데 우린 하나의 공통된 사건에 공통된 문제와 공통된 답으로 자신의 문제에 답을 찾으려고 한다는 게 문제이다.

내가 이 세상을 살아가는 것은 어디까지나 나의 사건이요, 나의 문제이다. 따라서 그에 대한 답도 나만이 산출할 수 있다. 그런데 사람들은 타인의 사건에, 타인의 문제에 나의 사건과 나의 문제를 대입시켜 답을 구하려 한다. 또는 나의 사건과 나의 문제에 타인의 답을 갖고 와서 나의 답이라고 생각하기도 한다. 그것이 문제이다. 답을 구하는 방식에 있어서 그것은 매우 잘못된 산출방식이다.

각자의 삶에 이처럼 답이 다 다른데 타인의 답으로 자신의 답을 대신하려고 한다. 또 나의 답을 찾는데 필요한 열쇠는 내 생각과 나의 의식에 있음에도 불구하고 획일화된 교육이나 지식에서 답을 찾으려고 한다. 그러니 답을 구하기 어렵다. 그러다 끝내는 답이 없다고 선언하고 포기하게 된다. 과연 그럴까? 하지만 그렇지 않다. 이제부터 "나의 답은 나의 인식에 있음을 알자"로 새롭게 인식해야 한다. 다만 어려운 문제와 쉬운 문제가 있고, 좀 쉬운 답과 어려운 답이 있을 뿐이다.

그 때문에 필자는 '노답'이란 말엔 긍정할 수 없다. 그래서 필자는 이에 "노답은 노"라고 선언한다. 이 세상은 잘났다고 혼자 살아가는 세상이 아니다. 함께 더불어 살아가는 것이 세상이다. 세상은 나만 살아가는 것이 아니다. 무수히 많은 사람과, 무수히 많은 생명체와 함께 더불어 공존하는 세상이다. 이러한 사회의 메커니즘 속에서 '균형과 조화'를 이루어야 하는 것이 인간의 삶에 당위성인 본질이 아닐까?

우리의 인생에 있어서 '광운대 인문대 수석 졸업자의 집' 토스트 가게 운영자 이준형 씨처럼 모든 사람이 수많은 사건과 문제들에 대해 질문하고 답을 구하려고 한다. 특히 미래 사회의 주역이 될 우리 꿈 많은 청소년도 자기 미래의 삶에 수많은 질문을 하고 있다. 하지만 그러한 질문들에 답을 구하는 주체는 다른 사람이 아니라 바로 자기 자신인 '나'이다.

이준형씨는 그러한 문제와 질문들에 답을 구하고 청소년들과 청년들에게 건강하고 좋은 본보기가 되어 주고 있는 주인공이었기에 여기에 소개했다.

이 주인공이 '노답'이라고 한 것은 '답이 없다'라는 것이 아니라 타인의 문제와 질문에서 자신의 답을 구하지 말라는 진지한 조언이다. 이에 필자는 앞으로 우리 청소년들이 자신의 질문에 효과적으로 답을 구하는 데 유익한 참고가 되길 바라는 마음으로 이 인터뷰 내용을 가감 없이 게재하기로 했다.

필자의 이런 생각에 동의하여 이 책에 게재할 수 있도록 허락해준 이준형씨, 트웬티스타임라인의 김세림 기자와 김도현 편집장께도 함께 감사를 드린다.

지금 그대들에게 길을 묻는다

청소년들이여!
그대들은 지금 행복한가?
행복의 길로 가고 있는가?

청소년들이여! 지금 그대들에게 행복을 묻는 것은 그대들이 행복해야 미래가 있기 때문이다. 그대들이 행복하지 않고는 엄마, 아빠도, 세상에 모든 사람이 행복할 수가 없다. 이 세상 남녀노소 누구를 막론하고 진정한 행복추구에 대한 갈망은 높고 크다. 하지만 쉽게 행복할 수 없는 것이 지금 우리가 사는 21세기 현대사회의 현실이다.

부모님들의 기성세대들은 자식들에게 밥맛과 살맛 나는 세상을 구현하기 위해 부단히도 애쓰지만 야속하게도 세상은 그렇게 호락호락하지 않다. 그래서 그대들의 엄마, 아빠들은 가슴이 아프다. 그래서 그대들이 공부를 잘해서 좋은 대학에 가고, 좋은 직장에 다니기를 바라고, 좋은 배필을 만나서 결혼하기를 바라고, 모두 성공하기를 바라는 것이다. 그러나 그것은 부모들의 일방적인 생각과 바람일 뿐이겠지?

그렇다고 공부가 저절로 되고, 그대들이 절로 성공하는 것도 아니다. 그런 부모의 마음과 뜻에 맞추어 공부하느라 얼마나 힘들까? 하지만 많이 힘들어도 노력해야 한다. 학생의 본분은 학업에 충실한 것이 먼저다. 학업에 게으르지 않고 충실하면 그만큼 성공의 가능성이 커지기 때문이다. 그것은 왜냐? 우리가 추구하는 삶의 궁극적 목표가 행복이기 때문이다. 그러나 행복은 저절로 오거나 만들어지는 것이 아니다.

어떻게 해야 그대들이 행복할 수 있을까?

과거 동·서양을 막론하고 인간의 삶에서 한 번도 행복이 인간을 떠나 있었던 적은 없었다. 그러나 이처럼 복잡 미묘한 현실에서 행복의 구현이 현대사회의 삶에서 어떻게 발현되고 작용할 수 있을까 고민해야 한다. 그러나 쉽게 이룰 수 있을 것이란 성급한 기대는 금물이다.

아리스토텔레스를 비롯해 많은 사상가와 철학자, 행복론 자들이 그 진지한 해답을 얻고자 오랫동안 인류를 위해서 그들의 일생을 헌신했다. 그러나 그렇게 평생을 헤매고 헤매었을 고뇌와 성찰의 시간이 죽음의 문턱에 다다랐을 때쯤에나 갖갖으로 자신의 행복에 대한 물음에 답을 구했다고 한다.

독일이 낳은 세계 문학사의 거장 괴테는 '행복한 인간이란, 자기 인생의 끝을 처음에 이을 수 있는 사람을 말한다.'라고 말을 했다. 하지만 그렇게 주검을 목전에 두고라도 자신의 행복이 무엇인지 알아낼 수만 있다면 그것이야말로 신의 마지막 은총이자 아주 귀한 행운의 선물이 아닐까? 그렇게 행복(happiness)은 누구나 갈구한다. 하지만 우리의 삶에서 각기 풀어내야 할 숙명적 방정식과 같은 과제이다.

그렇다. 행복은 우리 모두에게 매우 중요하다. 하지만 그 행복을 그대들의 부모가 모두 대신하여 만들어 줄 수는 없다. 그대들의 행복은 그대들 스스로가 노력해서 쟁취할 수 있고 그 행복의 목표에 도달할 수 있는 권리이다. 그렇다면 스스로 자기의 삶과 인생에서 행복을 찾아내고, 만들어내야 하는 일에 주저하지 말아야 한다. 그런 삶의 행복을 찾아내기 위해 현대인들은 끊임없이 노력하며 전진한다. 그것을 위해 한곳에 정착하지 못하고 팔도강산 전국 방방곡곡 또는 지구촌 곳곳을 누비며 그 행복을 찾아 헤매고 또 헤매며 살고 있다. 이러한 문제는 비단 한국사회의 문제만은 아니다.

최근 국제사회에서 대규모로 일어나고 있는 난민 문제는 아시아와 아메리카를 비롯해 전 지구적인 문제가 되었다. 미얀

마에 살던 이슬람계 소수민족 로힝야 '인종청소'로 인한 70만여 명의 난민 문제가 그랬고, 중남미에서는 이주자 행렬 '캐러밴'들이 미국행에 나섰다. 그러나 이에 맞서 미국 트럼프 행정부는 국경 장막을 쌓고, 군 병력을 배치하면서 국제적인 논란을 낳았다. 또 중동과 아프리카, 아시아에서 새로운 삶을 찾아 나선 수천 명의 난민 행렬 가운데 일부가 유럽연합 국가들로 들어가기 위해 보스니아 북서부에서 크로아티아로 들어갔다. 이렇게 자신들의 삶과 행복을 향해 찾아가는 모습에서 우리에게 많은 것을 생각하게 한다.

　이들은 숲속에서 눈과 강추위와 사투를 벌이면서 위험을 무릅쓰고 난민이주 행군을 계속하고 있다. 이러한 현상은 21세기 현대사회가 과학 문명에 의해 찬란히 빛나고 있지만 삶은 여전히 정치, 경제, 사회적으로 안정을 이루지 못하고 불안정하기 때문이다. 이러한 현상은 사회적으로 불안정한 국가에서 발생한다. 하지만 큰 틀에서 보면 이 또한 인류사회의 불균형으로 발생하는 현상이기도 하다. 이것 모두 자신의 국가가 자신의 미래와 행복을 담보하지 못하기 때문이다. 그렇게 정착하지 못하고 이리저리 곳곳을 떠돌다 정착할 수 있는 작은 행복의 꽃밭이라도 발견한다면 그것은 다행히 신의 은총이요, 축복일 것이다.

　그런 것들은 먼저 우리 인류사회가 얼마만큼 사회적으로 건강하게 안정되어 있느냐에 따라서 행복의 꽃밭을 빨리 발견하고, 빨리 정착할 수도 있다. 한국 사회에서도 산업화, 세계화 과정을 겪으면서 한때 한국에선 희망(행복)이 없다고 생각한 사람들이 절치부심하다가 고국을 등지고 이역만리 멀고 먼 타국 호주·캐나다·미국 등 여러 나라로 자신의 행복을 찾아 이민했다.

특히 그들이 불안해한 것은 남북으로 대치하고 있는 분단 현실과 정치적 상황으로 언제 전쟁이 일어날지 모른다는 불안감도 한몫했다. 전쟁과 같은 불행이 없는 나라에서 안정적으로 살고 싶은 미래에 대한 욕망에서다. 이런 현상은 이 땅에서 있었던 과거의 어두운 역사의 한 단면이기도 했다. 이 또한 일상에서의 참 살맛을 못 느낄 수 없었기 때문이다. 그것은 곧 희망이 없는 절망적 상황에서 생겨난 현상이다.

그렇게 붐을 이루던 한국의 이민역사도 어느덧 반세기가 넘었다. 하지만 그들이 모두 행복의 꽃밭을 찾고 행복했던 것은 아니다. 그리고 그 꿈과 희망을 이루지 못하고 다시 역이민으로 한국에 돌아온 사람들도 너무 많았다. 그곳이라고 해서 행복의 꽃밭이 누구에게나 주어지고 찾을 수 있었던 것은 아니다. 그러나 지금도 역시 세계 곳곳으로 자신의 행복한 꿈을 찾아 이민을 떠나려는 사람들은 아직도 많다. 그것은 아마 좀 더 큰 자신의 행복을 위해서 떠나거나, 자신의 행복을 이 땅에선 꽃피울 수 없다는 절망에서 내려진 최후의 결론일지 모른다.

어쨌든 고국을 버리고 난민이 되어서 가는 사람이든, 오는 사람이든 모두 자신의 행복한 삶을 위해 찾아 떠도는 사람들에 불행한 현실이다. 여기서 중요한 것은 행복을 찾은 사람도 있고, 찾지 못한 사람들도 있다는 것을 알아야 한다.

5세기 로마제국의 정치가이자 그리스 로마 철학의 최후를 장식한 사상가 보이티우스는《철학(哲學)의 위안(慰安)》에서 "행복은 자기 안에 있다."라고 말했다. 한국의 대표적인 여성 시인 가운데 한 사람인 모윤숙 시인은 그의 작품《행복(幸福)의 얼굴》에서 "모든 사람은 행복을 찾아 배회한다. 그러나 우리는 왕왕 우리가 찾아 놓은 행복에서 얼마나 많은 배신을 당해 왔던가. 인간은 행복을 고민하면서 살아간다. 길고 먼 여로에서 더듬고 찾고 하며."라고 말했다. 또 J. 주베르는 "행복이란 자기의 영혼을 훌륭하다고 느끼는 데 있다. 이 이외에는 소위 행복이란 것은 없다. 그러므로 행복은 비탄이나 회한 가운데에도 존재할 수 있다. 쾌락은 육체의 어떠한 점의 행복에 지나지 않는다. 참다운 행복, 유일한 행복, 온전한 행복은 마음 전체의 영혼 가운데 존재한다."라고 했다.

행복이란 이처럼 꼭 멀리 떠나야만 있는 것이 아니다. 그렇다면 이 '행복'이란? 장소에 대한 문제가 아님을 알 수 있다. 내가 서울(도시)에 살고 있으니까 행복하고, 내가 강원도나 전라도 어느 이름 모를 곳에 산다고 해서 불행한 것도 아니다. 내가 강남에 산다고 해서 반드시 많이 행복하고, 강북에 산다고 해서 반드시 더 많이 불행한 것도 아니다. 우리의 삶이란?

내가 어느 곳에서 무엇을 하고 살아도 행복할 수 있어야 한다. 그것이 참 행복이고 살맛 나는 세상에서의 삶이 아닐까?

행복이란, 각자가 피워내는 삶이고 향기이다

행복이나 불행은 '나(自我)'라고 하는 집에서 함께 동고동락하는 공동체적 존재이다. 필자는 "행복이란, 각자가 피워내는 삶이고 향기이다."라고 말하고 싶다. 내가 행복하냐, 불행하냐에 문제는 나에게 삶의 향기가 있느냐, 없느냐의 문제라고 생각할 수 있다. 나의 일상에서 남을 위하고 싶거든 '먼저 나를 위하라(爲己主義)'라고 했다. 또 남에게 잘 보이고 싶거든 '나부터 행복하지 않으면 안 된다. 이럴 때 내 정신과 내 말에서 자연스러운 삶의 향기가 생겨난다. 그것이 본연지성(本然至性)이라 할 수 있다. 미래 사회의 주인공이 될 청소년들이여! 우선 그대들의 몸과 마음부터 밝고 향기롭게 가꾸면 어떨까?[1]

나의 향기란 내가 아닌 누군가를 위한, 누군가를 위해 나누고 배려할 수 있는 헤아림의 통찰과 포용이 만들어내는 고결한 정신이다. 어쩌면 그것이 누군가를 위해 다가가고, 다가오게 하는 소통의 기술일지도 모른다. 꽃이 곱고 아름다워도 꽃의 아름다운 향기가 없다면 그것은 아무런 감동이 없는, 생명이 없는 조화(造花)에 불과하다. 조화는 아무리 곱고 아름다워도 조화일 뿐이고 향기를 가질 수 없다.

　우리 인간의 삶에서도 조화처럼 피어서 뽐내는 삶들도 주위에 많다. 겉보기엔 화려하고 아름답지만 절대 자연의 꽃향기(人間美)를 품어낼 수 없는, 감정이 존재하지 않는 한 문명의 로봇 인간 사이보그(cyborg)에 불과하다. 나의 삶에서 신비스럽고 정감이 넘치는 향기(꽃 내음)가 만들어지고 이 향기가 드넓은 세상에서 다른 자연의 생명과 교감하며 수수작용(授受作用)을 하고 조화를 이룬다면 어떤 꽃이든 꽃으로서의 가치와 피어남(살아 있음)에 가치는 그것으로 충분한 행복이다.

　청소년들이여! 지금 그대들의 삶과 인생길에서 그런 꽃을 피우기 위해 지금 우리가 해야 할 일은 뭘까? 그것은 바로 많이 힘들고 고통스러워도 주어진 본분에 충실히 제 몫을 다하는 길이 우선이다. 그것이 그대들이 힘차게 가야 할 길이다. 그래야 미래가 있고, 행복도 있다. 그렇게 우린 자신의 꽃밭을 가꾸듯 미래의 행복을 멋지게 만들어가야 한다.

미래의 주역,
그대들에게 가장 소중한 가치

그대들은 미래 문명사회의 주역

오늘날 현대사회는 그다지 행복하지 못하다. 특히 미래 문명사회의 주역인 청소년들의 삶이 그렇다. 미래에 대한 삶과 비전이 불투명하다. 일부 밝은 부분도 있다. 하지만 그것은 어디까지나 일부일 뿐이다. 그 일부에 의존하고 또 그 일부가 감당해야 할 부분이 너무 버겁다.

청소년들에 진로 문제, 미래 사회의 취업문제 등등 모두가 그렇다. 밥맛 나는 세상, 살맛 나는 세상을 꿈꾸고 있지만 모든 게 불확실성이다. 하지만 우리가 숨 쉬고 살아가는 이 시대는 다양한 환경 속에서 다양한 가치관이 공존하고 있다. 사람마다 각기 가지고 있는 소양과 품성, 사상과 철학에 따라 그 가치관이 다르고 추구하는 바가 다르다. 따라서 밥맛이나 살

맛도 각기 다르다. 그래서 우린 나와 이웃과 우리와 저들이 늘 관계와 관계 속에서 존재한다.

그렇다면 우리의 청소년들이 지향하고 추구해야 할 삶의 소중한 가치는 과연 어떤 것일까? 또 목표로 삼아야 할 가치는 무엇일까? 돈 · 명예 · 쾌락 · 사랑 · 자유 · 정의 · 신의 · 평화 · 예술 · 희생 · 헌신 · 반공 · 민주주의 · 애국 · 애민 · 행복 등 다양한 가치가 혼재해 있다. 이렇게 많은 가치관 중에서 청소년 여러분들은 과연 어떤 가치를 가장 소중한 삶의 기준으로 삼아야 옳을까?

따지고 보면 어느 것 하나 소중하지 않은 것은 없다. 그렇다고 또한 절대적 가치가 될 수도 없다. 하지만 그중에서 각자 자기를 위해 하나만 선택해야만 한다면 그것은 쉽지 않은 문제이다. 나를 비롯해 우리와 그들, 그들과 우리라는 사람들이 공식처럼 하나의 삶 속에서 엮어져 공존하고 있다. 그 삶 속에는 나를 비롯한 우리의 공통된 목적과 가치관도 공존하고 있기 때문이다. 거창한 명분이나 당위성을 비롯해 개인적이고 하찮은 작은 일들까지도 모두가 무시 못 할 높고 숭고한 가치들이란 것을 알 수 있다.

하지만 그렇더라도 나를 위한, 나를 위해 추구하는 삶의 진정한 가치라면 그것은 당연히 자기의 이상과 꿈을 실현할 가치가 으뜸이다. 이렇게 우리가 좌충우돌하는 삶의 목적도 사실상 따지고 보면 그 이유는 각자가 자기의 행복 찾기, 행복

만들기를 위해서 비롯된 일련의 사항들이다. 그렇다면 삶은 우리들의 행복 찾기, 행복 갖기 쟁탈전에 충돌인 셈이다. 그 이상과 꿈은 그것을 실현해가는 과정에서 수반되는 부수적 가치들이다. 그리고 행복감을 동반하게 된다.

행복추구의 가치가 가장 큰 으뜸

그렇다면 행복추구의 가치가 그 많은 가치관 중 가장 으뜸이 되어야 하는 것은 매우 당연하다. 따라서 반드시 부자가 되는 것만이 최상의 행복 요건은 아니다. 하지만 대충 따져보아도 부자들은 10가지의 행복 조건에 절반 이상을 가지고 있다. 부자가 아닌 중산층 이하의 일반 서민들은 10가지의 행복 요건 중 하나둘의 행복도 제대로 소유하기가 힘든 것이 오늘의 현실이다.

그렇게 추정해 본다면 전체 국민의 행복지수는 매우 낮다. 대다수 국민은 불만족 속에서 진정한 행복을 누리지 못하고 있다는 것이 현재 우리 사회의 실상이고 통념이다. 그러나 실제 우리 국민이 얼마나 행복한지 정확히는 알 수가 없다.

2015년 동아일보가 창간 94돌을 맞아 실시한 국민행복 여론조사에 의하면 응답자 절반 이상인 52.7%가 삶이 행복하지 못하다는 답변이었다. 또 한국경제학회가 1990년~2017년까지 발표한 한국인의 행복연구에 따르면 경제협력개발기구

(OECD) 31개 회원국 가운데 여전히 하위권이 머물러 있는 것으로 나타났다. 이 기간에 1인당 GDP는 소득지표 28위에서 20위로 껑충 뛰었지만, 소득 격차는 오히려 악화해 27위로 6단계나 추락했다. 특히 OECD 회원국 중 자살률 1위의 불명예는 계속 안고 있다. 2018년 유엔의 세계 행복 보고서에 따르면 삶의 만족도(행복지수)는 156개국 가운데 54위로 2012년 41위보다도 더 낮아졌다. 그것은 우리 국민이 삶에서 겪고 있는 절대적 좌절감과 절망감이 얼마나 큰지를 단적으로 드러낸 결과이기도 하다.

현재 우리나라에서 진행형인 중산층의 붕괴 현상은 점점 더 사회의 불균형과 양극화를 심화시키고 있다. 그런 상황에서 국민소득률의 증가는 오히려 물가상승의 요인으로 작용하여 서민의 가정경제와 삶을 더욱 악화시키고 있다. 과거 한때 1인당 국민소득이 24,000불이란 통계적 수치에 들뜨기도 했지만, 정부 당국은 자만할 때가 아니다. 그것은 평균에 못 미치는 전체 국민이 훨씬 더 많다는 사실을 직시해야 한다.

또 1인당 국민소득률은 올라가고 나라 경제가 성장해도 오히려 사회 양극화, 과도한 경쟁, 취업 스트레스, 약자의 상대적 박탈감은 날로 커지고 우리의 작은 행복감마저도 갉아먹고 있다. 인간의 삶에서 행복요소가 여러 가지가 있겠지만 그중 건강과 가족, 돈이라고 생각한다. 하지만 건강하고 가족관계가 원만하고 화목해도 돈, 즉 경제적 안정이 확보되지 못하면 우린 불행할 수밖에 없다고 생각하는 게 현실이다. 그 때문에 안정된 가정경제기반을 위해서 모두가 성공을 꿈꾼다. 그 성공을 위해서 미래 사회의 주역인 우리 청소년들이 한시도 행복을 맛볼 겨를도 없이 힘들게 학업 경쟁에 내몰리고 있지 않았는가?

그러나 반드시 재물이 많고 부를 축적해야만 행복한 것은 아니다. 또 모든 국민이 부를 축적하는 것은 현실적으로 불가능하다. 과거 60~70년대로 돌이켜 보자. 이른바 조국 근대화의 물결이 세차게 불 때다. 뜻있는 정치지도자에 의해 국민교육헌장이 공포(1968.12.5)되었다. 그때 유년 시절 누구나 그 국민교육헌장을 수학 공식처럼 달달 외우고 또 외웠던 기억이 생생하다. 그 헌장의 전문을 보면 한 국가의 국민 된 처지에서 추구해야 할 삶의 온갖 목표와 가치가 다 함축적으로 내포되어 있고 그렇게 설정된 헌장이다.

이 국민교육헌장은 학생들뿐만이 아니라 직장인, 사회인 전 모든 국민이 6.25 전쟁으로 망가진 나라를 재건하기 위해 조국 근대화사업에 동참했고, 기꺼이 국민교육헌장을 외우고, 그 뜻을 일깨우고 실천하려 부단한 노력을 했다. 하지만 지금 현대인들의 기억에서는 그 국가적 이념의 가치들이 가물가물하다.

그때 그 전문을 한 번 살펴보자.

"우리는 민족중흥의 역사적 사명을 띠고 이 땅에 태어났다."
라고 시작되는 헌장 속에는 "국가와 민족, 번영, 독립, 발전,
인류공영, 교육, 학문, 기술, 소질, 창조, 개척의 정신, 공익의
질서, 경애와 신의, 상부상조, 협동 정신, 근본, 책임과 의무,
국가건설, 봉사, 국민정신, 반공, 민주, 애국애족, 자유, 이상
실현, 통일 조국, 신념과 긍지, 근면, 슬기, 새 역사 등"과 같이
참으로 하나하나의 낱말이 모두 없어서는 안 될 귀중한 우리
의 삶에 빼놓을 수 없는 큰 가치들로 꽉 차 있다.

그런데 참으로 아이러니하다. 여기에서 정작 우리의 삶에 근
본적 가치에 빠져서는 안 되는 중요한 낱말이 하나 빠져 있다.
그것이 실수였을까? 알 수는 없지만 바로 '사랑과 행복'이란
가치가 빠져 있다. 그렇게 많은 말들이 있었지만, 그중에서도
가장 중요하고 핵심인 사랑과 행복추구의 낱말이 빠져 있었다
는 것은 매우 이해하기 어려운 대목이다. 그것은 가장 소중한
삶의 본질을 놓치고 있다는 생각이다. 삶의 본질적 가치를 빼
놓고 그렇게 많은 말들이 왜, 무엇 때문에 필요했을까? 라는
의문이 든다.

모든 것은 '사랑과 행복추구'의 귀결이다. 행복하기 위해서
공부도 열심히 하고, 사랑도 하고, 일도 하고, 조국 근대화를
위해 산업의 역군으로서 기꺼이 동참했던 우리의 부모, 형제
들의 삶은 피나는 고통과 눈물의 역사였었다. 그런데 그 알맹
이가 없는 겉모습만 그럴듯한 미사여구들로 가득했다. 그랬으

니 모든 국민이 행복할 틈이 어디 있었으랴.

그런데 역사는 흐르고 시대는 바뀌었다. 그 때문인지 이제 그 시대의 국민에게 유일하게 희망이었던 '국민교육헌장'의 정신은 이미 이 시대, 현대인들에겐 실종된 지 오래고 없다. 이것은 마치 대한민국의 반세기 역사를 송두리째 날려버린 것 같은 허탈함이다. 엄연히 그 헌장은 우리 역사의 한 자락을 이어왔던 중심의 한 축이요, 정신의 한 페이지요, 그 시대를 살아온 사람들에겐 그조차도 삶의 소중한 한 토막이었다. 면면히 이어온 우리 민족의 생명 끈 같은 희망의 끈이었다. 그 고난의 한 시대를 살아왔던 이 땅에 국민에게는 한없는 희망의 끄나풀이었고 결코 포기할 수 없었던 행복의 끈이었었다. 그리고 그 한 끈에 의해서 오늘이 이어져 왔고 또 내일의 희망과 역사가 창조되고 있다는 사실을 위정자들은 왜 가맣게 잊고 있었던 것일까?

새 시대의 트랜드는 합리적 의식의 균형과 조화

자, 이제 그렇게 절단된 행복의 끈을 시대적, 사회적 사명과 소명 의식으로 다시 이으려면 어떻게 해야 좋을까? 그것을 다시 이을 수 있는 것은 다양한 가치관들을 하나의 어울림과 아우름으로 재창출하는 것이다. '균형과 조화'[1)]의 가치로 인문의 정신을 되살리는 것이다. 그것을 통해서 함께 행복한 세상을 꾸려가야 한다. 다양한 환경과 사회질서 속에서 상충하는 우리의 가치관을 균형과 조화로서 중심 있는 공통분모를 만들고 그 위에 행복의 분자를 세워가야 한다. 그것이 그대들이 미래 사회에서 이루어가야 할 가치이다.

그러기 위해서는 먼저 미래 사회의 주역이 될 우리의 청소년들이 행복해야 한다. 청소년들이 행복해야 미래가 있다. 그럼 청소년들의 행복은 무엇으로 만들어지는가? 그것은 바로 꿈과 이상 그리고 뜨겁게 타오르는 희망의 열정과 행복추구의 가치이다. 그리고 청소년들이 그 꿈과 이상을 먹고 희망을 품게 해야 한다. 그런데 그것을 책임지고 있는 기성세대가 그것을 위해서 과연 무엇을 하고 있는가? 정치도 바로 세우지 못했고, 교육도 바로 세우지 못했다.

그렇다면 청소년의 당사자인 우리 스스로가 세상에 똑바로 서야 한다. 소용돌이치는 세상에 똑바로 서기 위해선 먼저 나 자신의 중심을 바로잡아 세워야 한다. 그 중심을 잡아 세워야 미래로의 힘찬 전진이 가능하다. 그랬을 때 균형 잡힌 삶의 역할과 실천이 가능해진다. 그렇다면 나의 흔들리지 않는 중심은 어딘가. 그 중심의 위치를 찾아내는 일이 중요하다. 그것이 내가 바르게 서고, 내가 치중화(致中和)[2] 하고, 중용(中庸)의 인도(人道)를 따라 나 자신의 중심 위치를 찾는 일이다.

이제 문명의 시대적 조류는 빠른 속도로 급변하고 있다. AI(인공지능)를 비롯한 거스를 수 없는 첨단화된 디지털 문명과 하이테크 산업의 역사와 문명 창달이 노도처럼 이 나라와 우리의 가슴속에서 출렁이고 있다. 또 세상은 그렇게 끝임없이 먼 미래를 향해 끝없이 진화하면서 전진한다. 그러나 아무리 진화하고 변화해가도 변하지 않는 가치관이 세상에 있다면 그것은 바로 "우리의 삶 본질에 내재 된 사랑과 행복추구의 열망"일 것이란 생각이다. 이것은 동서고금을 막론하고 인류가 추구하고 지향해 온 손꼽을 으뜸의 가치이다. 이것을 그대들의 후손이 잃게 해서는 곤란하다.

이제 21세기 글로벌 시대에 거스를 수 없는 사회적 트렌드는 '균형과 조화'이다. 이것에 실패하면 미래의 번영과 행복은 우리와 인류를 위해 담보되지 않을 것이다. 그런 것을 결코 잊어서는 안 된다. 각 가정이 하나의 사회적 구심체가 되어서 중심에 바로 서고 그 중심에서 미래의 중심을 향해 가야 한다.

그 중심을 이해하고 알게 하는 인문정신의 학문과 참가치가 바로 중용(中庸=golden mean)이 중시하는 인문적 가치이다. 이 가치는 하늘과 우주 자연의 이치를 깨닫고, 사람이 사람다움의 삶을 영위토록 추구하는 가치이다. 각기 형편과 사정은 달라도 이웃과 이웃이 함께 가고, 모양과 색깔은 달라도 사회와 사회가 함께 가고, 이념과 사상은 달라도 국가와 국가가 함께 가야 한다.

이것이 균형과 조화(balance and harmony)의 가치이다. 이런 가치가 우리 사회의 중심을 지켜주고, 가정의 중심을 지

켜주고, 나의 중심을 지켜준다면 이것이 곧 미래 사회의 주역
으로서 청소년 여러분들이 진정한 행복으로 가는 가장 소중한
참가치가 될 것이라는 믿음이다.

그대들의 꽃은 어디에서 피어나는가?

21세기 미래 청소년들의 행복은 어디에 있나?

'우리의 일상적 삶에서 어떤 바람이나 희망 사항의 욕구가 충족되어 부족함이나 불안감이 전혀 느껴지지 않고 안심되는 안정된 심리적 상태'가 바로 행복에 대한 사전적 의미이다. 하지만 그런 상태는 어디까지나 자기 자신의 주관적인 심리적 상태의 현상이라 할 수 있다. 행복은 개인이 지닌 품성과 성향 그리고 개성의 기준에 따라 가치관의 기준도 차이가 생기게 된다. 그러므로 행복은 어디까지나 본인의 주관적 가치관에 의해 만족감이 성취되는 것이라고 본다.

그렇다면 행복은 어떻게 만들어지는 걸까? 또 행복은 과연 어디에 있는 것일까? 우린 우리의 삶에서 과연 얼마만 한 행복을 느끼며 살 수 있을까? 이런 물음에 대하여 각자 그 의미를 규정짓지만 정확한 해답을 내리기가 참으로 모호하다. 그러나 지금까지 나온 행복의 정의들을 보면 '결핍과 곤궁으로부터 자유로움', '올바로 잡힌 사물의 질서', '의식에 대한 인식', '자연의 환경이나 사회에서 자신의 위치를 확신하는 상태', '마음의 평온 상태' 등으로 정의[1] 하고 있다.

심리학자 에이브러햄 매슬로에 의하면 "사람의 욕구는 어느 단계를 달성하게 되면 계속하여 더 높은 단계를 기준으로 삼기 때문에 '절대적 행복'이라는 것은 존재할 수 없다."라고 말했다. 우리 속담에도 '말을 달리면 경마를 달리고 싶다는 말이 있다.' 이 말은 인간의 끝없는 욕망과 행복추구에 대한 심리적 갈망과 욕구를 바로 보여 주는 사례이다. 이처럼 행복의 척도를 객관적으로 정의하기는 매우 어렵다.

그러나 행복주의(eudemonism)[2]는 윤리학에서 개인의 안녕이나 행복을 인간의 최고선으로 삼는 자아실현설의 하나라고 했다. 실제로 행복이란 대체로 어떤 행동을 동반하는 마음의 상태로 여겨진다. 그러나 '행복(eudemonia)'이 무엇인가에 대한 아리스토텔레스의 대답(덕과 일치하는 행동 또는 명상)을 보면 에우다이모니아는 인간의 마음이 아니라 거기에 동반하는 행동을 일컫는 말임을 알 수 있다.

따라서 그리스어 에우다이모니아는 '마음속에 내재 된 훌륭한 정신이나 비범한 재능을 가진 상태'를 뜻한다. 또 에우다이모니아는 사람이 할 수 있는 가장 훌륭한 행동이라는 것과 같은 질문이고 답이라 하였다.

행복의 꽃을 피우려면 긍정의 씨앗에 물을 주자

틱낫한 스님의 명언 중에 '우리의 마음은 밭이다. 그 안에는 기쁨·사랑·즐거움·희망과 같은 긍정의 씨앗이 있는가 하면, 미움·절망·좌절·시기·두려움 등과 같은 부정의 씨앗도 있다. 어떤 씨앗에 물을 주어 꽃을 피울지는 전적으로 자신의 의지에 달려있다.'라고 했다.

그렇다. 행복의 꽃을 피우려면 긍정의 씨앗에 물을 주어야 하지 않을까? 그러나 긍정의 씨앗에 물을 주었다고 해서 누구나 행복의 꽃을 피울 수 있는 것은 아니다. 거기에는 정성(情誠)이 깃든 실천적 행동이 뒤따라야 한다. 그랬을 때 비로소 사람이 할 수 있는 가장 훌륭한 행동이 되기 때문이다.

영국의 사상가이며 공리주의자 제러미 벤담과 존 스튜어트 밀과 같은 후세의 도덕론자들은 행복을 고통이 없는 상태와 쾌락이라 정의하기도 했다. 또한 '행복이란 쾌락 그 이상도 그 이하도 아니라고 했다. 쾌락이 곧 행복이고, 행복이 곧 쾌락이라'라는 식이다. 또 벤담은 '행복이란? 즐거움이 계속 유지되기를 원하는 상태이며, 불행이란? 불쾌함이 사라지기를 원하는 상태이다.'라고 했다. 또 '행복은 그 자체로서 목적이며, 이에 따른 것들은 모두 행복을 위한 수단에 불과하다.'라고 주장했다. 또한, 여전히 행복을 마음의 상태로 보는 또 다른 철학자들은 행복이 육체적이지 않고 정신적이며, 일시적이지 않고 지속적이며, 감정적이지 않고, 이성적이라는 이유를 들어 쾌락과 구별하려고 부단한 노력을 했다.

심리학자 리처드 스티븐스는 '행복이란 무엇인가?'에 대하여 다음과 같은 3가지 요소[3]를 붙였다. 첫째는 좋은 느낌과 긍정적인 마음. 둘째는 활기 넘치는 생활. 셋째는 의미부여, 즉 인생에서 가장 가치 있는 선택을 하는 것이라고 했다.

우리 주위에선 간혹 '행복'과 '쾌락'을 동일시하는 때도 있는데 그것은 엄연히 다른 의미이다. '쾌락'은 주로 동물적인 감각이 순간적으로 빠르게 왔다가 사라지는 느낌의 현상 같은 것이다. 또한, 자연적으로 어떤 환경에 도취한 기분을 지칭하기도 한다. 이것은 신경전달물질인 도파민(dopamine)에 의해 어떤 자극이 물질적 작용으로 반응해서 뇌로 분비되는 현상이다. 그 때문에 이런 쾌락을 경험하면 일시적으로 기분이 좋아질 뿐이다.

그러나 행복은 장기간에 걸친 '내재적 감정(內的 感情)'[4]을 지칭하는 용어로써 잘(무탈하게)살고 있다는 느낌을 의미한다. 하지만 인간은 누구나 일시적인 쾌락보다는 지속적인 행복을 추구하기 마련이다. 이러한 느낌은 뇌의 기능적 작용의 상태이며 의도적으로 만들어낼 수도 있다고 했다.

마음의 작용

우리 안에 존재하는 내재적 감정은 한 마디로 '심(心=마음)의 작용'이다. 이 심의 작용을 중용에선 중화(中和)라 하여 마음의 움직임과 정신의 작용을 뜻하는 의미이다. 이 중화는 항상 변화의 작용 속에서 가장 안정된 위치 즉, 중(中)을 찾아 움직이는 심리적 작용의 현상을 말한다.

중심(中心)은 인간의 마음을 비롯한 모든 사물 가운데 다 내재 돼 있다. 중화는 일종의 자기조절 기능과 같은 형편의 원리로써 작용하여 사물의 양단에 균형과 조화를 포괄하는 의미이다. 이것은 요즘 심리학에서 말하는 정서(情緖, emotion)와 같다. 정서는 밀접한 관계가 있는 우리 몸속의 현상과 작용에 대한 지각적 감성이다.

화(和)는 희로애락의 정(情)이 심(心)의 작용으로 나타나 외제 사물에 영향을 미쳤을 때 딱 들어맞아 과불급이 없는 중절(中節)의 상태를 화(和)라 한다. 수면에 열(熱)·냉(冷)·조(燥)·습(濕)의 기운이 작용하면 수면 위에 물결이 일어나거나, 얼거나, 증발하는 등에 변화가 생기게 된다. 이처럼 사람의 성(性)에 희·노·애·락(喜·怒·哀·樂)의 정(情)이 작용하면 변화가 일어나는데 그 변화가 겉으로 나타나지 않고 사물의 본질 내재 상태에서 균형을 이루고 있는 상태가 중절(中節)이다. 이것이 겉으로 표출되어 작용을 이루고 있는 상태를 화

(和)라 한다.[5]

결국, 이것은 마음이 만들어지고 그 마음의 작용이 일어나는 상태가 감정이 된다. 다시 말해 감정은 기분이다. 그 기분이 좋으면 행복이고, 그 기분이 나쁘면 불행이다. 이런 감정이 느껴지는 영어에 낱말은 'feeling'이다. '느낀다.'라는 동사의 행위를 나타내는 동명사이다. 이 낱말의 어원은 '만져서 촉감으로 감지하다'를 뜻하는 중세 영어 동사 'felon'에서 시작되었다. 그러나 이 낱말의 의미는 어떤 특정한 감각기관이 아니라 모든 감각 작용을 통해 감지한다는 전체의 뜻으로 변화되었다.

심리학자들은 감정이라는 용어를 여러 형태로 정의하고 해석하여 사용했다. 앞의 정의는 감정과 정서의 문제를 개인의 '내면 상태'의 문제로 규정한 미국의 심리학자 R.S. 우드워스의 정의와도 같다. 그러나 많은 심리학자는 여전히 독일의 철학자 이마누엘 칸트의 정의에 따라 감정을 심리학에서 'affect'라고 부르는 마음의 유쾌한 상태, 불쾌한 상태와 동의어로 사용되고 있다.[6] 그러나 본래 감정은 내면적·주관적인 성격을 갖고 있는데 이것은 성(性)에 의한 것으로서 중화하여 일어난 현상에 대하여 느껴지는 심정적 기분을 말한다.

예컨대 누군가가 행복하지 않은 것처럼 보인다고 할지라도 그것은 어디까지가 관찰자의 주관에 따른 것이다. 혹 그 상태를 당사자가 주관적으로 행복한 상태라고 느끼고 있다면 그것은 행복의 한 형태라 할 수 있다는 것이다. 또 행복은 상대적이다. 이전에 충족시키지 못했던 어떤 상태가 충족되었을 경우, 그것은 이전의 상태와 비교하여 행복하다고 볼 수도 있다. 이처럼 행복으로 인해 파생되는 심리 상태로 만족, 기쁨, 즐거움, 신남, 보람, 평온함 같은 감정이 존재하게 되는데 이들 단어 역시 개개인의 주관에 따라 하나하나 분화된 개념이다.

행복을 만드는 3원칙

인간은 예부터 행복해지려는 방법을 다양하게 추구해 왔다. 행복에 대한 고찰, 행복하기 위해서는 어떠한 삶을 어떻게 살아야 하는가? 등의 방법론 등을 제시하는 이론들이 '행복론(幸福論)'이다. 칸트는 인간이 행복을 만들어가는 행복의 3원칙을 이렇게 말했다. '첫째, 어떤 일을 할 것. 둘째, 어떤 사람을 사랑할 것. 셋째, 어떤 일에 희망을 품는 것이다.'라고 했다.

또한, 앙드레 지드는 사람이 행복해지는 비결에 대하여 '행복해지는 비결은 즐거움을 얻기 위하여 노력하는 것이 아니라 노력, 그 자체에서 즐거움을 발견하는 데 있다.'라고 했다. C. 폴록은 '행복이란 넘치는 것과 부족한 것의 중간쯤에 있는 조그마한 역이다. 사람들은 너무 빨리 지나치기 때문에 이 작은 역을 못 보고 지나간다.'라고 했다. 또한 '행복하게 되고 싶은 사람은 남을 기쁘게 해주는 방법부터 배워야 한다.'라고 M. 프리올은 말했다.

우린 인간의 행복론에 대하여 세네카의 사상과 철학을 음미해 볼 필요가 있다. 세네카는 플라톤과 에피쿠로스에게서 많은 영향을 받았다. 그의 철학적 이론의 바탕은 영혼과 육체의 구별을 강조하였고 나아가 스토아학파의 이론을 발전시켰다. 세네카는 행복론에 대해 '인간의 덕성에 그 바탕을 두고 있다'라고 하였다. 그에 의하면 '온 우주 사이에 벌여 있는 온갖 사물과 모든 현상 가운데에서 인과관계가 가장 긴밀한 것은 행복과 덕성의 관계이다.

덕성이 있는 곳에 가장 자연스러운 행복이 조성되는 것이고, 행복이 있는 곳엔 언제나 덕성이 따르게 된다.'라고 하였다. 또한 '훌륭한 것은 날을 얼마나 예리하게 다듬었는가에 따라 결정되는 것이며, 결코 칼집이 얼마나 찬란한가에 따라 결정되는 것이 아니다. 따라서 인간을 존귀하게 하는 것은 돈이나 그 밖의 소지품이 아니고 오직 그 사람의 덕성이다.'라고 말했다. 이처럼 그의 사상과 철학은 인간이 인간다움의 덕행을 통하여 이성적 처세의 학문과 자연은 자연 그대로 사물을 보는 의식의 학문과 철학이다. 따라서 그는 곧 자연의 이치와 순리가 인간 세상의 법칙이라고 주장했다.

사람은 누구나 행복한 삶, 복 있는 삶을 원한다. 사람들은 대부분 행복을 부귀, 명예, 권력, 건강, 장수 등을 행복의 조건으로 인식하고 있다. 그러나 '행복이 무엇이냐'에 대해 아리스토텔레스는 개인의 행복뿐만 아니라 공동체의 행복과 안녕을 실천철학의 중요한 연구과제로 꼽았다. 그에 따르면 '인간이 추구하는 행복한 삶은 개인적인 차원을 넘어 공동체 속에서의 좋은 삶 혹은 성공적인 삶이다.'라고 했다.

다시 말해서 아리스토텔레스는 인간의 행복을 공동체 속에서의 삶 전체에 대한 인식으로 인간 모두 자신의 만족과 연관 지어 파악하였고, 선하고 올바른 삶이 참된 행복을 얻는 것이라고 보았다. 또한, 사회적 존재로서의 인간이 일상의 모든 행위를 통해 도달할 수 있고 그러한 목적 중에서 최고의 선은 바로 우리가 추구하는 행복(eudemonia)의 가치로 보았다.

프랑스의 소설가 스탕달은 '인간이 이 세상에 존재하는 것은 성공하기 위함이 아니라 행복하게 살기 위해서이다.'라고 하였고, 앨버트 슈바이처는 '성공이 행복의 열쇠가 아니라 행복이 성공의 열쇠다. 자기 일을 진심으로 사랑하는 사람이면 그는 이미 성공한 사람이다.'라고 하였다. 그 때문에 현대사회에서도 많은 사람이 성공과 행복을 자신의 인생과 삶에 최고의 목표로 삼고 하루하루의 일상과 정글의 법칙에 순응하려 노력하고 있다.

행복추구권의 이해

어쨌든 이러한 행복론들에 따라서 인권이라고 하는 것도 법률로 규정되어 있다. 행복추구권(幸福追求權)[7]은 인간이 법에 따라 보장받는 기본권에 포함된 권리이다. 이것은 누구든지 동등하게 행복해질 권리를 갖는다는 뜻이다. 따라서 이 행복추구권은 다른 사람의 행복추구권을 부당하게 침해하지 않는 한 나의 행복추구권도 제약을 받지 않는다는 의미를 포함한다. 이렇게 우리가 행복하기 위해 국가가 법률로 그 권리를 보호하고 있다. 하지만 실제 현실에서 나와 우리, 그들은 과연 얼마나 행복한 삶을 살고 있을까?

그러나 앞에서도 언급한 바와 같이 내가 얼마나 행복하냐? 당신이 얼마나 불행하냐? 하는 물음에 답은 매우 가변적이고 주관적인 문제이다. 예컨대 나 자신이 충분히 행복하다고 느낄 수 있음에도 난 아직 불행하다고 생각할 수 있고, 돌연 내가 불행을 겪고 있음에도 그래도 아직 난 행복하다고 할 수 있는 문제이기 때문이다.

그렇다. 이것은 누구라도 마찬가지이다. 가령 "난 가진 것이라곤 돈밖에 없어."라고 하는 사람들(졸부)이 우리 사회에 많이 있다. 하지만 그들에게 "지금 행복하십니까?"라고 묻는다면 그들은 이런 물음에 과연 얼마나 '그렇다'라고 긍정과 만족의 답을 할 수 있을까? 그렇듯이 인간의 삶에 행복과 불행을 딱 잘라 둘로 나눌 수도 없다. 다시 말해서 행복과 불행은 '나'라고 하는 감정 가족의 한 지붕 아래 존재하는 각각의 감정 개체가 아닐까 하는 생각이다.

행복과 불행은 '나'라는 집에 사는 한 가족

행복과 불행에 이런 명언이 있다. '행복과 불행은 같은 지붕 밑에 살고 있으며, 번영의 바로 옆방에 파멸이 살고 있고, 성공의 옆방에 실패가 살고 있다'라고 했다. 또 영국의 낭만파 시인 바이런은 '행복은 불행과 쌍둥이로 태어난다.'라고 하였다. 그렇듯이 행복이와 불행이는 '나'라고 하는 집(의식)에서 티격태격하면서 함께 산다고 할 수 있다. 그러다 어느 날 불행이가 잠시 외출을 하면 행복이가 신이 나는 것이고, 행복이가 외출한 날은 불행이 때문에 내가 괴로운 날이 되는 것이다. 아무리 그럴싸한 타워팰리스 같은 궁전에 사는 사람일지라도 각각의 행복이와 불행이를 늘 곁에 데리고 살아야 하는 감정 가족이다.

그럼 나와 행복이와 불행이의 관계는 과연 어떤 것인가? 생각해보자. '나'라는 존재는 무엇이고, 왜 이 세상에 존재하는 것일까? 그것은 나의 존재를 인정하듯이 행복과 불행도 인정해야 한다. 내가 존재하는 이유도 행복과 불행 때문이다. 늘 행복이 하고만 있을 수도 없고, 늘 불행이 하고만 있을 수도 없다. 항상 함께 존재하는 감정 가족의 구성원이다. 만일 행복과 불행이 존재하지 못하는 삶(세상)이라면 나 자신의 존재도 사실 무의미한 부존재의 상태이다.

도스토옙스키는 '인간의 불행은 자기가 행복하다는 것을 알지 못하기 때문에 불행한 것이다.'라고 했고, '행복은 안락함에 있는 것이 아니라 고통이라는 값비싼 대가를 치렀을 때만 얻을 수 있는 것이다.'라고 말했다. 결국, 우리가 추구하는 행복은 불행으로부터 싹이 터서 온갖 시련과 고통을 극복해낸 뒤에 값지게 피어나는 향기로운 마음의 꽃이 행복이다.

　지금 그대들도 학업이 힘들고, 고통스럽게 생각하고 있지는 않은가? 그렇다면 머지않아 그대들의 삶에 형형색색 피어날 행복의 꽃도 아름답고, 향기롭게 피어날 거라는 기대이다. 그런데 그 모든 희망과 열정을 여기에서 접고 도중하차 해서 가던 길을 멈춰버리겠는가? 그대들이여! 조금만 더 힘을 내자. 그러면 반드시 목적에 다다르게 될 것이고, 그러면 반드시 뜻한바 목표를 이루게 된다는 확신을 해보자. 그리고 스스로 행복하게 웃어보자.

꿈꾸는 청소년이 아름답다

꿈은 자기가 노력한 만큼 이루게 된다

청소년이여! 그대들은 꿈을 꾸는가, 안 꾸는가? 이상을 품고 꿈꾸는 청소년은 아름답다. 그것은 앞으로 살아갈 미래에 대한 열정과 희망이기 때문이다. 누구에게나 실현하고 싶은 희망과 이상(理想)의 꿈이 있다. 그런데 만일 그대들에게 꿈이 없다면 그것은 암울한 절망이고 슬픔이다. 그대들에겐 파랑새와 같은 꿈이 있어서 내일의 희망과 기쁨이 존재하게 된다.

그런데 우리에게 희망이고, 기쁨인 그 꿈은 어디에서 만들어지는 것일까? 누구든 꿈을 간직하고 싶다. 하지만 그 꿈이 쉽게 잘 만들어지지 않는다. 그렇다. 보잘것없는 아주 작은 꿈도, 원대하고 근사한 꿈도 마찬가지다. 꿈을 꾸긴 꾸지만 역시 우리의 현실에선 크게 기대할 만한 꿈이 아직은 존재하지 않는다.

그 꿈은 누가 갖다 주거나 만들어 주는 것도 아니다. 자기가 스스로 만들어야 한다. 자기가 노력한 만큼 꿈은 만들어진다. 만일 자기에게 이렇다 할 만한 꿈과 목표가 없다면 그것은 자기 자신의 나태함과 게으름 그리고 식은 열정 때문이 아닐까? 그렇다면 그런 꿈을 만들고 실현해가는 과정에도 일정한 훈련이 필요하다.

좋은 꿈을 꾸고 그 꿈을 실현하기 위해서는 당연히 크고 작은 시행착오도 따른다. 처음부터 근사한 꿈이 만들어지고, 실현되지는 않는다. 작은 꿈에서부터 큰 꿈으로 짓고, 허물고를 반복하다 보면 더 큰 꿈도 짓게 되고 점점 실현 가능해진다. 우리가 열심히 공부하는 것도 그런 꿈을 꾸고, 그런 꿈을 만들어가기 위한 하나의 과정이다. 그런 과정들이 모여 큰 결과를 만들어 낼 수 있다.

모든 결과엔 반드시 원인이 있고 과정이 있다

항상 우린 근사한 꿈을 꾸고 있지만, 과정이나 결과는 늘 시원치 않다. 또 원인이 없는 결과는 이 세상엔 하나도 없다. 원인이 있으면 결과가 있게 마련이고, 결과가 만들어진 것은 그 결과에 상응하는 원인이 작용하고 있다. 그렇다면 우린 좋은 결과를 만들기 위해서는 늘 좋은 원인에 이상과 꿈을 꾸고 나래 짓을 해야 한다.

좋은 원인을 만들기 위한 태도로는 무엇이든지 긍정적인 생각과 행동이 중요하다. 긍정적인 마음의 자세는 최선의 노력을 하도록 스스로 열정을 품는다. 그리고 원칙을 정해 놓고 그 원칙을 지키는 것이 중요하다. 좋은 원인이란 자신의 노력으로 창조되는 씨앗이다.

꿈을 꾸고 창조적 이상을 이루기 위해서는 첫째 사유(思惟)와 회의(懷疑)가 절대적이다. 그 사유와 회의는 그 꿈을 실현하는 에너지며 원동력이다. 사유가 무엇인가? 사유는 생각하고 궁리하는 것이다. 어떤 생각들에 개념, 구성, 판단 등을 정의하고 정립하는 과정이다. 사유하지 않고 꿈을 꿀 수는 없다. 사유가 구체적이고 현실적일 때 그 꿈은 빠르게 실현될 가능성이 더욱 크다.

인문정신(人文精神)의 바탕은 사유의 시선에서 싹튼다

인문정신은 사람다움의 근본을 이루는 인성과 정신(영혼)이다. 우리의 육신을 위한 것이 밥이라면 우리의 영혼을 위해서는 인문정신의 밥이 필요하다. 그 때문에 우린 매일매일 삼시 3끼의 밥을 꼬박꼬박 챙겨 먹는다. 육신을 위해서는 그렇게 잘 챙겨 먹으면서 왜, 영혼을 위한 밥 먹기에는 등한시하는가? 영혼이 제대로 살아 있어야 육신도 살고, 육신이 살아 있어야 영혼도 제대로 사는 것이다. 그럴 때 비로소 사람다움의 영혼을 지니게 된다.

청소년기 파랑새의 꿈을 꾸는 것은 사람답게 살기 위한 것이다. 높은 이상과 인문정신으로 세상을 향해 비상하는 날갯짓이다. 그것은 봄의 들녘에 파릇파릇 힘차게 돋아나는 새싹이다. 새파란 창공에서 더 높이 오르려고 끊임없이 날개를 휘저어 비상하는 한 마리의 새다. 높이 오르면 오를수록 더 멀리 세상을 볼 수가 있다. 그 뜨거운 열정의 호기심을 불태울 때가 지금 바로 청소년기이다. 또 청소년기에 꿈을 꾸지 못하면 어른이 되어도 더는 꾸지 못한다. 그렇게 지금과 오늘이 지나고, 내일이 지나면 청소년기도 지나간다. 그러면 다시는 이상과 꿈을 가슴에 품고 사유할 시간은 점점 사라지고 없다.

그럼 꿈을 꾸고 이상을 창조하기 위해서 어떤 사유와 인문정신의 에너지가 필요한가? 청소년기에 꿈을 꾸고 가꾸어간다는 것은 곧 사람의 길을 사람답게 가기 위한 노력이고 과정이다. 사람답게 사는 것이 무엇인지 끊임없이 자신에게 물어야 한다. 그리고 깊은 사유를 통해서 어떻게 자신에게 주어진 행복추구를 실현할 것인가를 고민해야 한다.

좀 더 구체적 사유가 필요하다

막연한 '행복추구'는 번민의 늪에 빠지기 쉽다. 사유에서부터 실행하기까지 구체적이어야 한다. '미래 살아가기'에서 담론에 화자(찾자, 보자, 먹자, 하자, 잡자, 쓰자, 알자, 살자)는 모두 명사로 이루어진 담론의 주체이다. 그러나 이 명사의 화자들은 모든 주제와 담론을 실행하는 동사(자동사+타동사)적 의미(찾다·보다·먹다·하다·잡다·쓰다·알다·살다 와 같은)를 담고 있다. 이것은 실천이 선행되지 않는 담론은 명사적 개념과 이론에 불과하기 때문이다. 이론도 중요하지만, 실천이 더욱 중요하다는 말이다. 바로 다산 정약용 선생님의 실학사상이 바로 이런 것이다.

그렇다면 담론의 주체인 화자를 통해서 나의 '행복추구'를 위해 좀 더 구체적 사유를 해보자.

"나는 누구인가?" 하고 자신의 정체성을 묻는다.

"나는 어떻게 살아야 하는가?" 하고 자신이 추구하고 지향하는 삶의 가치관과 목표를 묻는다.

"나는 어떻게 꿈과 이상의 날개를 펴고 멋진 삶을 살 것인가?" 하고 자신의 의지에 관해 묻고 답해야 한다.

"나는 어떤 죽음을 맞이할 것인가?" 하고 죽음 앞에서도 후회스럽지 않도록 자신의 삶을 자성하고 성찰토록 해야 한다.

위의 사례처럼 이러한 자신의 질문에 명확한 답을 준비해야 한다. 그것이 청소년 시절에 큰 꿈과 높은 이상을 찾아가는 하나의 방법이다. 그랬을 때 비로소 행복하고 성공적인 삶을 살 수 있다. 독일의 소설가 E. M. 레마르크는 그의 작품 〈개선문

(凱旋門)〉에서 "청춘의 날에 푸른 지평선 황금빛 찬연한 인생의 균형, 행복, 아아~ 하느님 그것은 어디에 있나이까?"라고 청춘의 희망을 구체적 사유로 갈구했다고 한다.

수필가 전혜린은 "이상과 꿈이 우리를 만든다. 우리에게도 뜻밖인 형태로, 동화같이, 분홍 솜사탕 맛같이 느껴지는 유년기, 인식에 모든 것을 바쳤던 십 대와 이십 대가 지나갔다."라고 추억하며 회한 섞인 말을 했다.

꿈이 없는 청소년은 청소년이 아니다

청소년기에 꿈이 없다는 것. 그것은 슬픔 중에 가장 큰 슬픔이다. 왜? 그것은 곧 절망이기 때문이다. 꿈! 청소년기에 그 꿈은 '어둠 속에서 빛나는 별'이다. 무한한 상상 속에서 빛을 발하는 아주 작은 희망의 빛이다. 너무 멀어서 뚜렷한 형체를 볼 수는 없지만, 사유가 깊은 날에는 더욱 크고 선명하게 빛난다. 하지만 사유를 잊은 날에 별빛은 어둠 속에 묻혀 별빛도 흐릿하거나 아예 자취를 감추고 보이지도 않는다. 그게 청소년기에 경험할 수 있는 이상의 꿈이다.

이러한 꿈에 대하여 아리스토텔레스는 "희망이란 눈뜨고 있는 꿈이다"라고 했다. 또 독일의 극작가이면서 시인인 E. 톨로는 "꿈꾸는 힘이 없는 자는 사는 힘도 없다"라고 했다. 그렇다. 원대한 꿈이 없는 청소년은 청소년이 아니다. 기뻐할 자격도, 낭만을 누릴 자격도, 아파할 자격도, 분노할 자격도, 슬퍼할 자격도 없다.

청소년기에 기뻐할 일도, 낭만을 누릴 일도, 아파할 일도, 슬퍼할 일도 없다면 무슨 힘으로 성장하고 아름답게 꽃을 피우겠는가? 청소년기에 고민과 번민이 없다면 무엇으로 꿈을 꾸겠는가? 청소년들이여! 꿈과 이상을 실현할 자격을 갖자. 아파할 일이 있으면 충분히 아파하자. 그래서 아픔이 무엇인지 깨달아보자. 그것이 청소년기에 주어진 권리이자 특권이 아니겠는가?

이 험난한 세상에 태어나서 어찌 아픔 없이 살아갈 수 있으랴. 나의 아픔을 모르고 어찌 내 부모, 내 형제의 아픔을 알 수가 있으랴. 내 부모, 내 형제의 아픔을 모르고 어찌 타인의 아픔을 알 수 있으랴. 타인의 아픔을 모르면서 어찌 사랑을 이해하고, 정의를 이해하고, 꿈과 이상을 실현할 수 있으랴. 꿈이 없는 사람이 어찌 행복을 만들어 갈 수 있으랴!『미래 살아가기』'먹자 편'의 말처럼 꿈과 이상 그리고 열정을 마음껏 먹어보자.

제4부 사랑(love)

하자-세상과 뜨겁게 열애를 하자

사랑의 법칙은 따로 없다

아름다운 세상에 눈을 뜨자
사랑의 법칙
이성에 대한 호기심과 관심
이성을 깨우는 짝사랑의 감성과 아름다움
욕구와 욕망에 대한 이해와 감정조절
사랑의 기쁨과 이별의 아픔
가족 공동체와 사랑

제4부 사랑(love)

하자–세상과 뜨겁게 열애를 하자

사랑의 법칙은 따로 없다

우리 청소년들이 해야 할 것은 현재도, 미래에도 너무 많다. 하지만 그중에서도 가장 중요한 것은 '사랑'을 알고 실천하는 일이다. 누군가를 사랑한다는 것은 아름다운 세상에 눈을 뜬다는 의미이다. 인간의 감정에서 느끼는 사랑에 대한 정의는 '어떤 상대를 애틋하게 그리워하고 열렬히 좋아하는 마음이거나 다른 사람을 아끼고 위하며 소중히 여기는 그런 마음이다.

우선 세상을 아름답게 보는 눈이 필요하다. 세상을 아름답게 본다는 것은 현실과 미래에 대한 긍정 의식이다. 긍정의 의식은 나와 이웃 그리고 세상까지도 사랑하는 마음가짐이다.

동양에서는 인(仁)과 자비(慈悲) 그리고 성(誠=정성)이라는 사상이 사랑과 일맥상통한다. 지극한 정성은 아끼고 사랑하는 마음에서 이루어지는 구체성이다. 인은 혈연에 뿌리를 둔 사랑에서 생겨나 인연이 없는 사람에게까지 확대된다. 불교의 '자(慈)'는 진정한 우정이며 '悲'는 연민과 상냥함을 뜻하며 여기서 서로 상대를 연민·위로하는 사랑이 생겨난다. 그리스도교에서 예수는 참된 사랑이 자기의 희생으로부터 온다는 것을 스스로 보여줬다.

사람에게 있어 사랑에 대한 감정이나 마음이 없다면 삶은 무미건조하고 공허할 수 있다. 사람이 사람을 사랑하는 마음이야말로 인성 조건에 가장 기본이 되는 바탕이다. 아무리 사회적으로 성공하고 출세를 했더라도 이런 인성의 바탕이 부족하면 삶의 의미 또한 공허한 메아리일 수 있다. 따라서『미래 살아가기』'하자'의 사랑(love) 편에서는 청소년기에 느끼고 알게 되는 세상에 대한 호기심과 믿음을 바탕으로 한 일들에 대해 긍정적으로 보는 지각적 인식이 필요하다.

사랑의 감정과 사랑에 대한 인식과 이해를 바르게 함으로써 청소년기에 느낄 수 있는 성적 혼란의 극복과 이해를 돕고 앞으로 성년이 되었을 때 넓은 세상에서 어떻게 주체적으로 자기애와 정체성으로 자신의 삶과 행복추구에 대한 가치를 인지하고 의식하는가에 대한 주제와 담론이다.

따라서 청소년기에는 열정의 날개를 가슴에 달고 세상으로 높이 날아올라 청춘의 비상을 꿈꾸며 세상과 자신을 향해 힘차게 사랑의 날개깃을 저어야 한다.

아름다운 세상에 눈을 뜨자

인간은 사랑을 시작했을 때 비로소
자신의 삶이 시작되는 것이다

프랑스의 유명한 소설가 스퀴데리는 "인간이 사랑을 시작했을 때 비로소 그의 삶이 시작되는 것이다."라는 명언을 남겼다. 그녀는 17세기 프랑스 상류사회를 비롯한 많은 독자에게 대단한 인기를 끌었다. '사랑(love)' 사랑은 누구에게나 말만 들어도 설레고 기분 좋게 하는 행복한 말이다. 특히 청소년 때는 더욱 그렇다.

이러한 사랑은 인간의 감정과 마음에서 무엇을 의미하고 또 어떻게 만들어지는지도 궁금하다. 인류의 역사에서 많은 이야기와 말들이 있지만 '사랑' 만큼 가장 많이 쓰인 말과 문자 그리고 이야기로 회자 된 적은 없다. 그럼 이러한 사랑의 감정에 대해 청소년 여러분들은 과연 얼마나 알고 있을까요?

사랑에 대한 뜻은 한마디로 말하면 어떤 상대를 애틋하게 그리워하고 열렬히 좋아하는 마음이거나 소중히 여기는 마음이라고 정의할 수 있다. 그런 마음이 우리 청소년들에게 없다면 그것은 슬픔이고 비극이다. 청소년들이 가슴에 호기심을 갖고 사랑을 품는 것은 지극히 당연하다. 그것은 청소년들이 멀지 않은 장래에 스스로 아름답게 피어날 꽃이기 때문이다. 그리고 생애의 가장 큰 희망이기 때문이다. 그래서 우리 청소년들은 사랑을 위한 꽃봉오리를 자신의 마음과 의식 속에 긍정적으로 만들어 가는 것이 바람직하다.

그런데 그런 호기심과 사랑 앞에서 우리 청소년들은 왠지 두렵고, 겁나고, 걱정이 앞서기도 한다. 하지만 청소년 때에 만일 사랑에 눈뜨기를 거부하고 관심 두기를 외면한다면 그것은 멀지 않은 장래에 자신이 피워낼 아름다운 꽃을 스스로 준비하지 않는 것과도 같다.

청소년 때에 걸맞게 사랑에 관한 관심과 준비는 매우 당연한 정서적 발달이고 매우 바람직하다. 그것은 자신이 피워낼 아름다운 꽃밭에 대한 삶과 인생의 설계가 들어있기 때문이다. 그래서 사랑에 관한 관심과 탐구는 청소년에게는 배움이나 그 어떤 것보다도 중요한 경험이다. 따라서 이성에 관해 관심을 두는 것도 자연스럽고 당연한 성장의 한 과정이고 현상이다는 것을 이해하자.

청소년기에 사색은 자기 성숙의 시간

청소년에게 사색은 자기 성숙에 시간이다. 그런 사색의 시간을 통해서 좀 더 멋진 사랑의 꽃봉오리가 자신의 마음과 정신으로부터 창조된다면 이보다 더 즐겁고 행복한 일은 없다.

사실 청소년들이 공부를 열심히 하는 것도 따지고 보면 자신의 미래에 대한 삶을 위해 아름답고 사랑스럽게 가꾸는 꽃밭 가꾸기이다. 그러기 위해서는 꽃밭을 만들면서 생겨날 수 있는 많은 시행착오와 문제들에 관해서 탐구하고 또 고민하면서 미래에 대해 사전준비를 해야 한다.

사실 이 세상에 중요한 일들이 얼마나 많은가? 하지만 사랑을 아는 것처럼 중요한 것도 없다. 사랑에 대한 성서의 말씀을 잠시 살펴보자.

"내가 인간의 여러 언어를 말하고 천사의 말까지 한다고 하더라도 사랑이 없으면 나는 울리는 징과 요란한 꽹과리와 다를 것이 없습니다. 내가 하느님의 말씀을 받아 전할 수 있다 하더라도, 온갖 신비를 환히 꿰뚫어 보고 모든 지식을 가졌다 하더라도, 산을 옮길 만한 완전한 믿음을 가졌다 하더라도, 사랑이 없으면 나는 아무것도 아닙니다. 내가 비록 모든 재산을 남에게 나누어 준다고 하더라도, 또 내가 남을 위하여 불 속에 뛰어든다고 하더라도, 사랑이 없으면 모두 아무 소용이 없습니다. 사랑은 오래 참습니다. 사랑은 친절합니다. 사랑은 시기하지 않습니다. 사랑은 자랑하지 않습니다. 사랑은 교만하지 않습니다. 사랑은 무례하지 않습니다. 사랑은 사욕을 품지 않습니다. 사랑은 성내지 않습니다. 사랑은 앙심을 품지 않습니다. 사랑은 불의를 보고 기뻐하지 아니하고 진리를 보고 기뻐합니다. 사랑은 모든 것을 덮어 주고 모든 것을 믿고 모든 것을 바라고 모든 것을 견디어 냅니다."라고 했다. 바로 사랑에 대한 마음은 이와 같은 의미이다. 하지만 이와 같은 온전한 사랑은 현실에서는 불가능하다.

그래서 사랑을 바로 알고 이해하지 못하면 안 됩니다.

사랑에 눈을 뜨면 세상이 아름답다

  사랑에 눈을 뜨면 아름다운 세상을 볼 수 있다. 그것은 긍정의 마음이다. 하지만 자칫 사랑 때문에 눈이 멀기도 한다. 또 눈이 멀면 세상의 아름다움과 현실도 제대로 볼 수 없다. 또 사랑이 아름답기만 한 것도 아니다. 그러나 사랑하고 있는 동안은 아름답게 보인다. 사람은 사랑을 통해서 인간관계를 맺고, 삶의 많은 것을 배우고, 인생의 어두운 터널과 험난한 높은 산도 무사히 용기 있게 넘을 수가 있다. 이러한 것이 사랑의 힘이다.

  사랑에는 남녀 이성 간의 사랑을 비롯한 많은 사랑이 있다. 동양에서는 인(仁=어진 마음)· 자비(慈悲=가엾게 여기는 마음)라는 사상이 사랑의 정신과 맥을 같이 한다. 인은 혈연에 뿌리가 없는 사람에까지 확대된다. 불교의 '자(慈)'는 진정한 우정이며 '비(悲)'는 연민과 상냥함을 뜻하며 여기서 서로 상대를 연민으로 위로하는 마음이 사랑이다. 그리스도교 예수는 참된 사랑이 자기의 희생으로부터 온다는 것을 스스로 보여주신 성자이시다.

사랑은 그리스어로 에로스(erōs), 아가페(agapē), 필리아(philia)라는 3개의 단어로 표현된다. 에로스는 남녀 사이의 애정에 뿌리를 둔 정열적 사랑이다. 아가페는 무조건적 사랑으로 대표되는 사랑이다. 이것은 사람과 사람 간의 독립적 존재를 바탕에 둔 사랑으로서 부모가 자식에 대한 사랑이나, 인간이 신을 향한 믿음의 사랑이다. 필리아는 독립된 이성 간에 우애의 의미를 포함하는 것으로서 상대방이 잘되기를 바라는 순수한 마음의 상태를 쌍방이 인지하고 있는 상태로 친구 사이의 우정과 같은 것이다.

공자님의 '효도는 인(仁)의 근본'이라는 말에서도 알 수 있듯이 인이라고 하는 것은 부모 형제라는 혈연에 뿌리를 둔 사랑에서 생겨나는 것이다. 이런 감정을 아무런 인연이 없는 사람에게까지 넓혀가는 것이 인도(仁道)이다. 맹자는 "측은지심(惻隱之心)은 인의 시작이다"라고 말했고 사람을 불쌍히, 가련히 여기는 동정심에서 사랑이 생긴다고 말했다. 이런 것은 모두 아가페적 사랑이라고 할 수 있다. 그리스도교에서는 "네 이웃을 네 몸과 같이 사랑하라"라고 명령했다. 예수 그리스도는 십자가에 매달려 죽음으로써 참된 사랑은 자신을 희생하지 않으면 결코 달성될 수 없음을 스스로 보여주었다.

필리아의 사랑도 독립된 이성 사이에 성립되는 우애이다. 철학자 아리스토텔레스는 '사람은 자기 자신과 같은 생각을 가지고, 같은 것을 바라는 사람', 또는 '자기와 함께 기뻐하거나 슬퍼하는 사람'을 사랑한다고 말했다. 이 말은 부모가 자식을 사랑하듯 자기 자신과 비슷한 사람을 사랑한다는 말이다. 이처럼 필리아의 사랑은 아가페와 에로스의 양극단을 오가며 아우르는 사랑이다.

이처럼 우리 인간의 마음에서 일어나고 있는 사랑은 대략 '에로스, 아가페, 필리아'와 같은 사랑의 형태와 범주 속에서 사랑의 마음이 싹트고 작용하게 된다. 그러나 우리 청소년들은 아직 어른이 되기 전이다. 아가페나 필리아와 같은 사랑의 감정보다는 먼저 곧 이성 간에 겪어야 할 에로스적 사랑을 먼저 경험하게 된다.

이것을 통해서 사랑의 본질에 차츰차츰 발전하고 접근해 가는 과정이다. 이것을 통해서 내가 아닌 타인을 이해하고 신뢰하는 마음도 갖게 되는 것이다. 그 때문에 우리 청소년들은 과연 사랑이 뭔지 알고 과감히 사랑에 눈을 떠야 한다. 청소년의 순수한 마음과 영혼의 눈을 크게 뜨고 이러한 이성 간에 사랑이 뭔지 알게 될 때 비로소 한 단계 더 성장한 건강한 청년이 된다. 이렇게 사랑에 눈을 뜨는 것은 건강한 청년이 되기 위한 하나의 준비과정인 셈이다.

이런 사랑에 대하여 대한민국의 의료인이면서 한국해양대학교 설립자인 이시형 박사는 "한 인간을 사랑한다는 것은 거대한 피라미드를 혼자 세우는 것과 같은 대사업이다."라고 했다. 그렇다. 이러한 인생의 대사업을 위한 일인데 어찌 사랑에 눈을 감고, 눈 뜨기를 거부하겠는가.

사랑을 통해서 나의 존재가 아닌 타인의 존재를 자신의 존재만큼 소중하게 인식하고 여길 때 비로소 사랑은 시작된다. 그리고 자신의 진정한 삶도 시작된다. 오스트리아에 라이너 마리아 릴케는 이렇게 말했다. "누군가를 사랑한다는 것은 우리의 인생 과업 중에 가장 어려운 마지막 시험이다. 다른 모든 것은 그 준비 작업에 불과하다."라고 했다.

이처럼 인간의 삶에서 누군가를 사랑하는 '사랑의 눈뜨기'는 그 어떠한 지식이나 학식보다도 가치 있고 중요한 것이다. 지식이나 학식은 풍부한데 정작 사람이 사람을 존중하고 사랑하는 것을 바로 알지 못한다면 그것은 마치 다양한 지식이 데이터베이스화된 인조인간에 불과하다.

따라서 청소년 시절에 공부를 열심히 하고 지식을 쌓는 일도 중요하지만, 사랑의 숭고한 가치를 배워가는 것은 더욱더 중요히다. 띠리서 『미래 살이기기』 '히지' 사랑 편의 말처럼 사랑에 눈을 뜨고 세상을 아름답게 하는 일에 우리가 절대 게을리할 수 없는 일임을 알자. 그리고 넓고 넓은 세상과 뜨겁게 열애를 하자.

사랑의 법칙

'사랑의 법칙'이란 무엇일까?

사람이 사람을 사랑하는 것에 무슨 '사랑의 법칙'이 있을까 의문을 가질 수 있다. 그렇다. 하지만 사랑이란 쉬운 것 같으면서도 참으로 어렵다. 차라리 수학 공식처럼 무슨 공식이 있다면 덜 고민해도 될 것 같다는 생각이다. 그러나 사랑엔 정해진 공식이나 법칙이 따로 정해진 것이 없다. 하지만 정해진 공식과 답이 없다고 해서 포기할 일은 아니다. 왜냐? 그것은 바로 나와 우리의 삶이기 때문이다. 이러한 우리의 삶은 사랑을 위해 희망을 품고 노력하고 준비하는 과정이기 때문이다.

앞에서 "인간이 사랑을 시작할 때 비로소 그의 삶이 시작되는 것이다."라고 했다. 그렇다. 쉽게 정해진 공식처럼 사랑엔 딱히 정답이 있다. 하지만 나 지신의 삶을 위해서 우린 사랑을 배워야 한다. 그리고 드디어 사랑을 시작할 때 비로소 나의 진정한 삶도 시작된다고 할 수 있다. 내가 있기에 비로소 사랑이 시작되는 것이고, 사랑이 있기에 비로소 내가 존재할 이유가 있는 것이다.

사랑에 있어서 무엇보다도 중요한 것은 타인을 사랑하는 것도 중요하지만 먼저 자기 자신을 사랑하는 것이 무엇보다도 중요하다. 자신을 사랑하지 않는 사람이 타인을 사랑한다는 것은 불가능한 일이다. 자신을 사랑하지 않으면서 타인을 사랑한다는 것은 헌신과 희생적 사랑이기 전에 위선이다. 자신을 사랑하는 사람의 헌신과 희생적 사랑만이 사랑의 숭고한 가치를 더욱 크게 할 수 있기 때문이다.

자신에 대하여 좀 더 열정적으로 사랑을 할 때 타인에 대한 사랑의 감정도 뜨겁게 전이가 된다. 그러나 자신이건 타인이건 마음먹고 생각한다고 무조건 열정적으로 사랑이 이루어지는 것은 아니다. 그래서 지속적인 관심과 탐구가 필요하다. 무엇보다 중요한 것은 사랑에 대한 폭넓은 이해와 가치관의 정립이 중요하다. 그러나 이러한 것들은 어디까지나 객관적이지 못하고 매우 주관적이다.

그러나 주관적이긴 하지만 조금이라도 객관화에 접근하기 위해서는 타자의 사랑 이야기에 관심을 가짐으로써 폭넓은 사랑의 이해와 가치관을 세우는 데 도움이 될 수 있다. 문학작품이나 연극, 영화, 가요 같은 대중문화에서 많은 사랑의 주제와 소재들을 담고 노래하고 있다. 이러한 사랑의 감정을 느끼고 이해하는 것도 사랑의 가치관을 정립하는 데 큰 도움이 될 수 있다.

영국의 시인이면서 극작가인 셰익스피어의 작품 중에서 《로미오와 줄리엣》은 우리 청소년들이 이해할 수 있는 사랑 이야기에 좋은 본보기이다. 이 작품은 사랑하는 청춘 남녀와 그들의 사랑을 가로막는 장애 요소 간의 갈등을 아름다운 대사와 극적 구성을 통해 치밀하게 표현한 희극이다.

이 작품의 줄거리를 보면 몬터규 집안의 로미오는 원수지간인 캐퓰렛 집안의 줄리엣을 보고 첫눈에 반한다. 이 둘은 서로의 사랑을 확인하고 결혼을 하기로 약속한다. 그런데 이 두 집안의 싸움에서 줄리엣의 사촌 티벌트가 로미오의 친구 마큐시오를 죽이는 사건이 발생하고, 로미오는 티벌트를 죽이고 도시에서 추방되고 만다. 홀로 남은 줄리엣이 로렌스 신부를 찾아가자, 신부는 마시면 죽은 것처럼 보이는 약을 줄리엣에게 준다. 그러나 이런 사정을 알지 못한 로미오는 줄리엣이 죽은 줄 알고 상심하여 독약을 먹고 자살한다. 나중에 깨어난 줄리엣은 죽어 있는 로미오를 안고 비통한 눈물로 오열한다. 그리고 그의 뒤를 따라 자결하는 내용이다.

로미오와 줄리엣(Romeo and Juliet)은 윌리엄 셰익스피어 초기의 비극 작품이다. 서로 원수인 가문에서 태어난 로미오와 줄리엣이 사랑을 하게 되고 그들의 비극적인 죽음이 가문을 화해하게 만드는 이야기이다. 아름다운 대사와 극적 효과로 많은 칭송을 받는 셰익스피어의 대표작 가운데 하나이다. 이 사랑 이야기는 얼마나 애절하고 슬픈 사랑의 이야기인가. 많은 사람에게 감동을 주기에 충분한 작품이다.

　누군가를 사랑한다는 것은
　많은 인내와 고통이 수반되는 일

　누군가를 사랑한다는 것은 이처럼 엄청난 인내와 고통 또는 자기의 희생이 수반되는 일이다. 우린 이 작품을 통해서 사랑이란 아름답고, 즐겁고, 행복한 일임을 알았다. 하지만 결코 아름답고, 즐겁고, 행복하지만 않다는 사실도 함께 일깨우고 있다. 누군가를 사랑한다는 것. 그것은 많은 인내와 고통도 함께 수반되는 일이다. 하여 다시금 '사랑의 본질은 무엇인가?'라는 질문과 답을 요구하고 있다. 하지만 누구에게나 답은 쉽지가 않다.

　이처럼 누군가를 사랑하는 일은 쉽지도 않고 두려운 일이다. 그것은 미지의 새로운 삶의 탐험과 체험과도 같기 때문이다. 새로운 탐험 없이 미래로의 전진은 불가능하다. 그러한 미래로의 전진은 늘 새롭고 신선한 경이로운 경험이다. 청소년들은 그러한 탐험을 통해서 미래를 향해 전진하고 조금씩 어른으로 성숙해 간다. 하지만 청소년들은 두렵기만 하다. 그리고 그것은 매우 당연한 일이다. 청소년들뿐만이 아니라 인간은 자기가 체험하지 않은 일이나 환경에 처하는 때는 늘 불안하고 두렵기 마련이다.

하지만 물밀 듯이 다가오는 거센 소용돌이와 불안들을 향해 청춘에 열정으로 도전하고 과감히 대응할 때에 미래의 삶은 넓고 먼바다로 힘찬 출항을 할 수 있다. 그때 비로소 진정한 삶의 항해가 시작된다. 그래서 많은 것을 탐험하고 알아가는 과정에서 아름답게 피어날 진정한 참사랑의 꽃봉오리를 발견하게 된다. 두렵다고 해서 숙명적 탐험을 멈출 것인가. 겁난다고 해서 이제 시작에 불과한 삶을 거부하고 멈춰버릴 것인가. 그러면 그토록 갈구하고 바라는 사랑의 꽃봉오리는 어디에서 어떻게 발견하고 피워낼 수 있을까?

사랑은 어떤 환경에서도 피어날 수 있는 '신비함의 꽃'이다

우린 두려움을 헤치고 미지의 세계를 향해서 열정적으로 도전해야 한다. 그때 비로소 나를 발견하고, 사랑의 꽃봉오리를 발견하고, 미래의 희망을 발견할 수 있다. 사랑은 어떠한 환경에서도 피어날 수 있는 신비함의 꽃이다. 그 사랑의 꽃에서 피어나는 향기는 잠들어 있는 오감을 깨우고 기분 좋게 하는 신비의 향기이다.

세상에 존재하는 모든 꽃의 향기도 인간이 간직한 사랑의 향기보다 좋을 수는 없다. 도전할 때에 흘린 땀도 말끔히 씻어준다. 아무리 힘든 일도 거뜬히 해낼 수 있는 용기와 힘을 갖게 한다. 육체적, 정신적 에너지로 지친 나를 지탱해 준다. 그런 사랑의 꽃은 그냥 피어나는 꽃이 아니다. 그것은 탐험을 두려워하지 않고 도전하는 열정과 용기에 의해서 비로소 태어나고 피어나는 진정한 '꽃'이다.

인간의 마음과 감정에는 다양한 느낌들이 있다. 그것을 알기 쉽게 간추려 표현하면 '희로애락(喜怒哀樂)'이다. 이 희로애락은 기쁜 마음과, 성내는 마음과, 슬픈 마음과, 즐거운 마음이다. 이러한 감정은 우리의 일상에서 늘 맞닥트리는 마음의 작용이고 얼굴과 행동에 그대로 나타나는 감정의 표현이다.

분노의 감정은 괴로움과 고통을 수반하는 감정으로 불편하다. 그러나 기쁨의 감정은 즐거움을 수반하는 감정으로 편안하다. 이 불편한 감정과 편안한 감정을 음양론적 이론으로 말하면 불편한 감정은 '마이너스()'의 감정으로 음심(陰心)이고, 편안한 감정은 '플러스(+)'의 감정으로 양심(陽心)이다.

사랑의 감정은 불편한 음심까지도 편안한 양심으로 수용하고 포용하는 감정이다. 이러한 양심의 긍정적인 감정은 사랑으로 피어난 꽃에서 품어내는 싱그러운 향기이다. 이러한 인간의 사랑하는 마음과 감정에 향기를 두고 도스토옙스키는 "모든 신의 창조물을, 그 속에 있는 한 알 한 알의 모래를 모두 사랑하라. 모든 동물을 사랑하고 모든 식물을 사랑하고, 그리고 그 밖의 모든 걸 사랑하노라면 너희는 사물에서의 성스러운 신비를 파악할 것이다. 일단 너희가 그것을 파악하면 너희는 나날이 더 잘 그것을 이해하게 될 것이다. 그리하여 드디어는 모든 걸 포용하는 사랑으로써 전 세계를 사랑하게 되리라."라고 말했다.

이것은 인간으로서 지녀야 할 사랑의 본질을 이해시키려는 의도이다. 이렇듯 사랑의 법칙은 따로 없다. 하지만 우리 인간의 마음에서 사랑의 감정을 빼놓고는 모든 인간의 감정을 논하고 정의한다는 것은 무의미하다. 그렇다면 우리는 내가 아닌 타인을 어떻게 사랑하면서 살아야 할까?

삶에는 크게 3가지 축이 있다

삶의 3축 가운데 어느 하나의 축이 무너지면 삶의 균형이 깨져서 불안정하게 된다. 따라서 3축의 균형을 튼실히 해야 한다.

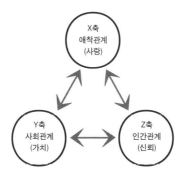

첫째는 인간관계에서 비롯되는 '애착 관계인 X축'이 있고, 둘째는 사회적 관계를 의미하는 '사회적 가치인 Y축'이 있고, 셋째는 인간관계의 신뢰에서 오는 '믿음인 Z축'이 있다. 이 3축을 토대로 각각 나 자신의 삶에 토대를 이루면서 인간관계를 맺고 사회의 구성원으로서 삶을 살게 된다.

그 때문에 이 3축은 매우 중요하다. 그러나 개개인의 품성이나 성향 그리고 자질에 따라서 이 축의 형태는 다양한 형태의 균형점을 이루고 미래로의 전진을 이루게 된다. 그러나 이 3축에서 가장 큰 비중을 차지하는 것은 첫 번째의 X축(애착 관계)이다. 이 애착 관계는 인간관계를 결속시키고 유지하는 사랑의 감정이다. 이 사랑의 감정을 통해서 인간관계의 신뢰 즉 믿음이 형성되고 그 믿음에 따라서 사회적 가치도 형성됨을 알아야 한다.

미국의 심리학자 웨인 다이어는 삶과 사랑에 대해 이렇게 말했다. "사랑하는 것은 살아가는 법을 알아가는 것이고, 살아가는 것은 사랑하는 법을 알아가는 것이다."라고 했다. 또 "사랑이란 좋아하는 사람들에게 우리가 원하는 것을 강요하지 않고 그들이 하고 싶어 하는 것을 마음껏 할 수 있게 해주는 아량이다."라고 했다. 이러한 사랑의 감정은 모두 인간의 '애착 관계'에서 비롯되는 감정이다. 이처럼 사랑의 감정은 생명의 원천이고 본질이다. 그리고 존재의 버팀목이며, 타인과 내가 함께 소통하고 더불어 나누는 삶의 기쁨과 보람이다.

이성에 대한 호기심과 관심

호기심은 새롭거나 신기함에 끌리는 감정이다

이성(異性)은 성(性)이 다른 남녀의 사이를 말한다. 다시 말해 남자 쪽에서 여자, 여자 쪽에서 남자를 가리키는 말이다. 일반적으로 청소년기에 겪는 사춘기는 신체적으로나 정신적으로 매우 예민해지는 시기이다. 이때에는 다른 사물이나 현상 그리고 인간관계에서 발생하는 감수성에도 예민해지면서 논리적 사고가 발달하여 독립심이 생기고 자아의식이 강하게 일기 시작한다.

이때는 주위에 대한 부정적 태도가 강해지며 구속이나 간섭을 싫어하고 반항적인 경향으로 치닫는 일도 많다. 그리고 신체적 에너지가 왕성해져 신체적·정신적으로 매우 활동적이고 거칠어진다. 그리고 새로운 일이나 미지의 세계에 관한 관심이 커져 의욕도 그 어느 때보다 왕성하다. 물론 이성에 대한 호기심도 강하게 싹트는 시기다. 이렇게 호기심은 새롭거나 신기한 것에 끌리는 인간의 순수한 감정이나 마음이 행동으로 나타나는 현상이다. 이런 호기심이 많은 청소년은 학습 의욕과 상상력 그리고 성취도도 매우 높게 나타난다.

호기심이 많은 청소년은 "궁금해! 궁금해? 저건 뭘까?, 이건 왜 이럴까?" 이렇게 일상에서 생기는 현상과 문제들에 대해 스스로 관심을 두고 세심한 관찰을 기울이면서 문제를 발견하고 또 스스로 문제를 해결하려고 노력하기도 한다.

호기심은 쉽게 말해 새롭고 신기한 것을 좋아하거나 모르는 것을 알고 싶어 하는 사람의 마음가짐이다. 따라서 동물이나 인간에게서 발견되는 선천적 행동으로 이것은 본성 같다.

호기심은 인간에게서 나이에 상관없이 유아에서 노인까지 모든 연령대에서 발견되고 일어나는 현상이다. 가령 학문을 탐구하는 학자들은 학문에 새로운 이론과 체계를 연구하게 되는 데 학문적 이론에 호기심이 없으면 학문의 연구와 탐구가 불가능하다. 유아는 사물에 관한 관심과 호기심을 통해서 사물에 대한 인지능력이 발달하게 된다. 또 이 호기심은 사람뿐만이 아니라 개, 고양이, 원숭이 등과 같은 동물들 그리고 물고기, 곤충, 파충류와 같은 다른 생명체에게서도 흔히 볼 수 있는 현상이다.

특히 이 책의 주인공인 청소년들은 좌충우돌 호기심과 사랑의 감정을 경험하면서 미래의 어른으로 성장한다. 하지만 호기심에는 반드시 책임이 따름도 알아야 한다. 청소년들에게 세상은 더는 두려움의 대상이 아니다. 도전과 열정으로 호기심을 가지고 자신 있게 현실과 부딪쳐서 앞으로의 미래를 향해 힘차게 나가야 할 삶의 추진체이다. 따라서 호기심은 삶을 이루어내는 탐구적 에너지이다.

따라서 그런 열정과 열의가 없이는 그 두려움을 극복하기가 어렵다. 그래서 두려움 반, 호기심 반으로 세상을 향해 도전하게 된다. 세계를 제대로 알기 위해 해외여행을 떠나거나 외국어 회화를 통해 다른 나라를 경험하고 있는 청소년이 많이 늘고 있는 것은 매우 바람직한 현상이다. 그런데 일부 청소년들의 과도한 호기심과 무분별한 행동으로 나타나는 사회적 현상을 전체의 문제로 인식하고 무조건 걱정하고 부정적인 시각으로 보려는 기성세대의 일부 편견이나 기우도 새롭게 바뀌어야 할 문제 중 하나이다.

책임이 따르는 청소년기에 무분별한 호기심과 행동을 스스로 제어하고 자제하지 못하면 그 또한 학업에 소홀해지거나 귀중한 시간을 낭비하게 되는 오류를 갖게 된다. 따라서 청소년기에 올바른 생활습관과 태도가 바람직하다. 이성에 대한 호기심과 욕구도 조절해낼 수 있는 감정조절도 신경 써야 할 부분이다.

먼저 청소년은 책임 있는 행동을 해야 한다. 이성의 관계에서 발생할 수 있는 성적인 행동에 대해 스스로 선택하고, 그 선택에 책임을 지는 책임감과 태도도 필요하다. 청소년기에는 성적 욕구가 강렬하고 충동적이기 때문에 성적인 행동을 결정하는 데 있어서 더 신중하고 현명하게 행동해야 한다. 그런 것을 법률전문용어로는 '성적 자기 결정권'이라 한다.

청소년의 성적 욕구는 이성적으로 조절할 수 있으므로 청소년 때부터 건전한 생활습관과 훈련을 통해 조절해야 한다. 성적 욕구를 해소할 수 있는 행동은 사회적인 제약을 받을 수 있으므로, 운동이나 등산 등의 취미 생활을 하거나 학업에 집중하여 성에 관한 관심을 분산시키는 것이 중요하다. 성적 욕구나 성 행동을 올바르게 조절할 수 있는 의지와 자기 통제력을 기르는 것도 훈련되어야 좋다.

남녀의 성적 욕구의 차이가 있는데, 남자는 여자보다 자극에 대해 빨리 반응한다. 하지만 여성은 심리적, 정신적 요인에 의해 더 많은 영향을 받으므로 일반적으로 남자보다 천천히 반응하는 경향을 보인다. 따라서 청소년은 남녀 이성에 대한 막연한 기대나 비현실적인 사고방식에서 벗어나 스스로 자신의 행동을 통제할 수 있어야 한다.

청소년의 성적 호기심과 특성을 보면 자신의 신체 변화에 대해 호기심을 갖게 된다. 그리고 이런 변화에 대해 염려 또는 근심과 같은 고민을 한다. 청소년기의 성적 성숙은 몽정이나 월경 같은 생리적 현상을 경험하게 되고 이런 경험과 함께 이성과 가까이하고 싶고, 성적 만족을 느끼고 싶은 욕구와 충동을 경험하기도 한다.

하지만 그 발산은 비교적 스스로 잘 통제하고 있다. 하지만 간혹 자제력이 부족함으로 감당하는 데 매우 힘들어하기도 한다. 따라서 성적으로는 조숙한 데 반하여 성범죄에 무방비로 노출되는 편이고 정신적으로는 좀 미숙한 상태이다. 따라서 인성, 순결 교육의 기회를 늘리고 도덕적 의사결정의 이해도 높일 필요가 있다.

청소년들에게서 나타나는 이러한 현상은 지금의 청소년만 그런 것은 아니다. 과거 지금의 기성세대도 그랬고, 엄마 아빠 그리고 할머니 할아버지 세대 때도 그랬다. 다만 나이에 따른 시기의 차이와 환경의 변화에 따른 차이가 다소 있었을 뿐이다. 그러나 현대사회에서는 청소년 조기 성교육을 통해서 비교적 건전한 성 의식과 올바른 가치관을 갖도록 비교적 잘 교육이 이루어지고 있어 과거보다는 훨씬 낫다.

그리스 로마 신화에 나오는 에로스와 프시케[1]의 사랑

그리스 로마 신화에 나오는 에로스와 프시케의 사랑 이야기는 이미 잘 알려진 이 이야기이다. 이는 이성에 대한 호기심과 사랑 이야기다.

먼 옛날 어느 왕국에 매우 아름답기로 소문난 세 공주가 살

앉다. 그중에서도 막내딸 프시케의 아름다움은 매우 뛰어난 미색이었다. 그녀의 아름다움은 미의 여신 아프로디테와 견줄만했다. 어떤 사람들은 프시케를 사람의 몸을 입고 인간 세상에 내려온 아프로디테라고 했고, 어떤 사람들은 그녀가 젊고 순결하므로 아프로디테보다 더 아름답다고 말했다. 그러자 사람들은 여신께 바치던 경배를 점차 그녀 프시케에게로 돌렸다. 마침내 아프로디테 신전의 향불은 꺼지고 제단 위에는 먼지만 풀풀 날리며 두껍게 쌓여갔다.

그러자 마침내 여신의 분노가 폭발했다. 아프로디테는 즉시 개구쟁이 아들 에로스를 불러 명령했다. "사랑하는 내 아들아, 네가 나를 사랑한다면 네 화살을 무례한 저 계집에게 쏴라! 그리고 그녀가 세상에서 가장 볼품없는 인간과 사랑에 빠지게 해다오!"라고 명령했다. 그러자 에로스는 어머니의 명을 따라 즉시 프시케의 집으로 갔다. 그녀는 깊이 잠들어 있었다. 에로스는 잠자는 그녀의 모습에 애처로움과 사랑스러움을 느꼈다. 그렇게 그녀의 아름다움에 정신이 팔려있던 에로스는 그만 실수로 자신의 화살에 상처를 입고 말았다.

그 후에도 사람들은 프시케의 미모를 여전히 칭송하는데 이상하게도 그 누구도 그녀에게 청혼하는 사람이 없었다. 프시케보다 훨씬 아름다움이 뒤떨어지는 두 언니는 좋은 배필을 만나 일찍 혼인했다. 그런데 프시케는 한 명의 구혼자도 없었다. 혼자 고독하게 신세 한탄만 했다. 이런 딸의 불행을 염려

한 국왕이 아폴론 신탁을 물으니 벼락같이 놀랄 안 좋은 답이 나왔다. 그 내용은 "험준한 높은 산 위에서 독사 같고 맹수 같은 장난꾸러기를 신랑으로 맞이하리라!"였다. 어처구니가 없었다. 하지만 신탁에 따를 수밖에 없었다.

신탁이 정한 시간이 되자 화려하게 치장한 신부 프시케를 산 위로 떠나보내게 되었다. 그러나 그것은 혼례 행렬이 아니라 장례 행렬 같았다. 프시케를 산 위에 올려다 놓은 사람들은 모두 돌아가고 그녀 홀로 남았다. 프시케는 두려움과 슬픔에 젖어 하염없이 눈물을 흘렸다. 그때 서풍 제피로스(Zephyrus)가 불어와 그녀를 들어 올려 꽃이 흐드러지게 핀 깊은 골짜기에 새털같이 사뿐히 내려놓았다. 그때 프시케가 정신을 차리고 주위를 살펴보니 어마어마하게 큰 아름다운 궁전이 자리 잡고 있었다.

너무나 황홀하여 인간의 손이 아니라 신의 손길로 세워진 것으로 생각했다. 안으로 들어가니 온갖 진귀한 보석으로 넘쳐났다. 그리고 보이지 않는 손길과 음성이 프시케를 여왕처럼 받들어 모셨다. 그녀는 화려한 욕실에서 몸을 씻고 천상의 아름다운 선율을 감상하며 산해진미로 허기진 배를 채웠다.

밤이 되자 신방으로 신랑이 찾아왔다. 그러나 프시케는 신랑의 숨결과 손길만 느낄 수 있었지 모습은 볼 수 없었다. 흐기심에 사로잡힌 프시케에게 보이지 않는 신랑은 조용히 말했다. "아름다운 프시케여! 굳이 눈으로 날 보려 생각 말고 그냥 느끼고, 믿으라."라고 말했다. 그렇게 감미롭고 꿈결 같은 사랑의 순간을 보낸 훗날 날이 밝자 신랑은 떠나갔다.

여신처럼 황홀한 나날을 보내던 프시케는 신랑에게 간청하여 언니들을 초대하기로 했다. 신랑은 마지못해 허락했다. 그리고 사악한 언니들이 부추기는 신성 모독적인 호기심을 조심하라고 경고했다. 마침내 프시케의 안내로 신들의 세계와 같은 화려함을 맛본 두 언니는 참을 수 없는 분노와 질투심으로 부글부글 끓었다. 주눅이 든 상태로 프시케의 성공담을 듣던 언니들은 '보이지 않는 신랑' 얘기에 귀가 솔깃하다.

그들은 신성 모독적인 호기심을 부추겼다. "프시케야, 벌써 잊었니? 아폴론 신탁 말이야. 독사 같고 맹수 같은 신랑이라고 했던가? 얼굴을 보이지 않는 건 뭔가 수상해. 아마 너를 잘 먹여 살찌운 다음 때가 되면 널 맛있게 잡아먹으려는 수작이 아닐까?"라고 말했다. 그리고 언니들은 프시케의 손에 등잔불과 날카로운 칼 한 자루를 쥐여줬다. "오늘 밤 침실에 들면 등잔불을 밝히고 괴물의 실체를 밝히는 거야. 그리고 단칼에 목을 베어 죽여버려."라고 당부했다.

프시케는 언니들을 떠나보내고 나서 혼란에 빠졌다. 그러나 그녀의 마음속에서는 신랑에 대한 믿음과 의심이 앞을 다투고 있었다. 그러나 프시케는 결국 의심이 믿음을 눌러버린다. 밤이 되자 뜨거운 사랑의 순간을 보낸 후 신랑이 깊은 잠에 빠져들자 프시케는 칼을 집어 들고 등잔불을 밝혔다. 그러나 잠들어 있는 신랑의 모습은 괴물이 아니었다. 향기 나는 흰 이마, 고수머리 사이로 드러난 붉은 볼, 가늘고 오뚝한 코가 그녀 앞에 모습을 드러냈다. 게다가 어깨에는 너울거리는 꽃처럼 부드러운 날개가 빛을 발하고 있었다. 사랑의 신 에로스다!

　너무도 큰 희열과 흥분에 싸여 프시케는 들고 있던 등잔에서 기름 한 방울을 사랑의 신 어깨에 떨어뜨리고 만다. 깜짝 놀란 에로스가 자리에서 일어나 사태를 알아차렸다. 그리고는 배신감에 치를 떨며 프시케를 꾸짖었다. "그대의 의심이 믿음을 눌러버렸구나. 사랑이 어찌 의심과 함께할 수 있으리오!"라고 말했다. 그리고 에로스는 성난 날갯짓을 하며 프시케 곁을 매몰차게 떠나버렸다. 프시케는 바닥에 쓰러져 울부짖으며 에로스가 사라지는 모습을 바라보았다.
　한참 후에야 그녀는 정신을 차리고 주위를 살펴보는데 화려한 궁전은 흔적도 없이 사라지고 자신은 황량한 벌판에 쓸쓸히 혼자 서 있었다. 프시케는 언니들을 찾아가 모든 얘기를 다 말해주었다. 언니들은 속으로는 기뻐하면서도 겉으로는 슬픈 척했다. 그리고 언니들은 자신들에게 복이 내려질 것으로 기대하며 산 위로 올라가 제피로스를 소리쳐 부르며 골짜기로 뛰어내렸다. 그리고 제피로스의 응답도 없었다. 그들의 사지는 헛된 욕망과 함께 갈가리 찢겨서 천지사방으로 흩어지고 말았다.

프시케는 속죄하는 마음으로 에로스를 찾아 이리저리 헤매고 돌아다녔다. 그녀는 데메테르 여신과 헤라 여신을 만나 자신이 처한 형편을 아뢰고 도움을 요청했지만, 여신들은 아프로디테와의 관계를 염려하여 냉정하게 거절했다. 우여곡절 끝에 프시케는 아프로디테를 찾아간다. 하지만 그녀를 기다리고 있는 것은 여신의 호된 시험만이 기다리고 있었다.

첫 번째 시험이다. 밀, 보리, 수수, 콩 등 온갖 종류의 곡물을 산더미같이 쌓아두고 해가 떨어지기 전까지 종류별로 분류해 놓으라는 명령이다. 그렇게 망연자실한 프시케 앞에 기적이 일어났다. 어디선가 개미 떼가 나타나 순식간에 곡물을 깨끗하게 정리해주고 모두 사라졌다.

두 번째 시험이다. 강 건너 숲에 사는 성격이 포악한 양 떼의 황금 양털을 벗겨오는 것이다. 양 떼는 날카로운 이빨과 발톱으로 사람들을 공격하여 죽이기도 하는 무서운 놈들이다. 그런데 이번에는 강가의 갈대가 산들바람을 타고 해법을 알려준다. 프시케는 갈대가 가르쳐준 대로 양들을 난폭하게 만드는 한낮의 뙤약볕을 피해 해 질 무렵 가시덤불 사이에서 그들이 벗어놓은 양털을 쉽게 걷어왔다.

세 번째 시험이다. 험준한 산꼭대기에서 솟아나는 검은 샘물을 항아리에 담아오는 것이었다. 그런데 그곳으로 가는 길은 매우 가파르고 미끄러울 뿐 아니라 근처에는 무시무시한 용들이 긴 꼬리를 좌우로 흔들고 있어서 매우 위험했다. 어찌할 바를 몰라 쩔쩔매고 있는데 프시케 앞으로 제우스의 독수리가 나타났다. 그리고 그녀에게서 항아리를 넘겨받아 대신 샘물을 가득 담아 가져왔다.

마지막 단계는 죽음의 세계를 다녀오는 시험이다. 아프로디 테는 프시케에게 저승으로 가서 페르세포네의 화장품을 얻어오라고 명령했다. 프시케는 매우 절망스러웠다. 그것은 프시케 보고 죽으라는 말이었다. 그녀는 높은 탑 위로 올라갔다. 거기서 뛰어내리면 저승으로 갈 수 있다고 생각했다. 그런데 가만히 있던 탑이 프시케에게 죽지 않고서 저승 세계를 다녀오는 방법을 알려줬다. 스틱스강을 건네주는 뱃사공 카론 (Charon)을 상대하는 법, 저승 문을 지키는 머리 셋 달린 사나운 개 케르베로스(Kerberos)를 달래는 법 등을 소상히 설명했다. 그리고 페르세포네의 화장품을 담은 상자를 아프로디테에게 넘겨주기 전에 절대 열어보지 말고 호기심을 엄격히 다스려야 한다고 말했다.

프시케는 탑의 목소리가 알려준 대로 저승으로 들어가 페르세포네로부터 화장품을 얻어서 이승으로 다시 돌아오는 일을 무사히 완수했다. 그러나 화장품을 담은 상자를 아프로디테에게로 가져가면서 그녀의 마음에 또다시 무서운 호기심이 솟구쳤다. "나는 정말 바보였어! 여신의 아름다움이 담긴 상자를 그대로 갖다 주려고 하다니 말이야. 대체 여신들이 쓰는 화장품은 어떤 것일까? 내 사랑 에로스를 위해 화장을 고쳐봐야

지!"하고 프시케는 상자를 열고 말았다. 그러나 그 속에는 화장품은 오간 데 없고 지옥 같은 잠만 쏟아져 나왔다. 그녀는 죽음보다 깊은 잠 속으로 빠져들었다.

그제야 몸과 마음을 회복한 에로스가 쓰러져 있는 프시케 곁으로 달려왔다. 그리고 화살촉으로 그녀의 옆구리를 쿡 찔러 잠을 깨웠다. "불쌍한 프시케여, 너의 호기심이 이번에는 생명을 잃게 할 뻔했도다!"라고 말했다. 그리고 에로스는 그 길로 제우스 앞으로 달려가 자기들을 도와달라고 간청한다. 제우스의 중재로 마침내 아프로디테의 노여움도 풀리고, 에로스와 프시케는 신들의 축복을 받으며 부부가 되었다. 그리고 둘 사이에서 '기쁨'이란 딸이 태어났다는 이야기다.

에로스와 프시케의 잘 알려진 이 사랑 이야기는 서기 2세기경 로마의 시인 아풀레이우스(L. Apuleius)가 쓴 『황금 당나귀』라는 작품 속에서 소개되었다. 이것은 순수한 신화라기보다는 사랑에 대한 작가의 철학을 신화의 인물(에로스, 아프로디테 등)을 통해 풀어낸 문학적 상상력의 산물이다.

에로스(Eros)는 사랑의 신으로 로마 시대에는 큐피도(Cupido), 혹은 아모르(Amor)로 불렸다. 프시케(Psyche)는 그리스어로 '영혼'이라는 의미와 '나비'라는 뜻이 있다. 에로스와 프시케의 이야기는 '사랑과 영혼'인 셈이다. 둘 사이에 끼어들어 훼방 놓고 심술부리는 '못된 시어머니' 역의 아프로디테(이 작품에서는 로마식 이름 '베누스'로 칭함)는 육체적 애욕을 상징하는 여신이다.

따라서 에로스를 가운데 두고 전개되는 프시케와 아프로디테 간의 대립 관계는 사랑으로 인한 영육 간의 갈등을 대변하고 있다. 즉 아프로디테의 견제와 박해를 극복하고 에로스와 결합하는 프시케의 운명은 영혼이 진정한 사랑을 얻기 위해서는 육체적 욕망이 일으키는 유혹과 시련을 견뎌내야 한다는 메시지로 풀이된다.

육체적 애욕의 가변성과 영적 사랑의 영원성을 대비시키며 에로스를 논한 인물은 플라톤이다. 플라톤은 에로스의 본질을 '영원히 불멸하는 것에 대한 소망'이라고 밝히고 있다. 동물이건 인간이건 간에 죽을 수밖에 없는 필멸의 운명을 갖고 살아가는 존재의 본성은 자신이 사라진 이후에도 계속해서 살아남을 수 있는 것을 열망하게 된다. 따라서 생식의 대상인 이성의 육체를 소유하려는 욕망이 바로 에로스라는 것이다. 그 때문에 낡고 늙은 것 대신에 새롭고 젊은것을 가지려는 욕망은 육체뿐만 아니라 정신적 영역에서도 일어난다.

플라톤은 아름다운 육체에 끌리는 욕망이 아름다운 영혼에 끌리는 욕망으로 승화된다고 주장했다. 그리고 그 길에 이르기 위해서는 먼저 아름다운 육체를 가까이해야 한다고 말했다. 다시 말해서 아름다움을 추구하는 올바른 길은 하나의 아름디운 육체에서 두 개의 이름디운 육체로, 두 개의 이름디운 육체에서 모든 아름다운 육체로, 나아가 아름다운 조직과 법칙들을 거쳐 아름다운 학문으로, 궁극적으로는 여러 학문으로부터 다름 아닌 아름다움 자체에 관한 학문에 이르게 되고, 결국 '미(美) 자체'에 대한 인식에 도달하게 된다는 의미이다. 그리하여 마음의 눈으로 참된 아름다움을 볼 수 있는 사람이 영원한 삶에 참여할 수 있으며, 그것이 바로 참된 에로스의 길이라고 역설했다.

에로스와 프시케의 사랑 이야기에서 강조되는 덕목 중의 하나는 믿음이다. 프시케는 보이지 않은 신랑에 대한 믿음을 저버리고 의심에 지배를 받게 되는 순간 사랑을 잃었다. 자신의 모습에 호기심을 느끼는 프시케에게 에로스가 충고한다. 눈으로 확인하려 하지 말고 그냥 느끼고 믿으라고 말이다.

청소년기에 호기심은 자신을 성장시키기 위한 열정의 분출이다. 또 성장을 개척하기 위한 정신적 활동의 에너지이다. 콜럼버스의 신대륙 발견도 이 호기심의 열정으로 이루어낸 결과이고, 수많은 발명가와 과학자들이 이룬 성과도 이 호기심에서 창출된 산물이다.

청소년들이여! 되도록 많은 호기심과 관심을 가슴에 품고 21세기 미래로의 출항을 꿈꾸어 보자. 뜨거운 열정으로 자신을 위하여 도전하고 사랑하자. 그리고 인류의 문명 창달을 위하여 공헌하는 일을 위해 준비하자.

이성을 깨우는
짝사랑의 감성과 아름다움

짝사랑의 아름다움

짝사랑(unrequited love, one-sided love)은 내가 누구에게 갖는 일방적인 또는 아무 보답을 바라지 않는 순수와 이성적 감정이다. 한 사람에게 연애 감정이 있지만, 상대가 자신에게 그런 감정이 있는지 명확하지 않거나 상대방이 자신에게 연애 감정이 있지 않은 상황이다. 또는 양측이 서로 상대에 대해 짝사랑을 할 때도 있다. 현대사회에서는 한쪽이 홀로 누군가를 사랑한다는 의미로 해석한다.

흔히 이 '짝사랑'에는 일방적인 한 사람의 감정이기 때문에 상대가 누구인지 전혀 모를 때가 많다. 그 때문에 어떤 보답이나 조건이 없는 순수 지향적 감정이다. 그러나 이성에 대한 이 짝사랑의 감정도 분명 사랑의 감정이다. 하지만 사랑에 대한 본질적 혹은 방법적 측면에서 옳은 것이냐, 아니냐를 놓고 논란이 되기도 한다. 사랑에 있어서 그 감정은 사랑의 감정 그 자체가 사랑이다. 사랑의 감정을 선이나 악 또는 흑백의 논리에 견주어 이해하려고 하면 자칫 편견에 사로잡히기 쉽다.

우리 청소년들은 '사랑'의 의미를 잘 알고 있다. 부연한다면 그것은 '어떤 상대를 애틋하게 그리워하고 열렬히 좋아하는 마음이거나, 다른 사람을 아끼고 위하며 소중히 여기는 마음이거나, 어떤 대상을 매우 좋아해서 아끼고 즐기는 마음'이라고 정의할 수 있다. 그러나 대상의 신분이나 지위에 따라서 사랑의 감정을 재단하고, 이해하려 한다면 그것은 오히려 사랑의 본질을 왜곡시키고 부정하는 일이 될 수도 있다.

청소년들이여!
그 누군가를 짝사랑하고 있는가?

청소년들이여! 그대들은 지금 그 누군가를 짝사랑으로 연모하고 있는가? 그대들의 순수한 감성에 사랑의 감정을 일깨운 사람은 과연 누구인가요? 혹시 그대들을 가르치고 계신 학교 선생님, 일가친척 오빠나 누나 혹은 누나나 언니 친구, 연예인, 학교 선배, 이웃집에 사는 오빠나 누나, 교회나 성당에 다니는 선배, 아니면 우연히 길거리나, 특별한 장소에서 마주치고 스쳐 간 사람 등등일 수 있다. 하지만 그러한 감정은 부끄러운 것이 아니다. 그렇다고 일방적인 감정을 감정대로 행동할 수 없는 것도 현실이다.

과거 여러분들의 엄마, 아빠 그리고 누나 오빠들도 지난날다 짝사랑을 했거나, 받아본 경험이 있다. 그렇듯이 여러분들도 지금 그것을 말할 수는 없다. 아직 구체적이거나 확인된 내용이 없기 때문이다. 다만 자기 자신의 일방적인 감정이고 생각일 뿐이기 때문이다. 또는 누군가를 사랑하는 마음에 대해들켰다고 생각하기 때문이다. 그래서 창피하고 부끄러운 생각이 들기도 할 것이다. 이처럼 청소년 여러분들은 이성에 대해남모르는 호기심과 고민을 많이 갖게 된다.

하지만 그런 마음이 있다고 해서 창피하거나 부끄럽게 생각할 일은 아니다. 어떠한 생각을 하고, 어떤 마음을 먹었는가에 대한 것은 누구나 자기 자신에 대한 문제이다. 그런 문제뿐만이 아니다. 다른 고민도 많이 하고 있다. 그런데 얼른얼른 해결되고 정리되는 것은 없다. 오히려 고민거리만 더 많이 늘어난다.

그런데 중요한 건 무조건 고민을 두려워할 필요는 없다. 청소년기에 고민이 없다는 것. 그것은 아무 생각이 없다는 것과 같다. 생각이 없다는 것은 어떤 사물이나 현상, 작용에 대해무의식 상태이거나 의식하지 않고 있다는 뜻이다.

의식하지 않고 있다는 것은 멍한 상태이거나, 지능 저하의 상태이거나, 이것저것 분별하지 않으려는 무의식이다. 그것은 정신건강에 문제가 아니라면 지극히 비정상적 현상이다. 다시 말해 정상적인 상태라면 자기가 바라는 일들에 고민하고 근심하는 것이 지극히 당연한 정신적 활동의 상태가 되는 것이다. 그것은 어린아이가 배가 고픈데도 울지 않는 것과 같다.

고민하고 사색하지 않는 젊음과 청춘은 바보다

우리 청소년들에게 고민이 없는가? 그렇다면 그대는 무의미한 삶을 사는 바보짓이다. 어째서 청소년이 좌충우돌하고 고민하지 않을 수 있는가? 고민하고 사색하지 않는 젊음과 청춘은 젊음도 아니고, 청춘도 아니다. 당연히 고민하고, 사색하고, 탐구할 시기에 그대는 영혼의 정신 활동이 멈춰있는 제자리걸음이기 때문이다.

좌충우돌하면서라도 도전하고 전진하는 것이 미래의 목적지를 향해 가는 청소년다운 자세이다. 일이 뜻대로 잘 안되고, 잘 안 풀릴 때 속상해하고 짜증 내는 것도 따지고 보면 지극히 정상이다. 하지만 그렇다고 과도하게 짜증 내고 불평만 하는 것은 옳지 않다. 본인이 원하는 대로 일이 잘 안 돼서 짜증이 난다면 그것은 시행착오 때문이다. 그렇다면 다시 일이 잘되도록 연구하고 탐구하면 노력에 상응하는 좋은 결과를 만들 수 있다.

특히 청소년기 이성에 대한 호기심은 매우 강하다. 그리고 아주 예민하게 반응한다. 또 신체적으로도 많은 변화가 생긴다. 그것은 점점 청년의 모습, 또는 소녀에서 숙녀의 모습으로 성장해가는 성숙과 완성의 과정이다. 이때는 매우 왕성한 식욕과 활동성도 높아진다. 학업의 성취도도 높고, 하고 싶은 일도 많아진다.

　이때에도 하고 싶은 것이 많다고 그런 것에 과도하게 모두 신경을 쓰다 보면 자칫 학업에 많은 지장을 초래하게 된다. 그러므로 시간의 관리가 어려워지고 많은 시간 낭비를 부르게 된다. 그 때문에 우리 청소년들은 하고 싶은 감정을 자제하고 적절하게 조절할 수 있는 마음가짐과 자세를 가져야 한다.

　연애소설로 너무나도 유명한 『젊은 베르테르의 슬픔』[1]은 괴테가 쓴 희대의 베스트셀러였다. 이 소설은 천재적 감성을 지닌 청년이 약혼자가 있는 로테를 짝사랑하게 되면서 생기는 심리적 갈등과 의식의 상태를 서간체 형식의 산문으로 쓴 작품이다. 짝사랑에 빠진 베르테르가 결국 자살에 이른다. 짝사랑에 대한 고통은 동서고금 어느 시대를 막론하고 비슷한 것 같다.

　이 책은 괴테의 첫 성공작으로서, 무명작가였던 괴테를 유명인 반열에 올려놓은 작품이기도 하다. 당시 유럽의 많은 젊은 이가 이 소설 속에 묘사된 주인공 베르테르처럼 옷차림하고 다녔다. 당시 이 작품을 읽고 베르테르의 자살을 모방하여 자살한 사람도 2,000여 명이 넘는 것으로 추정된다.

  짝사랑이 아름답고 참으로 그지없는 소중함이지만
  반면에 고통과 슬픔도 동반하는 아픔이 있다

  이 소설의 줄거리다.
  어느 날 우연히 지식인 베르테르는 무도회에서 알게 된 로테를 보고 첫눈에 반한다. 베르테르는 로테에게 접근하여 친교를 맺고 집을 왕래할 정도로 그녀와 가까워진다. 로테에 대한 사랑의 감정은 날로 커져만 갔다. 그때 갑작스레 로테의 약혼자 알베르트가 발하임으로 돌아오면서 베르테르는 크게 실망하기 시작한다. 베르테르는 로테의 약혼남 알베르트의 존재를 인정하고 존중한다. 하지만 베르테르는 점차 로테에 대한 치정이 깊어진다. 또 알베르트와도 불편한 관계를 형성하게 된다. 가질 수 없는 사랑과 현실 앞에 괴로워하던 베르테르는 로테를 잊으려고 발하임을 떠난다. 하지만 귀족 사회의 폐해만을 경험한 채 좌절과 고통스러운 심정으로 다시 발하임으로 돌아왔다. 하지만 사랑하던 로테는 이미 유부녀가 되어버린 상태였다. 그러나 로테의 주위를 맴돌며 베르테르는 고통스러워하고, 로테는 베르테르에게 친밀감과 호감을 느끼면서도 남편을 위해 베르테르와 거리를 두려고 했다. 그러다 결국 베르테르는 로테에게 구애하며 키스를 시도했다. 당황한 로테는 베르테르와의 절교를 선언한다. 절망에 빠진 베르테르는 알베르트에게 빌린 권총으로 자신의 머리를 쏘아 자살하면서 생을 마감하는 내용이다.

이 작품의 저술 배경으로는 괴테 자신의 세 가지 개인적 체험을 들 수가 있다.『젊은 베르테르의 슬픔』이 소설에 담긴 내용과 작품의 취지는 당대의 인습과 귀족 사회의 통념에 반대하는 젊은 지식인들의 우울과 열정을 심도 있게 묘사한 내용이다.

하지만 오히려 이 작품은 뜻하지 않게 우울증을 전염시키고 자살을 전파했다는 오명을 얻기도 했다. 이것은 단순히 남녀의 사랑과 실연을 다룬 이야기가 아니라, 사회적 통념 일체를 배척해서라도 인간 본연의 감정을 되살리고 해방된 심정의 발아와 권리를 주장하려는 의도적 작품으로서 이 작품은 젊은 괴테 내면의 사상과 의식을 토대로 유감없이 발휘한 작품이란 평가이다.

이 작품에서 베르테르는 순수하고 다감한 청춘의 상징성이다. 순수란 대상 그 자체에 전혀 이질적인 것의 섞임이 없는 상태이다. 그런 마음속에 사사로운 욕심이나 불순한 생각이 없는 투명하게 맑고 깨끗한 감정이다. 우리 인간에게서 엿볼 수 있는 순수함의 대상은 어린이와 청소년이 대표적이다. 순수함 하면 청소년이고, 청소년 히면 순수성이 떠오르는 상징의 대명사이다.

이처럼 베르테르의 이미지도 순수하고 다감한 청춘의 상징이다. 작가 자신도 "모든 청년이 이렇게 사랑하기를 바라고, 모든 소녀가 이렇게 사랑받기를 바란다."라고 한 적이 있다. 그러나 젊은 괴테의 기본적인 구상에 따르면 『젊은 베르테르의 슬픔』은 단순한 연애소설이 아니었다. 깊고 순수한 감정과 진실한 통찰력을 내포하고 있다.

그러나 한편 열광적인 몽상에 마음을 빼앗겨 허무의 늪에서 허우적거리며 갈등하고 자학과 지나친 사색에 잠긴 나머지 의지를 상실하고, 마지막에는 끝도 없는 고통과 사랑이 낳은 불행한 정열로 인해 정신적 착란을 일으켰다. 그리고 자신의 머리에 총알을 쏴 버리는 상황을 통해 한 청년의 자아와 삶이 붕괴하는 과정을 보여주고 있다.

하지만 이 작품 속에서 명쾌하게 해명되지 않은 문제가 하나 있다. 주인공 베르테르는 선천적으로 뛰어난 자질을 부여받은 청년임에도 왜 그 능력에 걸맞은 의미 있는 생활을 할 수 없었는가 하는 점이다. 그것은 아마도 그 무렵 독일의 사회 제도가 시민계급 출신의 청년들에게 자유스럽게 활동할 수 있는 삶의 공간을 충분히 제공하지 못하는 사회적 환경 때문에 그들을 종종 절망의 구렁텅이에 내몰고 빠뜨렸다는 지적은 다소 설득력이 있다는 해석이다.

그러나 그렇다고 해도 같은 시민계급 출신인 알베르트가 유능한 관리로 활동하고, 로테도 마지막에 베르테르의 정열을 거부했음을 고려한다면 베르테르의 성격이나 사고방식에 문제가 있고 그러한 것들이 과도한 이성적 감정의 통제와 조절에 실패한 사례의 한 원인으로 해석되기도 한다.

이것은 괴테의 무한한 상상력과 실제 경험을 바탕으로 어떤 형식과 법칙에서 벗어난 작가의 자유분방함이 그대로 투명하게 투영된 작품이라 아니할 수 없다.

그 어떤 대가도 없이
소중한 삶과 사랑의 가치와 진실을 가르쳐 준
짝사랑의 여신들

이 이야기처럼 짝사랑은 기쁨만 있지 않다. 혼자만이 감내해야 하는 고통과 슬픔이 있다. 필자도 과거 청소년 시절 한때 많은 짝사랑에 가슴 아파했던 때가 있었다. 초등학교 4학년쯤으로 기억된다. 화창한 어느 봄날 운동장에서 그네를 타고 있던 부반장 유숙이 그네를 열심히 밀어 올려 높이 올라갔는데 실수를 했는지 갑자기 나비처럼 허공으로 날았다. 마침 치마를 입고 있었던 그녀가 그네에서 떨어질 때의 모습은 아직도 내 기억엔 한 마리 나비처럼 연상이 된다. 그리고 저만치 모랫바닥에 툭 하고 낙하했다. 한순간 얼굴은 창백한 얼굴이 되어 의식을 잃고 있었다. 마침 그때 양호선생의 빠른 응급조치와 병원 이송으로 무사히 깨어났다는 말은 가슴 졸이며 며칠이 지난 후였다. 그리고 무더운 여름이 끝나갈 무렵 그녀는 도시로 전학을 하였다.

그때 어린 나이에 말도 못 하고 너무나 가슴 아팠던 기억은 지금까지 꽤 많은 시간이 흘렀음에도 아직 유숙을 기억하고 있는 감정은 단순한 유년의 추억이 아니다. 이 세상에 태어나서 난생처음으로 이성으로 인해 겪었던 아픔으로 보아 분명 짝사랑의 감정이란 생각이다.

그리고 특별히 자상하게 잘 대해주던 이웃 마을 누나도 잊지 않고 있다. 그리고 처음으로 아르바이트를 하던 직장에서 잘 대해주던 누나가 어느 날 결혼을 했다. 그리고 나도 국방의 의무를 다하기 위해 논산훈련소로 입대를 했다. 첫 휴가를 갔을 때 누나가 집으로 초대를 해서 갔었는데 마음에 일어나는 감정이 참으로 복잡했다. 그리고 34개월 군 복무를 마치고 제대했다. 오랜 시간 문득문득 기억은 나지만 한 번도 보지 못했다. 그 후 40여 년의 세월이 흘렀고 어쩜 영원히 만나지 못할 것 같다는 생각이다.

이제 와 생각해보니 모두가 다 '짝사랑'이었다. 역시 짝사랑과 첫사랑은 이루어지지 않는다는 속설이 맞나 보다. 이루어질 수 없는 사랑이기 때문에 더욱 애틋하고, 애절한 순수의 감정으로 기억되나 보다. 그런데 그러한 기억들은 모두 나에게 소중한 정신적 자산이 되었다. 그 기억들과 감정을 통해서 나를 사랑하는 방법을 알게 되었고, 내가 아닌 타인도 사랑하게 되었다.

그것은 그 짝사랑을 통해서 사랑이 무엇인지 알았기 때문이다. 설렘, 기다림, 이해와 배려, 용기, 열정, 인내와 고통, 자살과 주검, 믿음, 고독, 희망 같은 것들에 대한 문제를 많은 시간과 함께 사유하고 성찰하면서 나는 어른이 되어왔다. 모두 나에게 그 어떤 대가도 없이 소중한 삶과 사랑의 가치와 진실을 가르쳐 준 짝사랑의 여신들이란 생각이다.

짝사랑 때문에 지금 힘든가?
짝사랑은 진실한 사랑을 일깨우고 삶을 단단하게
조련하고 훈련시키는 성장의 스승

지금 현재 짝사랑 때문에 힘든 청소년이 있다면 그대들을 위해 도움이 될 수 있는 명언을 소개하고 싶다. 스위스의 법학자이며 철학가인 칼 힐티의 말이다. "용기는 모든 순간적인 감정 가운데 가장 쓸모 있는 것이다."라고 했다. 칼 힐티는 『행복론』, 『잠 못 이루는 밤 때문에』의 저자이기도 하다. 크리스천으로서 인생, 인간, 신, 죽음, 사랑 등을 주제로 깊이 있는 사상서를 주로 저술했다.

"용맹한 가슴을 운명의 화살 앞에 내세워라." 이 말은 독일의 철학자 쇼펜하우어의 명언이다. 만일 짝사랑이 그대들을 너무 힘들게 한다면 시간이 더 지나가기 전에 꼭 용기를 내어 고백해보는 것도 괜찮다. 그가 그들의 운명인지, 아닌지 아는 방법은 그것뿐이다. 그러나 고백했다고 해서 모든 것이 다 내 뜻대로 받아들여져야 한다고 생각해서는 안 된다. 또 실패했다고 해서 절망해서도 안 된다. 그것은 나도 모르게 어디에선가 나를 기다리고 있을 또 하나의 진실한 사랑과 그 사람을 위해서다.

다음은 톨스토이의 명언이다. "사랑은 자기 인생의 참 의미를 깨닫지 못한 사람에게는 다가오지 않는다."라고 하였다. 그렇다. 자기 인생의 참 의미를 알고 있는 사람만이 다른 사람을 사랑할 자격이 있다. 자칫 자신의 인생보다 그 사랑에 더 많은 가치를 두고 목숨 건 사랑이 있다면 지금 당장 삶을 포기하라. 자신의 인생을 사랑하지 않고, 존중하지 않는 사람에게는 제대로 된 사랑이 다가올 리 없기 때문이다. 어떤 경우라도 나 자신에게 줄 사랑을 조금은 남겨두어야 한다.

어쨌든 짝사랑만큼 가슴 아프고 슬픈 사랑은 없다. 하지만 그만큼 행복한 사랑도 없다. 본래 사랑이라는 것은 신이 둘이서 하는 것이라고 정해 놓았는데 혼자 해서 고통스럽고 아픈 것이다. 하지만 짝사랑이 그나마 위안이 되는 이유는 따로 이별이란 고통이 없는 게 특징이다. 실제 이별은 또 얼마나 힘들고 큰 고통인가. 그러니 참으로 다행이다.

하지만 열 번의 일방적인 짝사랑보다는 서로가 나누는 쌍방향의 진실한 사랑이 더 의미 있고 가치 있는 사랑이라고 할 수 있다. 하지만 열 번의 짝사랑도 결코 헛된 사랑은 아니다. 진실한 사랑을 일깨우고 삶을 단단하게 단련시키는 조련사임엔 틀림없다. 그 진실한 사랑 속에 인간의 진실한 삶이 뿌리내리기 때문이다.

필자가 사랑에 대하여 새롭게 정의한다면 "사랑은 사람이 지닌 여러 가지 품성과 정신 중에 가장 고귀하고 값진 위대한 정신의 감정이다."라고 말하고 싶다. 그것은 우리의 삶을 행복으로 인도하기 때문이다. 인간의 삶에서 사랑은 존재의 의미이기도 하다. 즉 삶의 궁극적 목표가 사랑이고 행복이다. 사랑이 없으면 행복도 없다. 어떤 행복이라도 그것은 사랑으로 빚어진 존재의 예술품이다.

특히 청소년기에 느끼는 사랑의 감정과 행복감은 평생을 살아갈 날에 단단하게 응축된 삶의 에너지가 될 것이다. 그러므로 혼자 일방적인 짝사랑이던, 쌍방향의 사랑이던 가능한 많은 사랑을 하자. 그 체험 속에 진실한 사랑을 아는 사람이 사람다움의 삶과 행복감을 가장 잘 구현하고 실현할 수 있기 때문이다.

욕구와 욕망에 대한 이해와
감정조절

욕구(欲求)와 욕망(欲望)은 무엇일까?

인간의 마음에서 일어나는 욕구(慾求)와 욕망(慾望)은 무엇일까? 욕구의 사전적 의미는 '무엇을 얻고자 하거나 무슨 일을 하고자 하는 바람' 같은 것들이다. 욕망 또한 '무엇을 가지거나 하고자 하는 간절한 바람'이다. 따라서 하고자 하는 어떤 일이나 사랑에 대한 욕구와 욕망도 같은 의미의 감정이다.

욕구(need)와 욕망(desire)[1]은 사람이 어떠한 혜택을 누리고자 하는 감정으로 자신에게 부족한 것을 채우기 위한 정서적 감정이다. 윤리적 차원에서 보면 적절한 정도의 욕망은 인간이 살아가는 데에 필수적이다. 하지만 과도한 욕망은 주변 사람에게 피해를 주고 자신 또한 망치기 쉽다. 그리고 욕구가 충족되면 만족감과 쾌감을 느끼게 되고, 충족되지 못하면 불만스러운 느낌으로 기분이 상한다. 또 하고자 하는 일에 의욕도 잃는다.

따라서 누구에게나 욕구와 욕망은 중요하다. 특히 사랑의 감정을 느끼고 있는 우리 청소년들도 욕구와 욕망에 대한 심리적 작용은 뜨겁고 강한 열정이 솟구친다. 거기에다 호기심까지 더해져 더욱 강하게 작용한다. 따라서 첫사랑과 짝사랑에 대한 감정은 매우 강렬하다. 이러한 뜨거운 감정을 소화하고 감당하기엔 다소 벅찬 감정이 될 수도 있다. 하지만 그런 고민으로 밤잠을 설칠 필요는 없다. 또 학업에 게으를 필요도 없다.

사랑은 인류의 삶에서 없앨 수 없는 영원한 주제이고 쉽게 풀리지 않는 숙제이기도 하다. 따라서 고대 이래로 문학과 문화예술의 장르에서 가장 빈번하고 밀도 있게 다루어진 소재가 사랑 이야기이다. 그리스 로마 신화에서도 다양한 사랑 이야기가 나왔다. 그중에서도 에로스와 프시케의 사랑 이야기는 매우 감동적이다. 특히 정신적 사랑과 육체적 애욕 간의 갈등을 그리고 있다.

영혼은 육체적 욕망이 주는 유혹과 시련을 이겨내야 비로소 참사랑을 얻을 수 있다는 이야기이다. 또한, 참된 사랑은 의심을 극복하고 믿음이 뿌리를 내릴 때 이루어진다는 진리를 담고 있다.

로마의 시인 오비디우스가 지은 '변신 이야기'는 시인 오르페우스와 그의 아내 에우리디케의 비극적인 사랑을 노래한 것으로 고대 그리스인의 세계관과 신화의 보편적 특성이 잘 나타나 있는 작품이다. 오르페우스와 에우리디케의 사랑 이야기는 죽음을 넘나드는 사랑을 담고 있다. 죽은 아내를 되찾기 위해 저승 세계를 찾아가는 오르페우스는 사랑의 절정에서 급작스럽게 닥쳐온 상실의 아픔을 온몸으로 받아내야만 했다.

신화는 대개 인간의 보편적 감수성에 호소하는 경향이 있다. 근원적 고통과 불안, 원초적 환희와 기쁨이 신화에는 잘 나타나 있다. 오르페우스와 그의 아내 에우리디케의 이야기도 그러한 특성을 보인다. 신화에서 '금기와 그 위반'이 공통으로 드러나는 것은 '금기'라는 소설적 장치를 통해 인간이란 불완전한 존재임을 알게 한다. 이는 생(生)과 사(死)를 넘나들 수 없다는 것을 일깨워주기 위한 메시지이다. 따라서 이 이야기는 사랑과 소유욕에 대한 성찰을 요구하고 있다. 하지만 사랑에 대한 인간의 욕구와 욕망의 실체가 잘 그려진 작품이다.

21세기 현대사회에서 성에 대한 태도는 과거 전통 사회와는 달리 자유와 개방적으로 바뀐 지 이미 오래다. 인터넷과 문화, 예술적 발달은 성에 대한 표현과 접근을 더 자유롭게 제공하고 기회를 얻게 한다. 그러나 우리 청소년을 대상으로 한 성매매와 각종 음란물의 유통, 성폭력과 성희롱, 성 산업의 발달과 번창 등 성적 일탈 현상이 증가하고 있다. 따라서 우리 사회가 성적으로 무엇을 원하고 어떻게 행동하는 것이 올바른가에 대한 성 윤리를 정립하는 데 매우 혼란스럽고 그것이 사회적으로 미치는 영향에 대해서도 현대사회가 심각하게 고민해야 할 과제이기도 하다.

우리 현대사회의 성 윤리에 대한 다양한 인식과 입장들이 혼재해 있어 올바른 성 윤리의식을 정립시키는 데는 쉽지 않은 양상이다. 보수주의적 성 윤리의식을 옹호하는 사람들은 남녀가 결혼해서 출산과 관련하여 행하는 성적 활동만을 도덕적, 윤리적 판단기준으로 정당화한다. 하지만, 자유주의적 성 윤리의식을 옹호하는 사람들은 성과 관련된 행위에 착취나 강제가 없으며, 상대방의 자율성을 존중하고 타인에게 어떠한 해악도 끼치지 않는다면 자유롭게 성적 쾌락을 추구할 수 있다고 보는 일부의 견해도 있다.

성은 생물학적 신체구조와 기능에 의해 결정되는 생물학적 성(sex)을 의미하기도 한다. 그리고 사회적 · 문화적으로 구성되는 남자다움과 여자다움을 나타내는 사회적 · 문화적 성(gender)을 의미하기도 한다. 성은 성적 관심이나 성적 활동 등 성적 욕망과 관련되는 모든 것을 포괄하는 욕망으로 성(sexuality)의 의미로 인식하기도 한다. 이때 성 윤리와 관련이 깊은 것은 주로 욕망으로서의 성이다. 성적 욕망에 대하여 어떤 사람이 지닌 의식과 태도에 따라 그 사람에 대한 평가가 크게 달라지기도 한다. 그렇다면 성적 욕망과 성적 활동으로서의 성은 인간의 삶에서 어떤 의미가 있는 것일까?

첫째, 성은 그 자체가 생식의 한 과정이다. 새로운 생명을 탄생시켜 종족 보존의 기능을 수행하려는 생물학적 기능과 가치를 뜻한다. 그 때문에 이러한 가치를 실현하기 위해서 성적 활동이 임신과 출산으로 이어질 가능성은 크다. 따라서 우리 청소년들은 그것을 충분히 예상하고 반드시 책임 있는 자세와 마음가짐이 중요하다.

둘째, 성은 쾌락적 즐거움의 의미를 동반한다. 성적 쾌락은 고통과 대립하는 즐거움의 감정의식으로서 가치를 지닌다. 또한, 성적 쾌락은 상호 애정적 유대와 친밀감을 높이는 데도 이바지한다. 그러나 절제가 없는 쾌락의 무분별한 추구는 더 큰 불쾌감과 고통을 유발함으로써 적절한 성적 활동의 자제와 절제, 감정조절과 욕구 분출의 제어가 매우 중요하다.

끝으로 성은 그 사람의 품성과 인격적 가치를 지닌다. 성의 가치는 사랑과 깊이 관련된다는 점에서 인간은 상대방에 대한 열정과 친밀감을 바탕으로 한 성적 활동을 통하여 신체적, 정신적으로 상대방과 하나가 되는 성숙한 관계가 되어야 한다. 사랑을 성 윤리의 핵심으로 생각하는 사람들은 사랑이 전제된 성만이 자아실현과 인격 완성에 이바지한다고 주장한다. 따라서 사랑이 없는 성은 인간을 동물적 행위로 전락시키는 비인간적이라고 비판하기도 한다.

인간의 성이 도덕적 가치를 지니게 만드는 것은 사랑이라는 가치 때문이다. 성이 지니는 이러한 인격적 가치를 실현하기 위해서는 무엇보다 상대방을 존중하고 진심으로 이해하려는 자세가 필요하다. 따라서 인간의 성은 본능의 차원에만 머무는 것이 아니라 도덕적 숙고의 대상이기도 하다. 이처럼 성 윤리의 핵심은 책임과 절제 그리고 인내와 사랑이라고 말할 수 있다.

흔히 사람의 욕심에는 끝이 없다고 한다. 말 타면 견마(牽馬) 잡히고 싶다는 속담도 있다. 하나를 얻으면 또 다른 하나를 바라는 것이 우리가 일상에서 흔히 느낄 수 있는 인간들의 욕구 본능이고 욕심의 구조체계이다. 이를 논리적으로 개념화한 사람은 프랑스의 철학자이면서 정신분석학자인 자크 마리에 밀라캉의 '욕망 개념'[2]이다. 그는 인간의 욕망을 요구와 욕구의 차이로 인식하고 요구에서 욕구를 뺀 나머지를 인간의 욕망으로 규정했다.

욕구란 사람의 몸이 지닌 자율적 원함이다. 가령 인체에서 방광이 가득 차면 배설하고 싶어진다. 또 위장이 비면 채우고 싶어지는 것과 같은 원리이다. 몸이 원하는 것을 충족시키기 위해 마음은 그것에 필요한 기억 영상들을 만들어낸다. 배설을 위한 사적인 공간이나 맛있는 음식 같은 것들에 욕구가 소망 충족이다. 그리고 그런 영상을 떠올린 주체는 욕구의 현실적 충족을 위해 자기 자신과 다른 사람들에게 무언가를 요구하게 된다. 이런 경우 요구는 언어를 통해 욕구가 전달된다.

그런데 허기진 배를 채우고 난 뒤에도 채워지지 않은 그 무언가가 있다. 따라서 그 문제를 해결하려고 지속해서 노력한다. 예컨대 학교에서 돌아온 아들이 엄마에게 배고프다고 했다. 그러자 엄마는 "지금 바쁘니까 네가 좋아하는 라면 끓여 먹어" 하면서 볼일 보러 나가버렸다. 썰렁해진 집 안에서 그 아들은 라면을 끓여 허겁지겁 맛있게 잘 먹었다. 그런데 거의 다 먹었을 무렵 왠지 기분이 안 좋아졌다. 공허감이 엄습하고 괜히 눈물이라도 날 것 같은 마음이다. 그건 왜 그럴까? 좋아하는 라면도 먹었고, 배도 불러 느긋하고, 일신도 편안한데 무슨 불만이란 말인가.

하지만 어쩜 그것은 아들이 원했던 것이 아닐지 모른다. 허기진 배를 채우는 라면이나 밥 만이 아니다. 라면 속에 있는 라면 이상의 그 무엇이 채워지지 않았기 때문이다. 엄마가 밥상 옆에 앉아 학교에서 있었던 일을 물어주고 이것저것 관심 가져주는 엄마의 배려나 사랑의 표현 같은 것을 원했을 것이다. 밥이나 라면보다도 더 채우고 싶었던 엄마의 따뜻한 마음 또는 모자지간에 느낄 수 있는 정 같은 것이 아니었을까 그런 생각이다.

배를 채우고 난 다음에도 아들의 정신적인 공복감은 라면을 하나 더 끓여 먹는다고 해도, 디저트로 케이크와 초콜릿 또는 또 다른 맛있는 그 무엇을 먹는다고 해도 결국 해결되지 않는 정신적 공복감은 채워지지 않을 것이다. 이처럼 욕구와 요구

사이의 차이로 존재하는 나머지 그 공허감을 라캉은 욕망이라고 부른다. 그래서 라캉은 인간에게 일어나는 모든 요구는 근본적으로 사랑에 대한 요구라고 정의했다. 이처럼 욕망은 사람의 마음속에서 결단코 채워질 수 없는 근본적 결여를 강조한 개념이다.

고대 그리스의 수학자인 피타고라스는 "욕망은 만족할 줄을 모른다."라고 했다. 그러나 볼테르는 "참된 욕구가 없으면 참된 만족은 없다."라고 하였다. 하지만 독일의 계몽주의 사상가인 이마누엘 칸트는 이렇게 말했다. "청년들이여! 욕망을 만족시키기를 차라리 거절하라. 그것은 모든 욕망의 만족을 전연 부정해 버리는 스토아학파 모양으로 하라는 것이 아니다. 모든 욕망 앞에서 한 걸음 물러서고, 인생의 관능적인 반면을 제거할 힘을 가지라는 것이다. 무엇보다도 즐겨 노는 오락의 자리를 절제하라! 향락을 절제하면 그만큼 당신은 풍부해질 것이다."라고 청년들에게 조언했다.

그렇다. 사람의 마음에서 생겨나는 지나친 '욕구나, 욕망'은 모두 탐욕에서 비롯된다. 그것이 권력이건, 재물이건, 명예이건, 남녀 간의 사랑이건, 식욕이건, 성욕이건, 취미이건 지나친 것은 모두 과욕이고, 과욕은 화를 부른다고 했다. 대개 현대사회에서 욕심을 부리는 사람들은 권력이나, 재물이 많은 사람이 더 많이 가지려고 탐착한 탐욕들이다. 이런 것은 모두 사람으로서 행하는 도리(道理)가 아니다.

이를 경계하는 공자님의 말씀에 '도지불행야, 아지지의, 지자과지, 우자불급야(道之不行也, 我知之矣, 知者過之, 愚者不及也)'라 했다. 이 말씀은 중용 제4장에 나오는 말씀으로 "사람으로서 지켜야 할 도리가 잘 행해지지 않는 것을 내가 잘 알고 있는데, 안다는 사람들은 욕심이 많아 모르는 체 그냥 지나쳐버리고, 어리석은 사람들은 그 도리에 미치지 못함 때문이다."라고 했다.

이는 시대의 강자라고 할 수 있는 잘나고 똑똑한 사람들이 온갖 탐욕으로 인간의 도리를 외면하고 부정부패를 저지른다는 뜻이다. 그러나 그러한 과욕으로 인해 죄를 진 사람들은 결국 벌을 받게 된다. 이처럼 우리의 사랑에 대한 욕구와 욕망도 무관한 것이 아니다. 가끔 우리 사회의 공인이나 유명 인사들 그리고 권력자들이 사랑에 대한 과욕과 치정 때문에 부와 명예를 잃고 패가망신하는 때도 많다.

이것은 욕구와 욕망에 대한 자기의 감정조절과 제어에 실패했기 때문에 비롯된 결과적 산물이다. 그렇듯이 미래 사회의 주역이 될 청소년들도 과도하게 사랑의 감정에 몰입하고 집착하게 되면 학업은 물론 많은 일에 지장을 초래할 것이다. 그러므로 스스로 자기의 감정을 적절하게 조절해내는 생활의 자세와 지혜가 필요하다.

사랑의 기쁨과 이별의 아픔

인간관계는 만남과 이별의 연속이다

미래 사회의 주역이 될 우리 청소년들이 앞으로 맞닥트리고 살아갈 드넓은 세상 속에서 무수한 인간관계의 만남과 이별이 예고되어 있다. 그런 만남과 이별의 연속성 속에서 어떻게 자신의 사랑을 오랫동안 지속해서 잘 지켜낼 수 있을까? 그것을 지속해서 잘 지켜내고 간직할 수 있다면 그것은 더 없는 일생의 큰 기쁨이고, 행복이 아닐 수 없다.

인간의 삶은 기쁨만 있지 않다. 슬픔도 있다. 만남의 기쁨도 있다. 이별의 슬픔이 있는 것도 당연하다. 하지만 슬픔은 없었으면 좋겠다는 것이 우리 인간들의 일반적인 생각이고 바람이다. 하지만 기쁨만으로 한세상을 살 수는 없다. 이별의 슬픔이나 아픔을 모르는 사람은 사랑의 기쁨과 소중함 또한 알 수가 없다. 이별의 슬픔이나 사랑의 기쁨은 우리가 선택적으로 소유하고 가질 수 있는 감정이 아니다. 왜 그럴까?

만남의 기쁨이 있었다면 이별의 고통과 슬픔도 당연하다. 만남의 기쁨을 위해서라면 이별의 슬픔도 반드시 각오해야 한다. 그렇듯 우리 인간의 가슴속에 존재하는 사랑의 감정과 이별의 감정은 별개의 감정이 아니라 커다란 하나의 감정이다. 즉 나라고 하는 집에 기쁨과 슬픔으로 함께 존재하는 식구이다.

이처럼 나의 마음속에는 사랑으로 시작되는 기쁨과 슬픔 또는 괴로움이 함께 한 식구로 존재한다. 사랑이 시작되면 사랑의 그릇에 기쁨이 가득 넘친다. 그러다가도 그 그릇에 슬픔 또는 괴로움이 넘실거린다. 사람들은 이러한 감정의 변화와 마음을 곧잘 노래로 표현하고 풀어낸다. 이 세상의 모든 노래는 거의 이 사랑을 위한 기쁨의 노래이거나, 안타까워하는 슬픔의 노래라고 해도 과언이 아니다. 단지 그런 감정을 표현하는 방법만 조금씩 다를 뿐이다.

인간은 태어나면서부터 한 손엔 사랑의 기쁨을, 또 한 손엔 이별의 슬픔을 갖고 태어난다. 그러한 까닭에 우린 "응애~"하고 울면서 태어난다. 기쁨은 온정이요, 슬픔은 냉정이다. 기쁨의 시작은 누군가를 사랑하면서부터 혹은 사랑받으면서부터 시작된다. 그리고 슬픔은 누군가의 사랑으로부터 멀어지거나, 단절될 때에 슬픔은 시작되고 아픔을 동반하게 된다.

인간에게 있어서 사랑은 곧 '삶'이다

인간에게 있어서 사랑은 곧 '삶'이다. 삶이 있기에 사랑하는 것이고, 사랑이 있기에 삶을 살아갈 수 있다. 그래서 사랑하는 마음 없이는 하루하루의 삶이 무의미하거나 공허해진다. 자신을 사랑하는 것도, 타인을 사랑하는 것도 자신의 삶에 기쁨을 갖기 위해서다. 그런 기쁨을 오래오래 간직하는 것이 우리 인간의 본능이고 사랑의 궁극적 목표이다. 그런 삶의 목표가 기쁨과 행복을 가져다준다. 그렇다면 그런 기쁨과 삶의 목표를 위해서 무엇이 필요할까?

사랑은 한마디로 '달고 쓰다' 그럼 왜, 달고 쓸까? 처음부터 달콤하게 농익는 과일은 없다. 모진 비바람, 태풍 견뎌내면서 따스한 햇볕의 온기로 그 진한 향기와 맛을 아름답게 예술적으로 창조해낸다. 그렇듯 모든 어려움과 고통 참고 견뎌내는 것 그것이 인간의 삶이다. 그렇듯 남녀의 사랑도 처음부터 달콤하게 농익은 사랑은 없다.

맨 처음엔 아름답게 피어난 순수의 꽃잎에 반하여 파릇파릇한 사랑의 싹을 틔운다. 그 사랑의 잎이 어느 정도 자라게 되면 눈썹같이 가는 미풍에도 흔들리게 된다. 더 자라 녹음이 짙어지고 거세게 비바람 몰아치면 사정없이 마구 흔들려 머리채 가누기조차 어렵고 정신이 혼미해질 정도로 몸과 마음은 그 중심을 잡기가 매우 어렵게 되어간다.

그러니 어찌 그 사랑의 맛과 향기가 어디 단맛뿐이랴. 정확히 말하자면 사랑의 맛은 달고 쓰고 맵고 시고 떫떠름한 맛이다. 마치 다섯 가지 맛이 나는 오미자의 맛과 흡사하다. 그러나 그 오미자의 맛 또한 깊고, 오묘하고, 신비스러울 만큼 맛의 예술성은 최고의 균형과 조화를 이루는 맛이다. 마치 사랑의 맛은 오미자에 새콤달콤한 맛과 향기가 마치 오장육부에 휘감아 도는 느낌이다.

그러다 시간이 지나면 처음 희망에 부풀었던 사랑의 달콤한 그 맛은 오간 데 없고 떫떠름하고, 시큼하고, 쓰고, 맵고, 심지어는 소금같이 짠맛이 사랑의 맛이다. 그래서 이별의 눈물은 짜다. 또 그 사랑의 모양은 어떤 모습이랴. 맨 처음엔 그 모양이 어떻게 생겼든 관계가 없다. 네모는 네모여서 좋고, 삼각형은 삼각형이어서 좋았고, 동그라미는 동그라미여서 좋았다. 그래서 하트 모양(♡)은 세모와 네모와 동그라미를 조금씩 닮은 모양으로 재창조되었다.

이처럼 사랑은 모든 것이 미래 지향적이고 매우 긍정적이다. 그렇듯 역시 사랑의 힘은 대단하다. 이렇게 사랑은 사물의 모양마저도 하나로 일치시키고 관통해내는 마술과 같은 힘을 지녔다. 하지만 그 사랑의 잎이 점점 커지고 나무의 그늘을 점점 확장해 갈 때쯤이면 사랑의 형체가 참으로 다양한 모양으로 드러나게 되고 그 모양 하나하나에 이유를 붙이게 된다.

너는 왜 삼각형이냐, 너는 왜 네모냐, 너는 왜 울퉁불퉁하냐.

이런 식으로 사랑의 다양한 모양과 다양한 맛에 자기 일방통행의 주관적 잣대와 각도를 들이대기 시작한다. 그렇게 마구 집어삼켰던 사랑의 오류들로 인해 오장육부와 오감은 그 부조화를 삭히지 못하고 부대껴 복통을 일으키게 되고 견디다 못해 마구 토하기도 한다.

그렇게 울며불며 단맛, 쓴맛 등 모두 다 토해내고 나면 비로소 무엇을 먹어야 하고, 무엇을 먹지 말아야 좋을지를 불현듯 깨닫게 된다. 그리고 그것을 깨닫는 데는 인생의 사계절을 다 지나 황혼이질 때쯤이다.

시간과 바람의 숨결은
상처 난 자연의 영혼을 위로하고 치유한다.

시간과 바람의 숨결이 어떤 것인지? 자연의 영혼이 어떤 것인지? 느끼고 깨닫는 데는 시간이 필요하다. 그렇듯이 사랑의 상처를 입고 또 그 사랑의 상처가 아물기까지는 시간이 좀 필요하다. 그래서 '세월이 약이겠지요'라는 옛 대중가요가 있다. 세월이란 곧 시간과 바람의 숨결이다. 시간과 바람의 숨결이 없이는 자연의 영혼도 무의미하다. 시간과 바람의 숨결이 모든 자연 만물의 영혼을 쓰다듬고 상처를 어루만져 치유해주기 때문이다.

시간과 바람의 손길로 빗질 되고 어루만져진 자연과 사랑의 머릿결은 결결이 나부끼는 한 올 한 올에 소중한 추억을 간직하게 한다. 솜털같이 부드럽고 가벼우면서도 인생의 갈피와 질서를 느끼게 한다. 솜털같이 가벼운 날개로 무한에 영역을 비상하는 기쁨과 그 즐거움의 행복은 그냥 절로 만들어지는 것이 아니다.

그 때문에 그 모양과 맛 같은 것에 조건과 이유가 있을 수 없다. 힘들고 고뇌에 찬 삼투압 작용으로 빚어진 결과이고 그다음에 느끼는 사랑의 감정은 먹기 좋게 잘 숙성된 달콤한 맛이거나 숭늉같이 부드럽고, 구수하고, 시원한 맛 아마 그런 맛일 것이다. 사랑의 맛은 그런 맛이다.

사랑의 맛도, 법칙도 따로 없다

그렇듯 사랑의 맛이 다양하다. 하지만 따지고 보면 사랑의 맛도, 법칙도 따로 없다. 사랑은 한 번 사랑하고 기뻐하거나 혹은 슬퍼하거나 끝을 맺지 않는다. 미국의 소설가 어슐러 K. 르귄이 사랑에 대해 말했다. "사랑이란? 돌처럼 한 번 놓인 그 자리에 있는 게 아니다. 그것은 빵처럼 항상 다시 새로 구워져야 한다."라고 했다.

그렇다. 사랑이 한 번 먹고 말 달콤함 음식 같은 맛이라면 그 사랑은 사랑이 아니다. 사랑은 '굽고 굽고 또 굽고'를 반복해야 하는 과정이다. 사랑의 방식은 르귄에 말처럼 '굽고 굽고 또 굽고'를 반복하는 일뿐이다. 이미 구워진 빵이 식으면 다시 굽고 또 굽고를 반복해야 한다. 내가 아닌 타인을 사랑하는 일은 사랑의 빵 굽기를 끈기 있고 부지런하게 그리고 성실하게 그렇게 '굽고 굽고'를 반복해야 지속해서 맛볼 수 있는 일이다. 그렇지 않으면 곧 차갑게 식고 굳어버리게 된다. 그것은 관계의 단절이요, 교감의 절단이다.

  그렇듯 빵을 굽고 굽는 행위는 우리 인간의 삶 자체이고 일상이다. 그것은 사랑의 온도를 일정하게 유지하려는 노력이기도 하다. 무덤덤하게 시간 흐르면서 아무도 모르게 꺼져버린 사랑의 불을 새롭게 다시 지피는 것도 우리가 장차 익혀야 할 삶의 방식이다. 우리의 일상 속에서 일용할 빵을 굽는 일이나, 꺼져버린 사랑에 불씨를 지피는 일이나 모두 결코 포기할 수 없는 우리 일상이고 삶이다. 우리 인간의 삶이 어디 한 번의 기쁨이나 슬픔으로 맺고 끝날 일인가? 그저 살아 있는 한 시계추의 거듭된 왕복처럼 일상에서 반복하면서 해야 할 일이 '사람이 사람을 사랑하는 일'처럼 중요한 것은 없다.

  이처럼 소중한 사랑을 지킬 수 있는 것은 모진 풍랑 비바람에도 꺼지지 않는 사랑의 등불이 아니다. 모진 비바람 풍랑에도 꺼지지 않는 불은 이 세상 그 어디에도 없다. 있다면 그것은 쇠붙이나 돌 같은 것으로 만들어진 사랑의 모형일 뿐. 그것은 사랑 내면 깊숙이 은밀한 감정의 교감을 이루지 못한다.

  그런 뜨거운 감정에 불꽃을 만들어내는 것은 반복해서 불을 지피는 인내와 고통, 노력이 수반되어야 한다. 그때 비로소 소중한 사랑을 오래오래 지켜갈 수 있는 시뻘건 열정의 불덩이가 되어 오래오래 그 사랑의 열기가 따뜻한 기운으로 영혼 깊숙이 파고들게 된다.

요즘같이 즉석 사랑이 범람하는 현실에서 우리 청소년들의 사랑에 기쁨과 이별에 슬픔은 온탕과 냉탕을 오가며 겪는 체험 같은 것이다. 자기의 가슴에 뜨거운 심장을 돌고 돌아 만들어진 온정은 나를 비롯한 타인까지 따뜻하게 사랑할 수 있다. 그러나 이 따뜻한 물은 시간이 지나면서 점차 차갑게 식어간다. 이럴 때 이 온정이 식지 않도록 끊임없이 다시 불을 지펴서 데우고를 반복해야 한다. 그렇게 우린 만남과 이별이라는 인간관계의 틀 속에서 청년 또는 어른으로 성장하고 성숙해 가야 할 미래가 있다.

그래서 청소년 때에 우린 충분히 사랑할 권리가 있고, 충분히 슬퍼할 이별을 두려워해서는 안 된다. 사랑과 이별을 충분히 알아가는 것. 어쩜 그것이 우리 인간의 삶이다. 청소년들이여! 사랑을 두려워하지 말자. 그리고 이별도 두려워하지 말자. 슬픔 뒤엔 반드시 기쁨이 있다는 것을 잊지 말자. 시커먼 먹구름이 지나면 따스한 햇볕이 나를 품을 것이다. 그러니 잠시 있는 이별에 슬픔과 아픔이 있다고 해서 좌절하고 절망할 일이 아님을 알자. 용기와 희망을 품고 마음껏 사랑하자.

가족 공동체와 사랑

부부는 가정의 중심이다

가족의 사랑은 부부로부터 나온다. 부부는 가정의 중심이다. 부부를 중심으로 생겨난 아들, 딸, 손자, 손녀 등이 가족 공동체의 구성원이다. 이렇게 가까운 혈육들로 이루어진 집단을 가족이라 한다. 가족이 있어 우린 행복하다. 가족이 있어서 살아감에 의미와 보람을 갖게 된다. 아무리 삶이 고달프고 힘들어도 내 부모, 내 형제, 내 자식들이 있어서 열심히 땀 흘리며 일을 하고 고생을 해도 삶이 즐겁고 행복하다.

그런데 평소 우린 가족이 있어서 즐겁고 행복하다는 것을 현실에서 잊고 산다. 가족은 내가 힘들 때 가장 먼저 나를 위로해 주고 힘이 되어 주는 응원군이다. 최근에 결혼하지 않았거나 가족들을 외국에 보내고 홀로 생활하는 사람이 많아졌다.

그것은 여러 가지 원인이 있겠지만 국제화, 세계화의 시대를 맞아 현대인의 생활양식과 생활환경의 다양성에 기인한 결과로 분석된다.

그러나 이렇게 현대인의 삶이 다원화된 문명과 다변화의 환경 속에서 문화적 혜택을 누리고 살지만, 모두가 행복한 것은 아니다. 그것은 그 행복의 요건에 가족의 문제가 결여의 원인도 크다. 그 때문에 우린 주위에 아무리 많은 사람이 있어도 옆에 가족이 없으면 왠지 쓸쓸하고 외로움을 갖게 한다.

그만치 가정과 가족의 정서가 우리에겐 매우 뿌리 깊은 연관성을 갖고 있다. 또한, 가족은 사회의 축소판이며, 사회를 이루는 기초적 공동체의 단위이다. 따라서 가족 내에서 인간관계가 잘 형성되고, 인성교육이 잘 이루어지면 그 가족에 속해 있는 사람들은 사회생활에서도 인정받고 훌륭한 사회인으로 제 역할과 책임을 다하는 사회의 구성원으로 활동하게 된다.

이것은 현대 문명사회를 사는 우리 모두의 인간관계 사회성이다. 이처럼 현대사회에서 사회 구성원으로 존재하는 우리 이웃들은 서로 갈등을 겪기도 하지만 한편으로는 상호 협력하는 중요한 존재들이다.

중용 제12장 말미의 말씀이다. '군자지도 조단호부부 급기지야 찰호천지(君子之道 造端乎夫婦 及其至也 察乎天地)'[1]라 했다. 여기에서 보면 얼마나 가정과 부부의 역할이 중요한지 그 뜻을 알 수 있다. "군자의 도리는 부부로부터 시작되고,

그것이 지극함에 이르게 되면, 하늘과 땅에 나타난다."라고 했다.

하늘의 이치에 따라 탄생한 인간의 생명도 음양의 상호작용과 변화와 교역 때문에 시작되는데 그 음양의 교역이 부부 교역의 시작과 더불어 아들딸이 태어나고 가족이 된다. 부부의 관계에서 아버지는 양(陽)이 되고, 어머니는 음(陰)이 된다. 이처럼 남녀의 결혼은 부부라는 존재로 가족이라는 공동체의 중심이 된다. 그러한 가족이 모여 우리 사회를 형성하고, 다양한 인간관계를 형성하고 공동의 목표와 목적을 이루게 된다.

중용 제15장의 말씀이다. '시왈, 처자호합, 여고슬금. 형제기흡, 화락차탐. 의이실가, 낙이처노! (詩曰, 妻子好合, 如鼓瑟琴. 兄弟旣翕, 和樂且耽. 宜爾室家, 樂爾妻帑!)'²⁾라 했다. 이는 시경에 이르기를 "처자식의 화목함이 마치 거문고와 비파의 조화롭고 아름다운 소리 같네. 형제들이 이미 의기투합하고 또 즐겁기만 하네. 마땅히 집안이 모여 한 가족을 이루니 늘 처자식이 즐겁네."라는 말씀이다. 바로 가족이란 이런 것이다.

하지만 현대사회의 부모 중에 자기 자식이 귀하고 소중하다고 해서 자식이 저지른 잘못을 쉽게 인정하지 않는다. 공공장소에서 어린아이가 제멋대로 행동을 해도 자식의 기를 살려주어야 한다는 이유로 통제하지 않고 거침없이 행동하도록 버려두는 부모들이 많다.

또 이와는 반대로 자식의 적성과는 무관하게 부모 자신이 원하는 방향으로 이끄는 사람도 많다. 음악이나 미술 같은 예능에 소질이 있는 자식에게 어학이나 경제경영을 공부하도록 강요하거나, 역사에 관심이 있는 자식에게 인기학과를 권하는 부모가 있다. 그렇게 해서 억지로 간 대학에서 자식들은 결국 중도 포기하거나 전공을 바꾸게 된다.

충(忠)이 갖는 의미는
중심, 즉 가운데 마음((中)+(心))이다

가족 간의 사랑과 미움도 '넘치거나 못 미치지 않는' 중용적 상태를 유지하는 것이 좋다. "충서(忠恕)는 도와 어긋나는 점이 멀리 있지 않으니 자기가 원하지 않는 것을 또 남에게 베풀지 말아야 한다."라고 한 것처럼 가족 간의 관계와 마음은 충서(忠恕)의 마음이어야 한다. 충(忠)이란? 가운데 마음((中)+(心))이다. 이는 성심을 다하는 진심 어린 마음 또는 정성스러운 마음이다. 정성이나 성심은 지극한 마음으로 사랑이다. 이 진심 어린 마음에서 사랑이 싹트기 때문이다.

그런 충서의 마음가짐으로 마음의 중심을 잡는다는 것은 마음의 중화를 이루기 위해 '인의예지(仁義禮智)'를 기준으로 자신의 감정을 조절할 수 있는 기본적인 인문정신의 자질과 인성의 소양이 갖추어짐을 알 수 있다. 이러한 것들이 가정이라는 공동체적 안에서 싹트고 사회성을 통해서 인의예지와 인문정신으로 자라게 된다. 우리 부모들처럼 이렇게 부부는 가정의 중심이 되어서 가족을 바르게 양육해야 하는 책임과 의무가 있다.

모든 사물은 평면적으로 보지 말고 입체적으로 보아야 한다. 사람들과의 관계도 항상 입체적으로 생각한다. 원리적으로 말하면 충(忠)은 인의예지를 기준으로 자신의 확고한 주관이나 의지를 갖는 것이며, 서(恕)는 그 확고한 의지로 타인의 처지에서 생각하는 것이다. 충이 스스로 마음의 중심을 잡고 적극적으로 타인을 위해 행동하는 것이라면, 서는 남의 마음을 헤아려서 자신의 행동을 겸손하게 하고 자제하는 마음이다. 따라서 다른 사람을 대할 때에 적극적으로 행동할 것이 있으면 행동하고, 자신이 자제해야 할 것은 행동하지 않아야 한다. 이두 가지가 조화롭게 하나의 마음과 행동으로 어우러진 것이 충서(忠恕)의 도리라 할 수 있다.

예컨대 자식은 부모로서 부모를 잘 이해하고, 충서의 마음가짐으로 적극적인 효를 실천해야 한다. 부모는 자식으로서 자식의 고충과 미래의 희망을 이해하고, 항상 관심 두고 지켜보면서 자식에 대한 애정과 사랑을 베풀어야 한다. 형제들은 각자의 역할에 맞게 행동하고, 서로 우애를 갖고 지내야 한다. 부부는 가정의 중심으로 부부관계에서 충서가 이루어지지 못하면 그 가정에 화목은 깨지고 불화가 생긴다.

가족 또는 대인 관계에서 충서를 실천하기 위해서는 음양의 대립과 보완처럼, 상대적인 것을 이해해야 하는 것처럼 나와 남이 다름을 인정해야 한다. 이는 곧 '다른 것은 틀린 것이 아니다'라는 사실을 인정하는 것이다. 남과 내가 다르다는 사실을 이해할 수 있으면 상대방으로서 생각해 볼 수 있다.

　그러나 '다른 것은 곧 틀린 것이다'라고 생각하면 일은 쉽게 풀릴 수가 없다. 다르다는 것은 처음부터 부정적 시각으로 보게 되기 때문에 상대방의 처지를 이해하기 어렵다. 그래서 상대에 대한 다른 점을 인정하는 훈련도 가정교육에서부터 시작되어야 한다. 튼실하고 건전한 가정에서 자란 가족의 구성원은 사회에서도 그와 같은 책임과 역할을 충실히 한다.

　이렇게 『미래 살아가기』 '하자'의 사랑 편은 가정에서 가족의 사랑과 충서의 도리를 실천하면서 건전한 사회건설과 발전에 이바지하는 방법에 대해 말하고 있다. 곧 가족의 사랑이 국가발전과 부흥에 이바지하는 소중한 인적자원으로 증가하는 원동력이고 힘이다.

****
　이제 우리의 청소년들은 『미래 살아가기』에서 다룬 각각의 주제와 담론처럼 반드시 미래에 살고 현재를 잘 보아야 합니다. 그러면서 하나하나 긍정의 의식으로 꿈을 실현해나갔으면 좋겠습니다. 그래서 한줄기 따스한 희망의 길이 보이고 그대들의 나아갈 21세기 미래의 삶에서 보람되고 가치 있는 방향을 찾아 인생의 선명한 좌표를 보면서 행복할 수 있기를 기원하며 이제 『미래 살아가기』 집필에 아쉽고 긴 여정의 끝을 여기서 맺습니다.

◆ 참고문헌 ◆

제1부 찾자- 희망과 삶의 참가치를 찾자

주해) 청소년의 오늘과 미래 그리고 과거

1) 류시화,『살아 있는 것은 다 행복하라』, 조화로운삶, 2006, p,
   23 참고인용.
2) 류시화,『살아 있는 것은 다 행복하라』, 조화로운삶, 2006, p,
   47 참고인용.
3) 중화(中和)란? 항상 변화, 변동하는 현상 속에서 가장 안정된
   위치를 찾아 움직이는 중을 말하는 것으로 중화는 일종의 자기
   조절기능 같은 형평의 원리로서 균형과 조화를 포괄하는 의미
   이다. 김충열,『김충열 교수의 중용대학강의』, 예문서원,2007,
   p,107 참고인용.
4) 류시화,『살아 있는 것은 다 행복하라』, 조화로운삶, 2006, p,
   28 참고인용.
5) 류시화,『살아 있는 것은 다 행복하라』, 조화로운삶, 2006, p,
   21 참고인용.
6) 류시화,『살아 있는 것은 다 행복하라』, 조화로운삶, 2006, p,
   163 참고인용.
7) 김난도,『아프니까 청춘이다』, 쌤앤파커스, 2010, p, 18 참고
   인용.
8) 김난도,『아프니까 청춘이다』, 쌤앤파커스, 2010, p, 22 참고
   인용.
9) 군자이시중(君子而時中)- 군자가 중용을 지킴은 군자는 알맞을
   때를 가려 일을 하고 견지하기 때문이다. 이것이 바로 적시적합
   (適時適合)이고 이것은 어떤 일이나 상황을 맞이해서 결론에
   관한 판단이나 결정을 내리는 때와 행위가 가장 알맞을 때를 말
   함이다. 김충열,『김충열 교수의 중용대학강의』, 예문서원,

　　2007, pp. 139~140 참고인용. 양방웅,『중용과 천명』,
　　예경, 2006, p. 44, 47 시중(時中) 참고인용.
10) 김난도,『아프니까 청춘이다』, 쌤앤파커스, 2010, p. 33 참고
　　인용.
11) 김난도,『아프니까 청춘이다』, 쌤앤파커스, 2010, p. 34 참고
　　인용.
12) 김난도,『아프니까 청춘이다』, 쌤앤파커스, 2010, p. 47 참고
　　인용.

주해) 청소년, 그대들의 생각이 곧 삶이고 예술이다

1) 민용태,『행복의 기술』, 문학바탕, 2007, pp. 175~176 참고
　　인용.
2) 민용태,『행복의 기술』, 문학바탕, 2007, p. 191 참고인용.
3) 류시화,『살아 있는 것은 다 행복하라』, 조화로운 삶, 2006, p.
　　71 참고인용.

제2부 보자-미래에 살고 현재를 보자

주해) 밀레니얼 Z세대의 주역들과 제4차 산업혁명

1) 혼합경제체제- 자본주의경제 체제하에서 완전고용의 달성, 불
　　황의 극복 등을 도모하기 위해 정부가 경제활동 분야에 개입하
　　는 경제조직. 자본주의경제는 개인·기업이라는 민간경제주체
　　의 자유로운 경제활동에 의해 성립되는 것으로서 정부의 역할
　　은 국방이나 사법 등에 한정하고 경제활동에 대한 개입은 되도
　　록 피하는 것이 원칙이었다. 그러나 20세기에 들어서면서 시장
　　의 과점화, 가격기능의 불완전, 소득분배의 불평등, 대량실업,
　　자원 이용의 비효율 등의 결함이 나타났다. 이러한 자본주의의
　　폐단은 정부의 적극적인 개입에 의해 시정되어야 한다는 주장.
2) 4차 산업혁명-다음 백과, 4차 산업혁명, 참고인용.

주해) 밀레니얼 세대의 유망 직업과 직업관

1) 유망직종- 한국민족문화대백과, 직업, 참고인용.
2) 전망 좋은 미래의 직업- 한국고용정보원, 참고인용.

주해) 꿈꾸는 밀레니얼 세대의 상상력과 창조성

1) 가상세계-상상, 한계를 거부하는, 세상에서 가장 상상적인
   이야기, 참고인용.
2) 태평성대-이야기 중국사1, 참고인용.

주해) 능동적인 변화만이 미래로 가는 지름길

1) 중화(中和)- 致中和, 天地位焉, 萬物育焉!은『중용』제1장 원문
   에 마지막 결론이다. 이것은 중화(中和)에 이르는 것은 천지음
   양이 작용하여 만물을 생육하는 것으로서 중(中)과 화(和)가
   극치를 이룰 때 천지(세상)는 각기 자기 자리에서 중심을 잡고
   그 속에서 만물을 생육하는 것이다. 김충열,『김충열 교수의 중
   용대학강의』, 예문서원, 2007, p. 117 참고인용.
2) 류시화,『살아 있는 것은 다 행복하라』, 조화로운 삶, 2006, p.
   164 참고인용.
3) 나의 중심- 중심은 여러 사물이 지닌 것 중에서도 으뜸 되는
   근본(根本)이요, 많은 마음(心) 중에서도 으뜸이 되는 중심
   (가운데 마음)으로서 아주 깊고 광대한 뜻이다. 그 중심점은
   중앙에서도 더 중앙인 한가운데이다. 그 중앙에서도 아주 단단
   하여 절대 깨어지지 않는 응축된 핵을 이루는 것에 참뜻으로서
   중심에서 말하려는 '가운데 마음(中心)'이다. 이 '가운데 마음
   (中心)'이란? 부정의 마음이 아니라 긍정의 마음이다. 즉, 옳지
   않음의 마음이 아니라 바름의 마음으로 곧 중심(中心)의 참뜻
   과 깊게 부합되는 의미이다.

제3부 먹자-건강한 육신을 위해 골고루 먹자

주해) 지금 그대들에게 길을 묻는다

1) 민용태, 『행복의 기술』, 문학바탕, 2007, p. 180 참고인용.

주해) 미래의 주역, 그대들에게 가장 소중한 가치

1) 균형과 조화(均衡과 調和)- 균형이란? 어느 한쪽으로 기울거나 치우치지 아니하고 고른 상태이다. 그것은 동심을 태우고 좌우가 번갈아 오르내리는 시소와 같다. 그것은 저울대가 가장 알맞은 상태에 놓여 있을 때의 평일(平一)한 상태를 말하기도 한다. 우주의 가장 건전한 운행은 형평이요, 가장 충실한 생성은 조화이다. 김충열, 『김충열 교수의 중용대학강의』, 예문서원, 2007, pp. 107, 112 참고인용.
2) 지중화(致中和)- 이것은 가장 안정된 경지를 찾아 늘 변화하고 움직이는 것으로서 형평의 원리를 말한다. 치중회, 천지위어, 만물육언!(致中和, 天地位焉, 萬物育焉)은 천지음양이 작용하여 만물을 생육한다는 뜻과 천하 만물이 공존공생의 과정을 의미함이다. 중용 제1장 원문 끝 구절이다. 중화는 천지 만물이 지속해서 하염없이 운행하고 작용하여 성취하는 우주 존재의 지극한 이치이다. 김충열, 『김충열 교수의 중용대학강의』, 예문서원, 2007, p. 127 참고인용.

주해) 그대들의 꽃은 어디에서 피어나는가?

1) 리즈 호가드, 『행복』, (주)위즈덤하우스, 2006, p. 29 참고인용.
2) 브리태니커, 행복주의(철학), 참고인용.
3) 리즈 호가드, 『행복』, (주)위즈덤하우스, 2006, p. 30 참고인용.

4) 리즈 호가드, 『행복』, (주)위즈덤하우스, 2006, p, 34 참고
   인용.
5) 김충열, 『김충열 교수의 중용대학강의』, 예문서원, 2007, pp,
   99, 104, 참고인용. 양방웅, 『중용과 천명』, 예경, 2006, p,
   246 참고인용.
6) 브리태니커, 심리학, 감정(感情), 참고인용.
7) 행복추구권(幸福追求權)- 현행 헌법은 1980년 헌법을 계수
   하여 "모든 국민은…행복을 추구할 권리를 가진다. (제10조 1
   문 후단)"라고 행복추구권을 규정하고 있다. 행복추구권은
   기본적 전반에 관한 총칙적 규정으로서, 인간으로서의 존엄과
   가치의 존중이라는 목적을 실현하기 위한 수단을 의미한다.
   이러한 행복추구권은 헌법에 규정된 개별적 기본권의 총화에다
   인간으로서의 존엄과 가치를 유지하게 하는 데 필요한 것임에
   도 불구하고 헌법에 열거되지 않은 자유와 권리까지도 포함하
   는 포괄적인 기본권이다. 브리태니커, 법률, 행복추구권(幸福
   追求權) 참고인용.

제4부 하자-세상과 뜨겁게 열애를 하자

주해) 이성에 대한 호기심과 관심

1) 에로스와 프시케-보이지 않는 사랑, 그리스 로마 신화와 서양
   문화 참고인용.

주해) 이성을 깨우는 짝사랑의 감성과 아름다움

1) 『젊은 베르테르의 슬픔』-약혼자가 있는 여인을 사랑하게 된
   청년 베르테르의 이야기, 절대 지식 세계문학 참고인용.

주해) 욕구와 욕망에 대한 이해와 감정조절

1) 욕구(need)와 욕망(desire)-욕구, 위키백과, 참고인용.
2) 욕망 개념-욕구·요구·욕망, 인문학 개념정원, 참고인용.

주해) 가족 공동체와 사랑

1) 중용 제12장- 군자지도 조단호부부 급기지야 찰호천지(君子之
道 造端乎夫婦 及其至也 察乎天地), 이운묵,『이자견 저자견』,
인문의 숲, 423p, 참고인용.
2) 중용 제15장-시왈, 처자호합, 여고슬금. 형제기흡, 화락차탐.
의이실가, 낙이처노! (詩曰, 妻子好合, 如鼓瑟琴. 兄弟旣翕,
和樂且耽. 宜爾室家, 樂爾妻帑!), 이운묵,『이자견 저자견』, 인
문의 숲, 431p, 참고인용.

청소년의 고민과 성공전략 솔루션!

미래 살아가기

제1권

초판 인쇄 2020년 11월 09일
초판 발행 2020년 11월 13일

지은이 이운묵
펴낸이 유순녀
펴낸곳 도서출판 인문의 숲
기 획 이운묵 · 유순녀
교 정 편집부
편집 · 디자인 인문의 숲 편집부
출판등록 제 2013-000002호 (2013. 01. 09)
주소: 08640 서울시 금천구 시흥대로53, 3-303
전화: 02-749-5186
팩스: 02-792-5171
메일: inmuns@daum.net

ⓒ 이운묵, 2020

ISBN 979-11-86069-37-0 43190

정가: 16,000원